PIENSE Y
HÁGASE
RIC

PARA *mujeres*

Cómo usar tu poder para crear éxito y valía personal

PIENSE Y HÁGASE RIC⬦

PARA *mujeres*

Cómo usar tu poder para crear éxito y valía personal

SHARON LECHTER

AUTORIZADO POR LA FUNDACIÓN **NAPOLEÓN HILL**

Grupo Editorial Tomo, S.A. de C.V.
Nicolás San Juan 1043
03100 México, D.F.

1a. edición, octubre 2014.
2a. edición, marzo 2015.

©   *Think and Grow Rich for Women*
Sharon Lechter
Copyright © 2014 por The Napoleon Hill Foundation

©   2015, Grupo Editorial Tomo, S. A. de C. V.
Nicolás San Juan 1043, Col. Del Valle
03100, México, D.F.
Tels. 5575-6615, 5575-8701 y 5575-0186
Fax. 5575-6695
www.grupotomo.com.mx
ISBN-13: 978-607-415-700-0
Miembro de la Cámara Nacional
de la Industria Editorial No. 2961

Traducción: Graciela Frisbie
Formación tipográfica: Francisco Miguel
Diseño de portada: Karla Silva
Supervisor de producción: Leonardo Figueroa

Contenido

Prólogo

Con conceptos de mujeres experimentadas

CUANDO YO ERA MUY JOVEN Y VIVÍA EN EL SUROESTE DE VIRGInia, me recomendaron que leyera las obras de Napoleón Hill, un muchacho de la zona que creció en nuestras colinas y "le fue bien". El Sr. Hill no se conformó con llegar a ser una estrella en nuestro firmamento... estaba decidido a llevarnos a todos consigo a las alturas. Él quería que todos triunfáramos y nos animaba a creer que no había obstáculos que no pudiéramos superar en nuestro trayecto hacia el éxito.

Sharon Lechter no solo honra la obra de Napoleón Hill, sino que ella es una encarnación viviente de su filosofía. Toma sus conceptos y los aplica a las mujeres, a nuestras necesidades específicas y a nuestras rutas particulares hacia el éxito. La Sra. Lechter, por supuesto, aborda los temas de hacer juegos malabares con la vida y el trabajo con tanta sabiduría y dando consejos tan prácticos que te sentirás fortalecida y al mismo tiempo aliviada al leer sus páginas. La Sra. Lechter opina que tú puedes tenerlo todo, porque en tu corazón y en tu alma ya posees lo necesario para tener éxito en tus propios términos. Les daré este libro a todas las jóvenes que conozco y que sé que están buscando ayuda en su camino hacia el éxito.

Adriana Trigiani
Autora de bestsellers del New York Times
Nacida en la ciudad donde vivió Napoleón Hill

La filosofía de mi abuelo, Napoleón Hill, impregna todo lo que hago como mujer, esposa y madre. Estoy feliz de que Sharon Lechter haya publicado *Piense y hágase rico para mujeres,* un libro que puede ayudar a todas las mujeres a alcanzar el éxito en todo aquello a lo que aspiran.

Había libros de Napoleón Hill por toda la casa mucho antes de que yo entrara a la universidad. Terminé mis estudios en farmacología y química y obtuve el título de Farmacéutica registrada. Pocos años después, estaba muy ocupada educando a mis cuatro hijos. Decidí que la educación de mis hijos sería mi profesión principal.

A lo largo de los siguientes veinte años, adopté los principios de Napoleón Hill sobre el éxito de tal manera que me ayudaran a desarrollar el carácter de mis hijos y a darles las herramientas necesarias para tener éxito en la vida. También aprendieron a establecer metas de modo que nunca les faltara un propósito.

Mis hijos respondieron perfectamente a este enfoque y les ha ido bien en la vida. Tres de nuestros hijos son médicos y el otro tiene un puesto de alto nivel en una corporación. En una ocasión, mi hermano James Blair Hill, me dijo que él creía que el libro era vital para todo: para la seguridad financiera, las relaciones personales y la felicidad, y que podría usarse para alcanzar cualquier meta valiosa. La familia Hill ha utilizado bien el legado de Napoleón Hill.

Sé que todas las mujeres que lean *Piense y hágase rico para mujeres* obtendrán una comprensión que les ayudará en muchos de los aspectos de la vida de una mujer, dentro y fuera del hogar.

Terry Hill Gocke
Nieta de Napoleón Hill

Introducción

¿POR QUÉ ESCRIBÍ *PIENSE Y HÁGASE RICO PARA MUJERES*?

Las reglas del éxito son iguales para todos. ¿Por qué manipular la brillantez del libro original de Napoleón Hill, *Piense y hágase rico*? ¿Por qué escribir algo especial solo para mujeres?

Seguramente se plantearán estas y muchas otras preguntas. De hecho, a lo largo de la mayor parte de mi carrera yo he tenido ese punto de vista. La primera vez que leí *Piense y hágase rico* tenía 19 años de edad y lo he leído muchas veces a lo largo de mi carrera. Este libro ha causado un enorme impacto positivo en mi vida.

Mis padres me enseñaron que yo podía ser y hacer lo que quisiera, siempre y cuando trabajara arduamente y me concentrara en mis metas. Ellos habían trabajado mucho toda su vida y fueron unos modelos excelentes para mí. Pero no fue sino hasta que inicié mi carrera profesional viviendo sola en otra ciudad, que la realidad empezó a hacerse evidente. Eran los últimos años de la década de 1970 y yo era una de las pocas mujeres en mi campo. De inmediato aprendí que definitivamente tendría que trabajar más que mis colegas hombres si quería avanzar. Así que lo hice.

Nadie dijo que sería fácil, y no lo fue. Nadie dijo que sería un camino sin obstáculos, y no lo ha sido. Pero la resistencia y las lecciones que aprendí al enfrentar tiempos difíciles y sobrevivir, fueron factores esenciales que contribuyeron al éxito del que disfruto hoy.

Ahora, más de treinta y cinco años después, sigo asombrada por las historias de las maravillosas mujeres de negocios que conocí y por la forma que encontraron de salir adelante, enfrentando el "techo de cristal" (la limitación velada que impide que las mujeres lleguen a puestos altos en las empresas) o los prejuicios sexuales. Muchas de ellas habían leído y seguido las enseñanzas de *Piense y hágase rico* y habían logrado un gran éxito en su vida, pero han hecho algo más. Cada una ha tomado su éxito con calma y han ido abriendo nuevos caminos para que las mujeres puedan seguirlos, haciendo que su vida de éxito llegue a ser una vida significativa.

Piense y hágase rico para mujeres es un homenaje a estas mujeres y a todas las mujeres que han alcanzado el éxito a pesar de los obstáculos que han tenido que enfrentar, mujeres que han cambiado la historia, que han creado grandes éxitos en el mundo de los negocios y que les han ofrecido oportunidades a otras personas.

Además, se han presentado algunos desarrollos económicos increíbles que han despertado un mayor interés en las mujeres de éxito y la gente se ha interesado más en ellas. Esto ha revelado que aunque las reglas podrían ser las mismas, las mujeres las abordan y las aplican en forma diferente a los hombres. Aunque todavía hay un gran trecho por recorrer en lo que se refiere al progreso, se ha vivido una "revolución silenciosa" a medida que las mujeres han incrementado su dinamismo en cada aspecto de la vida. Las siguientes estadísticas, que muestran el incremento del poder de las mujeres, son las más recientes que están disponibles en la fecha en que se escribe este libro.

EN LA ECONOMÍA

Estas estadísticas financieras prueban, sin lugar a dudas, que las mujeres tienen un poder y una influencia extraordinarios a nivel global. ¿Podrías imaginar lo que pasaría si las mujeres se reunieran y usaran su poder económico para crear un cambio positivo?

- 60% de la riqueza personal en Estados Unidos está en manos de mujeres.[1]
- 85% de todas las compras hechas por consumidores las hacen las mujeres.[2]

- Las mujeres mayores de 50 años poseen un valor neto combinado de 19 billones de dólares.[3]
- Dos terceras partes de la riqueza del consumo en Estados Unidos pertenecerá a las mujeres en la próxima década.[4]
- En Estados Unidos, las mujeres gastan siete billones de dólares en bienes de consumo y en gastos de negocios.[5]
- A nivel global, las mujeres son responsables de 20 millones de dólares en gastos, y se espera que esa cifra llegue a 28 billones a finales de 2014.[6]
- A nivel global, las mujeres podrían heredar el 70% de los 41 billones de dólares de la riqueza intergeneracional que se transferirá a lo largo de los próximos 40 años.[7]

EN LA EDUCACIÓN

El Departamento de Educación de Estados Unidos calcula que en el 2013, las mujeres obtuvieron:

- 61.6% de todos los diplomados;
- 56.7% de todas las licenciaturas;
- 59.9% de todas las maestrías;
- 51.6% de todos los doctorados.

En resumen, en 2013, se graduaron 140 mujeres por cada 100 hombres en cualquier nivel universitario.

EN EL MUNDO CORPORATIVO

Aunque se ha logrado un progreso extraordinario en los niveles bajos de la administración de empresas, las mujeres todavía necesitan avanzar a posiciones más altas de liderazgo en las corporaciones, lo que hace evidente que sigue siendo indispensable acabar con el "techo de cristal" (la limitación velada que impide que las mujeres lleguen a puestos superiores en las empresas):

- En la lista *Fortune 500* [*Riqueza 500*], aparecen 23 mujeres que son directoras ejecutivas o presidentas de una empresa, es decir un 4.6%.[8]

- Las mujeres ocupan el 14.6% de los puestos ejecutivos.[9]
- Según un informe de *Catalyst,* que lleva el título de "Conclusión: el desempeño corporativo y la representación de las mujeres en las juntas directivas", las empresas que aparecen en *Fortune 500* y que tienen una mayor representación de mujeres en las juntas directivas alcanzaron un desempeño financiero significativamente mayor, en promedio, que las que tenían una representación menor de mujeres como presidentas de sus juntas directivas. Además, el informe señala que las juntas directivas en las que hay tres mujeres o más muestran un desempeño muy superior al promedio. El informe menciona tres mediciones clave:

  ◊ **Rentabilidad en los recursos propios:** en promedio, las empresas con los porcentajes más altos de mujeres en la junta directiva superaron a las que tenían menos mujeres, en un **53%.**

  ◊ **Rentabilidad en ventas:** en promedio, las empresas con los porcentajes más altos de mujeres en las juntas directivas superaron a las que tenían menos mujeres, en un **42%.**

  ◊ **Rentabilidad en capital invertido:** en promedio, las empresas con los porcentajes más altos de mujeres en las juntas directivas superaron a las que tenían menos mujeres, en un **66%.**[10]

- Las mujeres ocupan el 16.9% de los puestos en juntas directivas en Estados Unidos. A modo de comparación, las mujeres ocupan el 40.9% de estos puestos en Noruega y el 6% en Asia.
- Es importante señalar que en 2003 Noruega aprobó una ley que requiere que las empresas nombren mujeres para el 40% de los puestos en las juntas directivas.[11]
- Un estudio sobre las empresas que aparece en el MSCI AC World Index, que es un índice diseñado para medir el desempeño en los índices del mercado bursátil en 24 países, descubrió que las empresas que tenían hombres y mujeres en sus

juntas directivas superaron a las que solo tenían hombres en un 26% a lo largo de seis años.

EN INGRESOS

Aunque las estadísticas generales todavía son preocupantes, cuando uno entra en los detalles, aparece una tendencia positiva.

- A las mujeres se les pagan 77 centavos por cada dólar que ganan los hombres. En 1970, eran 59 centavos.[12]
- Aunque la estadística de 77 centavos ha permanecido constante a lo largo de varios años, un total de dieciséis estados informan que las mujeres están ganando 80 centavos por cada dólar que ganan los hombres.[13]
- Cuando se excluyen las personas con trabajo autónomo y las que solo trabajan durante cierta época del año, en 2012 las mujeres ganaban 80.9% de lo que ganaban los hombres.[14]

Un estudio por edades muestra una mejoría significativa en las mujeres más jóvenes. Según la Oficina de Estadísticas Laborales:

EQUIDAD SE SUELDOS POR EDADES

Grupos por edades	Porcentaje de sueldos de mujeres en comparación con los de los hombres
20-24	93.2%
25-34	92.3%
35-44	78.5%
45-54	76.0%
54-64	75.1%
65+	80.9%

- A nivel global, la media de los sueldos de los hombres a tiempo completo fueron 17.6% más altos que los de las mujeres en los países en desarrollo. La mayor diferencia entre hombres y mujeres fue en Corea y Japón.[15]

- A nivel global, de acuerdo con el estudio Deloitte, la capacidad para generar ingresos de las mujeres está creciendo a mayor velocidad que la de los hombres en los países en desarrollo. Sus sueldos han aumentado en un 8.1%, en comparación con el 5.8% que han aumentado los de los hombres.[16]

EN RELACIÓN CON SER PROPIETARIAS DE EMPRESAS

Son cada vez más las mujeres que están evitando al mundo corporativo y favoreciendo el espíritu emprendedor y en esa forma están eludiendo por completo el impacto del "techo de cristal". El "Informe sobre el Estado de los Negocios cuyas Propietarias son Mujeres" de 2013 (hecho por encargo de American Express OPEN) revela que:

- De 1997 a 2013 el número de empresas cuyas propietarias son mujeres se ha incrementado más que el promedio nacional.
- El número de empresas cuyas propietarias son mujeres y de las empresas en que ellas son copropietarias llega a casi 13.6 millones, con las siguientes características:
  - Generan ingresos por más de 2.7 billones de dólares.
  - Emplean a casi 15.9 millones de personas.
  - Representan el 46% de las empresas en Estados Unidos y contribuyen con el 13% de todos los empleos y con el 8% de los ingresos de las empresas.

EN LA POLÍTICA

En la actualidad son más las mujeres que se involucran en la política. Las siguientes estadísticas, sin embargo, muestran que todavía hay mucho trecho por andar para lograr una paridad con los hombres que son líderes políticos.

A nivel global:[17]

- Treinta y dos mujeres son líderes de países o territorios autónomos.

En Estados Unidos, las mujeres ocupan:

- 20% de los escaños en el Senado de Estados Unidos.
- 17.9% de los escaños en la Cámara de Representantes.
- 23.4% de las oficinas electivas a nivel estatal.

A medida que las mujeres ejerzan su poder económico y empiecen a aprovecharlo, estas estadísticas seguirán mejorando. Al abordar este cambio global en el Foro Económico Mundial, Christine Lagarde, Directora Gerente del Fondo Monetario Internacional, habló sobre el poder de lo que ella llamó "crecimiento incluyente". Dijo: "La evidencia es clara y también lo es este mensaje: cuando las mujeres tienen un mejor rendimiento, las economías tienen un mejor rendimiento".

Al ver estas estadísticas y aplaudir el progreso que han logrado las mujeres, también me doy cuenta de que todavía hay muchas otras mujeres que reaccionan ante esto con enojo. ¿Se puede lograr un progreso aún mayor? ¡Claro que sí! Es verdad que el "techo de cristal" sigue controlando el número de mujeres que ocupan altos puestos ejecutivos y colaboran en las actividades de las salas de juntas corporativas, y también es verdad que todavía existe una brecha enorme entre los hombres y las mujeres. Estos dos hechos siguen siendo un desafío que deben enfrentar las mujeres que se esfuerzan por sobresalir en el mundo corporativo.

Pero en lugar de concentrarnos en lo negativo, reconozcamos los logros de las mujeres que son líderes en el mundo de los negocios, como líderes de corporaciones y empresarias, en el campo de la política y en el campo de la educación hoy en día, y celebremos a estas mujeres. Celebrémoslas por su valentía, por su éxito y por su liderazgo. Debemos unirnos como mujeres para actuar como mentoras de las más jóvenes y decirles que pueden ser lo que deseen o hacer lo que deseen, siempre y cuando trabajen con ahínco y se concentren en sus metas. Las mujeres deben ayudar a otras mujeres a tener éxito.

Sheryl Sandberg, directora operativa de Facebook, provocó un auténtico bombardeo en los medios cuando convocó a las mujeres a "seguir adelante" y desarrollar su carrera con agresividad. En su libro, *Lean In: Women, Work, and the Will to Lead [Vayamos adelante: las mujeres, el trabajo y la voluntad de liderar],* que se publicó en 2013, animó a las mujeres a adoptar características que por tradición son "masculinas", como trabajar largas horas, aceptar el crédito por su desempeño y ser francas.

Muchos de sus críticos mostraron desacuerdo diciendo que ella era elitista y no estaba en contacto con las mujeres de clase media que trabajan y que no pueden pagar niñeras caras, y otras personas la criticaron por concentrarse en los problemas internos que enfrentan las mujeres y no en los problemas externos como la igualdad en los salarios y en las oportunidades, y por condenar el predominio masculino en las *suites* corporativas para ejecutivos y en las salas de juntas, por no invitar a más mujeres a unirse a sus filas.

Ambas posiciones tienen puntos válidos; en lugar de criticarse mutuamente, ha llegado el momento de unir fuerzas para beneficio de todas las mujeres.

Algunos de los comentarios de Sheryl sobre las mujeres, sus luchas y la manera de superarlas, me parecieron muy ciertos y me gustaría compartirlos:

> A lo largo de mi vida, una y otra vez me hablaron de las desigualdades en el campo de trabajo y de lo difícil que sería tener una carrera y una familia. Rara vez escuché algo sobre la forma en que yo podría refrenarme.
>
> No frenes. Acelera. Mantén el pie en el acelerador. Cuando sean más las mujeres que participen en la carrera, se romperán más récords. Al ser más las mujeres en puestos de liderazgo, habrá un trato más justo para *todas* las mujeres.

Al leer el libro, pude ver que Sheryl estaba compartiendo el trayecto de su propia carrera de éxito y las decisiones que tomó a lo largo del camino, con la esperanza de inspirar a otras mujeres. Uno de sus mensajes más poderosos es que a las mujeres se les enséña que necesitan limitar su impulso hacia el poder, lo que a su vez limita sus propias ambiciones y como resultado sabotea sus carreras.

Quiero enfatizar el hecho de que lo que ayudó a las mujeres de éxito a triunfar en el pasado podría no ser adecuado para las mujeres que busquen el éxito en el futuro. Aunque estoy de acuerdo en que las mujeres necesitan enfrentar sus propias luchas internas, que a menudo se relacionan con el equilibrio entre el trabajo y la vida, creo que en lugar de decirles a las mujeres que se parezcan más a los hombres, deberíamos enfatizar los beneficios que se encuentran en el liderazgo femenino, los cuales podrían ser más adecuados para el entorno actual de los negocios.

A medida que las mujeres han incrementado su presencia y su influencia en el mundo del trabajo a lo largo de la última década, los negocios en general también han sufrido un cambio. Hemos pasado de la Era Industrial a la Era de la Información, y hemos vivido una transformación en la forma en que se llevan a cabo los negocios. La Era Industrial fue un periodo en el que la competencia era lo más importante. El entorno competitivo creó una filosofía despiadada de "ganar o perder" en los tratos de negocios.

Ahora veo un entorno muy distinto en los negocios, un entorno que se basa en la colaboración, en sociedades y alianzas estratégicas y en proyectos conjuntos; un entorno que favorece la filosofía de "ganar-ganar", donde las personas tratan de encontrar formas de beneficiarse de la fuerza de otros para el bien del consumidor final. Este entorno de colaboración cooperativa es en el que las mujeres progresan.

Tomando en cuenta el cambio en la influencia de las mujeres a nivel global y el cambio en la forma en que se hacen los negocios hoy en día, creo que estamos en un auténtico *punto de inflexión* para las mujeres. Durante años, las mujeres me han dicho que desean una guía que sea relevante para ellas, una guía escrita por mujeres que han creado el éxito en su propia vida. Yo he estudiado a las mujeres que lograron el éxito en el pasado, he entrevistado a mujeres de éxito en nuestros días, y he analizado los trece pasos hacia el éxito del libro *Piense y hágase rico* desde el punto de vista de las mujeres de éxito y a partir de su experiencia. Debo admitir que durante muchos años me resistí a escribir un libro para las mujeres. Pero ahora definitivamente es el momento adecuado para *Piense y hágase rico para mujeres.*

Este libro aborda los problemas que las mujeres enfrentan hoy en día con consejos realistas sobre la forma de superar obstáculos y aprovechar oportunidades. Se presentan desde temas familiares hasta la forma de avanzar en el trabajo y la posibilidad de ser dueñas de un negocio. Durante años, se les ha enseñado a las mujeres que deberían ser capaces de tenerlo todo. Deberían ser capaces de elegir entre trabajar a tiempo completo o a tiempo parcial; de trabajar desde el hogar cuando están a punto de casarse o cuando deben encargarse de sus hijos y del hogar. Pero no había reglas o manuales sobre la forma de llegar a tenerlo todo... y conservar la cordura en el proceso.

Piense y hágase rico para mujeres acaba con el sentido de culpa relacionado con el equilibrio entre el trabajo y la vida con el que luchan las mujeres. Personalmente creo que la palabra "equilibrio" fue creada por un grupo de sicólogos de antaño que se percataron de que las mujeres estaban ascendiendo en el campo laboral y querían asegurarse de tener un flujo constante de pacientes, mujeres atormentadas por la culpa y la frustración; atormentadas por no ser capaces de alcanzar el "equilibrio" según lo definían los sicólogos.

De hecho, no puedo recordar alguna ocasión en la que un hombre se haya quejado conmigo de ese equilibrio entre el trabajo y la vida. ¿Tú puedes recordarlo?

Espero que al terminar de leer este libro seas capaz de expresar tus opiniones y te des cuenta de que tienes un poder enorme, una gran oportunidad para crear la vida que elijas. La palabra más poderosa es "elegir". Puedes reemplazar la culpa por sentir que hay un desequilibrio en tu vida con el poder de hacer diferentes elecciones. Puedes reemplazar la meta de buscar un equilibrio entre el trabajo y la vida con la meta de buscar una vida grandiosa llena de amor, de vida de familia, de satisfacción, éxito e importancia.

Habiendo dicho todo eso, debo dejar en claro que este libro de ninguna manera tiene la intención de atacar a los hombres. Aunque Napoleón Hill es el único hombre que se cita en este libro, no es el único que ha tenido una influencia positiva en mi vida. No obstante, en este libro quise concentrarme exclusivamente en mujeres, como referencias, y descubrí que era una tarea inesperadamente enorme encontrar citas de mujeres para los temas que se abordan en cada capítulo; lo que comprueba que requerimos esta información y que necesitamos apoyarnos como mujeres de éxito y valía.

Sin embargo, en el epílogo, invité a algunos de los hombres que considero son campeones para las mujeres a que compartieran sus pensamientos sobre la importancia de los mensajes que se encuentran en *Piense y hágase rico para mujeres*.

La obra original de Hill, *Piense y hágase rico,* se escribió con base en las entrevistas que él hizo a más de quinientos de los hombres más exitosos de su tiempo, y de miles de personas que consideraban que habían fracasado. Para *Piense y hágase rico para mujeres*, invité a muchas mujeres que compartieran conmigo su pericia, con el deseo de hacer una recopilación similar de éxitos para las mujeres. Por tanto, así como *Piense y hágase rico* fue una compilación de ejemplos de la sabiduría del éxito tomados de muchos hombres triunfadores, *Piense y hágase rico para mujeres* presenta una compilación de la sabiduría de muchas mujeres de éxito.

El libro sigue el mismo esquema de los capítulos del libro original, *Piense y hágase rico.* Cada capítulo comienza con un análisis contemporáneo de las enseñanzas de Napoleón Hill. Después del análisis del capítulo, siguen relatos personales de mujeres que han empleado las lecciones de ese capítulo para lograr el éxito en su vida. Luego comparto la forma en que yo he empleado las lecciones de Napoleón Hill en mi propia vida y los descubrimientos maravillosos que he hecho a lo largo del trayecto.

En cada capítulo incluyo una sección sobre el equipo *mastermind*. Napoleón Hill introdujo el poder del equipo *mastermind* como un paso integral y necesario para alcanzar el éxito. De modo que la sección sobre el equipo *mastermind* de cada capítulo comparte varias citas de mujeres extraordinarias que enfatizan la importancia de los mensajes y lecciones de ese capítulo. Piensa en todas las mujeres que se mencionan en este libro como personas que están a tu alcance para formar tu equipo *mastermind*.

Al final de cada capítulo incluyo una sección de "Hazte estas preguntas". Para alcanzar el éxito, debes ponerte en acción. Esta sección toma los mensajes y lecciones del capítulo y te pide que los apliques a tu propia vida. Usa un diario personal para anotar tus pensamientos a medida que lees la forma en que los pasos originales hacia el éxito de Napoleón Hill se presentan a través de los ojos de mujeres de éxito. *Piense y hágase rico para mujeres* realmente se escribió para ti. Existen PDFs que podrás descargar y que te ayudarán con la sección de "Hazte estas preguntas", y puedes encontrar referencias adicionales en www.sharonlechter.com/women. Esta sección te ayudará a identificar con mayor rapidez las áreas que puedes poner en marcha y que pueden acelerar tu propio sendero para crear la vida que deseas tener.

¡Te deseo que se te bendiga con el éxito!

Sharon Lechter

1

Deseo ardiente

Este es el punto de partida de todos los logros.
Debes tener un deseo ardiente.

*Yo era una mujer con una misión y había
decidido realizar mi sueño.*

—ESTÉE LAUDER

¿SABES CUÁL ES TU DESEO ARDIENTE?
Tal vez te preguntes: "¿tengo un deseo ardiente?". El cual es diferente a un simple deseo de algo. Un deseo ardiente podría sentirse como la necesidad de hacer o lograr algo. Comienza con una idea o con un darse cuenta de algo y crece hasta convertirse en una fuerza que impulsa tus acciones cotidianas. Su guía son tus valores personales y está presente en tus procesos de toma de decisiones. ¡Lo más probable es que encuentres tu DESEO ARDIENTE en tus sueños, en tus expectativas sobre ti misma y sobre tu vida!

Tal vez hayas recordado instantáneamente una meta que has tenido desde hace tiempo. Podría ser una meta personal, de negocios, financiera, física o espiritual. Si todavía no has alcanzado esa meta, pregúntate por qué. ¿Es posible que no haya tenido el respaldo del deseo ardiente que necesitas para alcanzarla con éxito?

Ahora, veamos la perspectiva opuesta. Piensa en una ocasión en la que alguien te describió con alguna de estas palabras: apasionada, motivada, centrada, comprometida, decidida, animada, firme, responsable, persistente, dedicada, tenaz, generosa, consumida por una obsesión, leal, resuelta, inquebrantable, noble, entusiasta, incansable.

Es muy probable que estuvieras tratando de lograr algo por lo que sentías un deseo ardiente muy real.

Cuando combinas una meta definida con un deseo ardiente por alcanzarla, tendrás el combustible necesario (motivación, impulso, vigor) para crear y llevar a cabo un plan que te permita llegar a esa meta con éxito.

En *Piense y hágase rico*, Napoleón Hill se concentró en el deseo ardiente en relación con la riqueza financiera, y escribió:

> Todo ser humano que llega a la edad en que puede comprender el propósito del dinero, quiere dinero. *Quererlo* no basta para acumular riqueza. Pero *desear* la riqueza teniendo un estado mental que se convierte en una obsesión, y luego planificar formas y medios definidos para adquirirla, y ejecutar esos planes con una persistencia que *no acepte el fracaso*, producirá riquezas.

Presentó seis pasos que deben darse y que son definidos y prácticos para convertir tu DESEO de riqueza en una realidad financiera. Este es un resumen de estos pasos:

Primero. Determina la cantidad exacta de dinero que DESEAS.

Segundo. Comprométete con lo que estás dispuesta a hacer a cambio del dinero que deseas. (No existe tal cosa como "recibir algo sin dar nada").

Tercero. ¿Cuál es la fecha exacta (definida) en la que quieres *poseer* el dinero que deseas?

Cuarto. Crea un plan de acción y ponlo en marcha de inmediato. Una meta sin un plan es solo un anhelo sin un deseo ardiente. No dejes las cosas para después.

Quinto. Escribe una declaración de tu misión personal, un mantra, una declaración clara y concisa de la cantidad de dinero que deseas conseguir, el límite de tiempo que te estás marcando para conseguirlo, lo que estás dispuesta a dar a cambio, y describe con claridad el plan o los pasos que darás para reunir ese dinero.

Sexto. Lee tu mantra dos veces al día: una vez antes de acostarte y una vez durante la mañana.

CUANDO LO LEAS, MIRA, SIENTE Y CREE QUE YA TIENES ESE DINERO EN TUS MANOS.

Aquí es donde el DESEO ARDIENTE acudirá en tu ayuda. Si en realidad DESEAS el dinero con tal vehemencia que tu deseo se ha convertido en una obsesión, no tendrás dificultad para CONVENCERTE de que lo adquirirás. El objetivo es querer el dinero y poseer la determinación para tenerlo; que te convenzas de que *lo tendrás.*

Solo aquellos que logran "tener conciencia del dinero" llegan a acumular grandes riquezas. Tener conciencia del dinero significa que la mente se ha saturado tanto del DESEO de tener dinero, que la persona solo puede verse como si ya lo tuviera en sus manos.

Esta sección de los comentarios de Hill se concentra de manera específica en acumular riquezas financieras. De hecho, su declaración "'Tener conciencia del dinero' significa que la mente se ha saturado tanto del DESEO de tener dinero, que la persona solo puede verse como si ya lo tuviera en sus manos" ha sido cuestionada por algunos de sus lectores.

Inclusive, cada vez que leo el libro me siento obligada a hacer una pausa en ese punto.

Muchas personas podrían reaccionar ante esta declaración debido a su aparente conflicto con el mensaje bíblico: "El amor al dinero es la raíz de la maldad". Es cierto que a lo largo de la historia hay muchos ejemplos de que una riqueza excesiva hace aflorar lo peor de las personas, revelando quiénes son en realidad en lo más profundo de su alma. Si eres cruel, al adquirir dinero serás todavía más cruel. Pero lo contrario también es cierto. Si por naturaleza eres generosa, es probable que al recibir más dinero seas mucho más generosa.

Tomando en cuenta que Hill estaba entrevistando a las personas más ricas del mundo, la mayoría de las cuales también eran altruistas, decidí leer esta sección con este nuevo enfoque: "tener conciencia del dinero significa que la mente se ha saturado tanto del DESEO de tener dinero, *para poder llevar a cabo más buenas obras,* que la persona solo puede verse como si ya lo tuviera en sus manos". Creo que Hill confirma esta versión de su declaración cuando habla de los "grandes líderes":

> Uno debe darse cuenta de que todos los que han acumulado grandes fortunas primero han soñado, esperado, anhelado, DESEADO y PLANIFICADO, *antes* de adquirir el dinero.
>
> También sería conveniente saber que todo gran líder, desde el inicio de la civilización hasta nuestros días, ha sido un soñador.
>
> UN DESEO ARDIENTE DE SER Y DE HACER es el punto inicial desde el cual el soñador debe lanzarse. Los sueños no brotan de la indiferencia, la pereza, ni la falta de ambición.

La resistencia que yo sentía ante lo que Hill dice sobre el deseo de tener dinero probablemente se debe al hecho de que soy mujer. Un artículo publicado por la revista *Forbes Woman* en 2013 y escrito por la Dra. Peggy Drexler, Ph.D., profesora asistente de Psicología en el Colegio Médico Weill Cornell, aborda el tema de que los hombres y las mujeres definen el éxito en diferentes formas:

> ¿Qué significa el éxito en realidad? La razón por la cual muchas mujeres se hacen esta pregunta es porque probablemente la respuesta es más compleja para ellas que para los hombres. Bárbara Annis, experta en la inteligencia de los géneros, cree que para los hombres la definición de éxito es muy sencilla: tener éxito es

triunfar. El éxito podría presentarse como más dinero, un empleo mejor, un mejor lugar para estacionar el auto o tener una esposa más atractiva. Pero el éxito se relaciona con ser mejor que la competencia en cualquier número de disputas o torneos, punto. Las mujeres, por supuesto, también quieren triunfar. Pero Annis argumenta que también quieren que se les valore. Nos dice que según su experiencia como consultora para diversas empresas de *Forbes 500*, la razón primordial por la cual las mujeres abandonan un empleo es que sienten que se subestima su trabajo y no se toman en cuenta sus talentos.[18]

"Todas nos hemos dejado convencer y hemos aceptado esta definición masculina del éxito, el dinero y el poder, pero no está funcionando", dijo Arianna Huffington, cofundadora y editora en jefe del periódico en línea *Huffington Post*, en el programa *Today*, en junio de 2013. "No está funcionando para los hombres y no está funcionando para las mujeres. No está funcionando para nadie".

Huffington Post preguntó a sus comunidades de Facebook y Twitter qué significaba el éxito para *ellos*. No sé si sus esfuerzos califican estadísticamente como una encuesta científica, pero creo que los resultados dicen mucho sobre la forma en que las mujeres definen lo que representa ser poderosas y tener éxito. En un artículo escrito por Emma Gray en julio de 2013, ella menciona la declaración de Valerie Jarrett en la Tercera Conferencia Métrica de *Huffington Post*: "Puedes tenerlo todo, pero no puedes tenerlo todo al mismo tiempo". Después incluye las diecinueve definiciones de éxito que arrojó la encuesta.

ESTAS SON LAS DIECINUEVE COSAS QUE REPRESENTAN EL ÉXITO, DE ACUERDO CON LOS LECTORES DE *HUFFINGTON POST*:

1. Hacer algo que cause un impacto y disfrutar cada minuto.
2. Encontrar lo bueno en las imperfecciones de la vida.

3. Darte cuenta de que tu contribución al mundo se valora, si no la valoran otros, la valoras tú.
4. Marcar una diferencia enseñándoles a *otros* a alcanzar el éxito.
5. Vivir y amar plenamente, sin sentir vergüenza y sin pedir disculpas.
6. Promover una causa justa, como la lucha contra la elaboración de perfiles en función de la etnia.
7. ¡Ir a la playa todos los días!
8. Hacer feliz a tu familia.
9. Tener un papel importante para lograr la igualdad de los sexos.
10. Tener la habilidad de controlar tus propios horarios.
11. Tener buena salud, y tener un buen empleo que ayude a otras mujeres a hacer lo mismo.
12. Tener la fuerza para intentarlo y volverlo a intentar… aunque fracases rotundamente.
13. Estar orgulloso de sí mismo.
14. Hacer tu mayor esfuerzo y sentirse agradecido por todo lo bueno que hay en la vida.
15. Encontrar un equilibrio saludable entre un hogar lleno de amor y una carrera que disfrutas.
16. Tener en tu vida personas que siempre puedan hacerte sonreír.
17. Amar lo que haces para ganarte la vida.
18. Saber que tu hija podrá apoyar lo que es correcto y no tendrá miedo de ser ella misma al estar con otros.
19. Aprender a vivir el momento en lugar de estar constantemente en movimiento, en movimiento, en movimiento.[19]

Aunque es posible que esta encuesta no se haya llevado a cabo científicamente, es muy cierto que sus respuestas coinciden con mi definición personal del éxito. Cuando alguien me pide que defina el éxito, esta es mi respuesta: éxito es la forma en que te sientes sobre ti misma cuando te ves al espejo en la noche; ¡y eso no tiene nada que ver con tu reflejo en el espejo!

¿Esto significa que las mujeres no quieren llegar a ser ricas? ¡Claro que no! Pero creo que las mujeres ven la riqueza en una forma mucho más holística. Quieren el dinero debido a lo que pueden hacer con él, no solo por el dinero en sí. Los consejos de Hill que se relacionan con alcanzar el éxito financiero también pueden aplicarse a las áreas del éxito personal, físico, espiritual y a los éxitos en los negocios. Por tanto, repasemos la forma en que los seis pasos de Hill se verían desde un punto de vista más holístico:

Sigue estos mismos seis pasos, pero al hacerlo concéntrate en el objeto de tu DESEO ARDIENTE.

Primero. Determina la magnitud exacta del impacto que deseas causar o del cambio que quieres lograr. (DESEO).

Segundo. Comprométete con lo que estás dispuesta a hacer a cambio de causar ese impacto. (No existe tal cosa como "recibir algo sin dar nada").

Tercero. ¿Cuál es la fecha exacta (definida) en la que quieres causar este impacto?

Cuarto. Crea un plan de acción y ponlo en marcha *de inmediato*. Una meta sin un plan es solo un anhelo sin un deseo ardiente. No dejes las cosas para después.

Quinto. Escribe una declaración de tu misión personal, un mantra, una afirmación clara y concisa del impacto que deseas causar, el límite de tiempo que te estás marcando para conseguirlo, lo que estás dispuesta a dar a cambio, y describe con claridad el plan o los pasos que darás para lograrlo.

Sexto. Lee tu mantra dos veces al día: una vez antes de acostarte y una vez durante la mañana.

Lo más importante es que VEAS, SIENTAS Y CREAS que ya estás teniendo éxito en el logro de tu meta.

Cuando veas que deseas hacer algo o lograr algo, cambiar algo o llegar a ser algo, y lo deseas tan ardientemente que no puedes pensar en otra cosa, has llegado al nivel de tener un DESEO ARDIENTE.

Encontrarás que te concentras aún más en tu meta y, lo que es más importante, tendrás paz mental.

Uno de los ejemplos más grandiosos de alguien que ha demostrado tener un DESEO ARDIENTE que definitivamente no era de naturaleza financiera, fue la Madre Teresa de Calcuta, que dedicó su vida a ayudar a los pobres, a los enfermos y a los moribundos alrededor del mundo, en especial a los de la India. Sintió un llamado y un deseo ardiente de ir a ayudar a los pobres viviendo entre ellos, e inspiró a millones de personas con su gran devoción. Dedicó su vida a infundir esperanza y a crear alegría en circunstancias donde ni la esperanza ni la alegría eran posibles.

Las palabras de la Madre Teresa describen su compromiso y su deseo ardiente de difundir un amor incondicional alrededor del mundo: "No nos conformemos con simplemente dar dinero. El dinero no es suficiente, el dinero puede conseguirse, pero la gente necesita corazones que le den amor. Por eso, ustedes deben entregar su amor donde quiera que vayan".

¡La Madre Teresa (ahora la Beata Teresa) fue una prueba positiva de que una mujer puede cambiar al mundo!

Pero no ha sido la única. Aunque no es tan conocida como la Madre Teresa, Wangari Maathai fue otra gran mujer en la historia que fue un gran ejemplo de un DESEO ARDIENTE en acción. Estudió Biología en Estados Unidos, fue la primera mujer en el este y en el centro de África en terminar un doctorado y fue la primera mujer africana que recibió el Premio Nobel de la Paz.

Fundó el Movimiento Cinturón Verde, en 1977, cuando descubrió que cientos de miles de mujeres en Kenia eran obligadas a caminar kilómetros para conseguir leña y agua. El país se había deforestado y reinaba la sequía y la pobreza. Su respuesta fue sencilla: plantar árboles. Así que empezó a pagar cantidades pequeñas a las mujeres africanas por plantar árboles.

Los árboles ayudaron a impedir una mayor erosión y a la larga produjeron leña que se usaría como combustible. Los resultados de los esfuerzos incansables de esta mujer pueden verse y medirse a través de los 51 millones de árboles que han plantado las mujeres en todo el territorio africano a partir de 1977. Ella atribuyó su éxito a la educación, al servicio, a una visión clara, a la responsabilidad y a la determinación personal; y logró resultados reales poniéndose en acción con justicia e integridad, no solo presentando propuestas y quejándose.

En sus propias palabras: "Cuando plantamos árboles, sembramos las semillas de la paz y la esperanza".

Al hablar de la fuente de su deseo ardiente, dijo: "En realidad no sé por qué me preocupo tanto. Simplemente tengo algo en mi interior que me dice que hay un problema, y yo tengo que hacer algo al respecto. Creo que es lo que yo llamaría mi Dios interior".[20]

Pero la persona que mejor describió la esencia misma del camino de una mujer hacia el éxito y la valía fue Oprah Winfrey, una de las mujeres más exitosas y más ricas en el mundo, que ha sido el artífice de su éxito. Fue la encargada del discurso de graduación en la Universidad de Harvard el 31 de mayo de 2013. Dijo a los graduados que aunque la mayoría de las personas consideraban que ella estaba en la cumbre del éxito, siguió estos mismos seis pasos cuando tuvo que enfrentar "el peor periodo" de su vida profesional.

Aunque es difícil imaginar que alguien como Oprah Winfrey pudiera sentirse estresada y pensar que había dejado de ser una mujer de éxito, vas a sentir el poder de sus emociones en su descripción de la forma en que encontró el DESEO ARDIENTE que la llevó al éxito, la forma en que determinó la fecha límite para alcanzarlo y cómo creó el plan que le daría la vuelta a su negocio. El *Show de Oprah Winfrey* había sido el número uno durante más de veinte años, cuando Oprah le puso fin e inauguró OWN [Oprah Winfrey Network, la Red de Oprah Winfrey]. Después de tantos años de ser el epítome del éxito, decidió "que había llegado el momento de hacer nuevos cálculos, encontrar territorios nuevos, abrir nuevos caminos". Ella estaba acostumbrada al éxito, estaba "bastante cómoda" con el nivel de éxito que había alcanzado con el *Show de Oprah Winfrey*. Esperaba tener un triunfo similar con OWN (había dicho: "estas iniciales me parecieron adecuadas"). Sin embargo, en un principio OWN no respondió a sus expectativas. En sus propias palabras:

> ...casi todos los medios de comunicación masiva habían proclamado que el nuevo proyecto era un fracaso. No solo un fracaso, sino un fracaso contundente. Todavía recuerdo el día en que tomé el periódico *USA Today* y leí el titular: "Oprah en realidad no puede volar con sus propias alas en OWN". Era increíble, ¿en *USA Today*? ¡Es un periódico de calidad! De hecho, el año pasado en estas fechas, fue el peor periodo de mi vida profesional. Estaba tensa, frustrada y francamente me sentía avergonzada".[21]

Fue más o menos en esa época cuando Oprah recibió la invitación para hablar ante los graduados de Harvard. Su confianza se había debilitado después de las críticas contra OWN, y ella tenía dudas: "¿Qué podría yo decirles a los graduados de Harvard, que están entre los graduados más exitosos del mundo, precisamente en el momento en que he dejado de tener éxito?".[22]

Como ella lo describió, la inspiración le llegó cuando estaba tomando una ducha (que había decidido tomar en lugar de comerse una bolsita de galletas Oreo). Recordó la letra de un himno antiguo: "Finalmente, llega la mañana. Las dificultades no duran por siempre, esto también pasará". En ese momento, hizo el compromiso de darle un giro a su red, y así poder compartir su experiencia con los graduados de Harvard.

Después de expresar su agradecimiento a los graduados por haberle dado la motivación que necesitaba para llevar su red a nuevas alturas de éxito, les dijo que deberían escribir su currículum vítae de tal manera que narrara su propia historia; que hablaran de lo que ellos querían lograr en la vida y por qué. Les sugirió que no solo pusieran fechas con una lista de sus logros en la vida. Les comentó que su propia historia personal y sus razones personales eran lo que les ayudaría a salir adelante en épocas difíciles, cuando tropezaran y cayeran. Luego les pidió que pensaran en su verdadera vocación, en su verdadero propósito.

Luego Oprah compartió su propia historia, la forma en que descubrió su verdadero propósito. Lo que la inspiró fue una niña de nueve años que había empezado a juntar monedas para ayudar a los necesitados. Esta niña, por sí misma, había reunido un millón de dólares. Oprah se preguntó lo que ella podría lograr si siguiera el ejemplo de esta niña.

Entonces, Oprah, les pidió a sus oyentes que empezaran a juntar monedas. En un mes, el público de Oprah reunió tres millones de dólares. Ella pudo mandar a un estudiante de cada estado a la universidad. En esta forma inició su Red Ángel.

La Red Ángel de Oprah se expandió en forma dramática; gracias a su apoyo constante y a la generosidad de su fiel público, se han podido construir cincuenta y cinco escuelas en doce países distintos y fue posible reconstruir casi 300 casas que fueron destruidas por los huracanes Rita y Katrina. Aunque Oprah había estado en televisión durante mucho tiempo, el éxito de la Red Ángel ayudó a Oprah a redefinir su propósito y a darle una nueva dirección a su influencia en la televisión. La meta de sus programas, entrevistas, empresas de negocios y obras altruistas se concentró en temas que unen más que en temas que dividen.

Te recomiendo que leas todo su discurso a los graduados de Harvard. Oprah cautivó a los graduados, pero en realidad su mensaje es universal y se aplica a cada uno de nosotros. Ella señaló que todos fracasamos en algún momento de nuestra vida, pero que "el fracaso es simplemente la vida que trata de llevarnos en otra dirección". Dijo que la clave es…

…aprender de cada error porque cada experiencia, cada encuentro y en especial los errores, están ahí para enseñarte y obligarte a ser más la persona que eres. Y luego debes descubrir cuál es el siguiente paso, el paso correcto. La clave de la vida es desarrollar un G. P. S. [Sistema de Posicionamiento Global] moral, emocional e interno que pueda indicarte el camino que debes seguir.[23]

Oprah abrió su corazón ante los graduados en su mensaje final, hablando con pasión, con sinceridad y con una gran esperanza para el futuro:

> Es posible que de vez en cuando tropieces, caigas... seguramente lo harás, cuenta con ello, no hay duda; tendrás preguntas y tendrás dudas sobre tu camino. Pero estoy segura de que si estás dispuesto a escuchar esa suave vocecita interior que es tu G. P. S. y a dejarte guiar por ella, descubrirás lo que hace que cobres vida; entonces estarás bien. Estarás feliz, tendrás éxito y marcarás una diferencia en el mundo.[24]

Se ha dicho que Oprah Winfrey es una gran admiradora de *Piense y hágase rico* y de Napoleón Hill. Ciertamente, su creencia en que todos deben ser responsables de su propia vida, coincide con la filosofía de Hill.

Muchos de nosotros crecimos bajo la influencia del gran impacto que Oprah Winfrey ha tenido en los medios y en la filantropía. Pero también existe un movimiento entre las mujeres jóvenes que están tomando las riendas del mundo empresarial, que no solo han creado un gran éxito financiero, sino que han combinado su éxito financiero con la filantropía. Dos de estas mujeres son Sara Blakely y Tory Burch.

Sara Blakely tenía el DESEO ARDIENTE de reformar la industria de la ropa interior femenina, que a lo largo de más de cincuenta años solo había ofrecido a las mujeres ropa interior incómoda que les causaba dolor y no les quedaba bien. Sara era recepcionista en una de las atracciones del Mundo Disney y había sido comediante, pero se convirtió en la mujer más joven del mundo en llegar a ser multimillonaria por sus propios medios. Es un ejemplo maravilloso de la forma en que un DESEO ARDIENTE puede transformarse en un éxito fabuloso y en una gran valía.

A los veintinueve años de edad, Sara se sintió frustrada al no poder encontrar lencería reductora y modeladora que pudiera usar con sus pantalones y sus sandalias. Invirtió los ahorros de toda su vida, cinco mil dólares, y le dio vida a SPANX. Después de que su nueva línea de lencería reductora y modeladora fue seleccionada como una de las "cosas favoritas" de Oprah, Sara creó una línea exclusiva, llamada ASSETS, para Target. SPANX comenzó como una empresa de un solo producto, pero se ha convertido en una organización de más de cien estilos con utilidades de varios cientos de millones de dólares al año. Sara sigue siendo la única propietaria de esta empresa privada, y nunca ha utilizado publicidad.

Este es su consejo: "Debes creer en tu idea, confiar en tus instintos, y no tener miedo al fracaso. Tardé dos años desde el momento en que tuve la idea inicial de SPANX hasta que pude tener un producto en la mano y listo para venderse en las tiendas. Debo haber escuchado la palabra 'no' mil veces. ¡Si crees en tu idea al 100%, no permitas que nadie te detenga! No tener miedo al fracaso ha sido un factor clave para el éxito de SPANX".

En 2006, Sara usó su éxito para concentrarse en ayudar a otras personas. Formó la Fundación Sara Blakely, que se dedica a ayudar a las mujeres a nivel global, a través de la educación y el espíritu emprendedor. En 2013, a la edad de cuarenta y dos años, Sara fue la primera mujer multimillonaria en firmar la Promesa de Dar de Gates y Buffett [Gates-Buffett Giving Pledge].

La gran pasión y el implacable compromiso de Sara han creado un increíble éxito financiero para ella y han sido importantes debido al apoyo económico que han recibido de su fundación tantas jóvenes alrededor del mundo. Además, casi todas las mujeres podríamos decir que nos hemos beneficiado en nuestra apariencia personal al descubrir el producto de su DESEO ARDIENTE: ¡SPANX! Muchas gracias, Sara Blakely.

Al igual que Sara hay otra mujer multimillonaria de aproximadamente cuarenta años de edad que también ha sido artífice de su éxito: Tory Burch. Tory creó su éxito cuando se dio cuenta de que había un vacío en el mercado de la moda y decidió llenarlo. Tory lanzó su línea de ropa sofisticada, lista para usarse, y de precio accesible; y afectuosamente la llamó "preppy-bohemian", mientras trabajaba en la mesa de su cocina en 2004. Tenía una visión clara y mucha pasión, pero solo tenía conocimientos básicos en el área de los negocios.

En 2006, lanzó su producto mejor conocido: un par de zapatillas tipo bailarina con un costo de 195 dólares que lleva el nombre de Reva en honor a su madre. Luego, en 2010, Oprah incluyó los zapatos Reva de Tora en su último episodio de cosas favoritas. Según *Forbes,* su compañía produjo ganancias de casi 800 millones de dólares en 2012, y en 2013, *Forbes* la incorporó en su lista de multimillonarios famosos.

Inspirada por su propia experiencia como mujer de negocios exitosa y como madre que trabaja, en 2009 lanzó la Fundación Tori Burch. En lugar de simplemente iniciar una actividad caritativa y distribuir dinero, quería crear oportunidades para que las mujeres desarrollaran sus propios negocios para poder alcanzar la independencia financiera para ellas mismas y para sus familias. A través de su fundación, ella hace préstamos que van de quinientos dólares hasta cincuenta millones de dólares a mujeres empresarias en Estados Unidos, mediante pequeños préstamos de negocios, programas de entrenamiento y educación empresarial. Su programa de educación empresarial se lleva a cabo en colaboración con el Programa 10 000 Negocios Pequeños de Goldman Sachs, el Colegio Comunitario La Guardia y el Colegio Babson.

En un artículo escrito para *Huffington Post,* Tory también mencionó la iniciativa global de Goldman Sachs, al escribir: "A lo largo de los últimos cinco años, 10 000 Mujeres de Goldman Sachs ha comprobado que invertir en las mujeres alrededor del mundo es una de las formas más eficaces para reducir la desigualdad y facilitar el crecimiento económico. Cuando se fortalece a las mujeres, se tienen familias más sanas y mejor educadas, y a final de cuentas, tendremos comunidades más prósperas".[25]

En mi opinión, es muy interesante que tanto Tory Burch como Sara Blakely hayan tenido un espacio en las listas de cosas favoritas de Oprah. Oprah ha lanzado muchos negocios a nuevas alturas a través de sus poderosas recomendaciones y presentándolos en los medios de comunicación masiva. De hecho, yo también experimenté con emoción la pasión de Oprah por la educación financiera y su interés en que las personas tomen responsabilidad por su propia vida financiera, cuando en 2010 ella presentó uno de mis libros en su programa. Oprah compartió con sus oyentes que siendo muy joven aprendió que "si uno quiere avanzar en la vida, tiene que hacer que ese avance ocurra". Es un hecho que ella ha logrado avanzar por sí misma y ha ayudado a millones de personas a lograrlo.

Oprah, Sara y Tory llegaron a ser multimillonarias siendo artífices de su propio éxito y desarrollando sus negocios desde la base, pero muchas otras mujeres han encontrado el éxito y la independencia financiera trabajando para negocios ya existentes. Hay franquicias y organizaciones de redes de mercado que proporcionan educación, entrenamiento y oportunidades de bajo riesgo a las mujeres que desean desarrollar un negocio. Las franquicias por lo general representan un costo mayor que asociarse con empresas de redes de mercado, pero ambas ofrecen modelos comprobados de éxito.

Donna Johnson comparte su trayecto a lo largo de una lucha por la supervivencia, y luego su gran éxito cuando se unió a una organización de redes de mercado y, como ella dice: "¡Entró con todo!".

Crecí en Wisconsin en una familia de clase media. Cuando mi padre nos dejó, a mí, a mis cuatro hermanos y a mi madre, descendimos a la clase baja. No contábamos con pensión alimenticia, pero mi madre había decidido sacarnos adelante. Pronto aprendí a sentirme agradecida por recibir la ropa usada de mi prima. Mi padre se fue a California para volverse rico en el negocio de las impresiones. Aunque logró tener éxito, nunca mandó dinero para ayudarnos, y les dijo a mis hermanos que "esperaba que el gobierno se encargara de nosotros". Murió joven, y les dejó la mayoría de sus bienes a sus empleados.

Prometí que yo nunca sería como él y que nunca sería una persona desamparada como mi madre. Esto ocurrió cuando yo tenía como quince años de edad; me dediqué a la natación y pronto estaba compitiendo a nivel nacional.

Entré CON TODO, y después descubrí que eso era un patrón de conducta para mí. A menudo las personas ven los obstáculos como una barrera para el éxito, pero yo no creo que sea así. Veo los obstáculos como algo que simplemente hay que superar. Al hacerlo, mantengo la cabeza abajo, conservo mi enfoque, como lo hacía en las competencias de natación.

Como no tenía dinero para asistir a la universidad, me casé joven, formé una familia y trabajé como entrenadora de natación. Esto, por supuesto, no es una actividad productiva. Fui entrenadora por el amor al deporte y a los niños, pero eso ciertamente no llevaba comida a mi mesa. Cuando tuve que enfrentar un divorcio con tres hijos pequeños y un exesposo que no proporcionaba suficientes recursos para mantenernos, me di cuenta de que necesitaba un plan. No un trabajo, no un hombre o una familia que me sacara adelante.

El primer libro sobre el éxito y el desarrollo personal que leí fue *Piense y hágase rico* de Napoleón Hill. Los conceptos que él enseña me dejaron deslumbrada y me animé al pensar que una persona como yo, que había crecido en la zona pobre de la ciudad, podría realmente alcanzar el éxito. Había tenido una visión fugaz del éxito en las competencias de natación, pues las chicas con quienes competía no tenían obstáculos en la plataforma de salida, ya que decían que eran más privilegiadas o más inteligentes que yo.

Utilicé mis circunstancias para entrar CON TODO. Inicié mi negocio de redes de mercado con la meta de ganar cinco mil dólares al mes. Eso fue hace veintiséis años, y logré esa meta en cinco meses.

Pocos años después, ganaba montos de seis cifras al mes, y nunca he mirado hacia atrás. Me di cuenta de que la única forma en que puedo estar segura de ayudar a otras personas a ganar lo que yo gano es seguir adelante y ganar más. También entendí que si quería marcar una diferencia y ayudar a la gente, podía dar más si ganaba más.

He apoyado un ministerio juvenil, incluso cuando estaba en bancarrota en los primeros días, y apoyamos a muchos orfanatorios alrededor del mundo a través de mi proyecto Spirit Wings Kids Charity [Alas del Espíritu, Caridad para Niños].

Siempre les enseño a las personas de mi grupo que el libro *Piense y hágase rico* no se llama "Hágase rico y piense". No hay que poner la carreta frente al caballo. Debes ser la persona que quieres llegar a ser en el futuro. Tal vez no puedas dar y servir en el nivel en que lo harás cuando alcances tus metas, pero comienza ahora, deja que tu actividad crezca en forma orgánica. La vida es un viaje, no un destino, ¡y SÉ AHORA, la persona que siempre quisiste SER!

¿Has notado el común denominador que está presente en los relatos de todas estas mujeres? Todas ellas creen en la importancia de prestar servicio a la comunidad y a los necesitados. De hecho, esto las apasiona. Napoleón Hill dijo: "Uno entrega antes de recibir". Es una frase sencilla, pero muy cierta. Analicemos algunas de las estadísticas que dio a conocer el estudio del banco de América sobre "Obras filantrópicas de altos ingresos" que se llevó a cabo en el Centro sobre Filantropía en la Universidad de Indiana.

- 95% de los hogares de altos ingresos hacen donativos a obras caritativas.
- 62% de las personas de altos ingresos que hacen donativos consideran que "colaborar con la comunidad" es su motivación primordial para hacerlo.

Además, el Fideicomiso Filantrópico Nacional [National Philantropic Trust] informa que:

- 64.3 millones de adultos trabajaron como voluntarios durante 15.2 miles de millones de horas, con un valor aproximado de 296.2 miles de millones de dólares.

Un estudio de la Facultad de Administración de Empresas de Harvard que lleva el título de "Sentirse bien al dar: beneficios (y costos) del comportamiento caritativo de interés personal" informó que sus hallazgos apoyan la siguiente teoría:

> Las personas que son felices donan más y eso las hace más felices, de modo que la felicidad y el dar podrían operar como un círculo de retroalimentación positiva (en el que las personas felices donan más, son más felices y donan aún más).

Pero el estudio también marcó una distinción entre dar por el hecho de dar (sin que se involucre un interés personal) y dar pensando en obtener un beneficio personal, lo que indica que se requiere un estudio sobre la segunda opción.

Pero el dar implica otros beneficios, ya sean financieros o relacionados con el tiempo de la persona. Está la ventaja obvia y bien publicitada de la posibilidad de deducir de los impuestos las contribuciones financieras y ciertos aspectos de trabajar como voluntario.

Pero los beneficios personales que implica el apoyar a la comunidad son más importantes. El círculo de retroalimentación positiva, que se menciona en el estudio de Harvard, tiene en sí las mejores recompensas. El dar no solo crea felicidad, sino que es casi seguro que aumente nuestra sensación de bienestar y de valía personal. Podrías descubrir tu sentido de propósito y tu satisfacción interna. Al trabajar de cerca con una obra caritativa aprenderás más sobre su propósito específico, ya sea que se relacione con la injusticia social o con el cuidado de la salud. El solo hecho de aprender más sobre esa obra de caridad, te permitirá compartirla con tu red de influencia y "dar a conocer la obra caritativa" de esa causa en particular.

La Dra. Debra Mesch, Ph.D., directora del Instituto Filantrópico de Mujeres [Women's Philanthropy Insititute – IUPUI] dio a conocer un informe que lleva el título de "Las mujeres dan 2012" [Women Give 2012] que reveló que las mujeres que nacieron después de la Segunda Guerra Mundial o antes suelen donar más a las obras de caridad y dar más que los hombres de la misma edad, cuando se consideran otros factores que afectan el hecho de dar. Tienden a hacer sus donativos por razones más personales y tienden a hacer más donativos de cantidades más pequeñas que los hombres.

Con esto se confirman las palabras de Napoleón Hill: "Uno da antes de recibir", no solo por los relatos de las mujeres que se dieron a conocer en este capítulo, sino también por los estudios científicos y las investigaciones que se mencionan.

ESTE CAPÍTULO EN LA PRÁCTICA – EN MI VIDA

Mi deseo ardiente se encendió cuando yo era niña. Mi padre solía preguntarme cada noche: "Sharon, ¿marcaste una diferencia en la vida de alguien hoy?". Aunque perdí a mi padre hace años, sigo haciéndome esa pregunta todas las noches.

Participé como voluntaria en actividades de la escuela y de la iglesia, entré a las Girl Scouts cuando era niña, actualmente presto servicios en varias organizaciones sin fines de lucro. Servir a otros siempre ha sido una parte importante de mi vida.

En el mundo de los negocios, he tenido la fortuna de combinar mi pasión como empresaria, como mujer y como madre con mis actividades de trabajo. Después de iniciar una revista para mujeres y desarrollar la industria de los "libros que hablan" (libros infantiles que producen sonidos cuando uno los toca), mi *deseo ardiente* se ha concentrado más, en los últimos veinte años, en la educación financiera para los jóvenes y para mujeres, y en herramientas para desarrollar negocios para los empresarios.

Yo no considero que lo que hago es "trabajo" porque la recompensa que recibo es más de lo que invierto en él.

Como resultado del éxito que he tenido la bendición de lograr, he podido conservar mi pasión y combinar mis actividades filantrópicas con mis proyectos de negocios. Cada año apoyo una iniciativa a favor de los estudiantes de preparatoria, trabajo con muchos grupos de mujeres y ofrezco seminarios y asesoría financiera. También trabajo con dueños de negocios para ayudarles a ascender al siguiente nivel. Aunque estos son mis negocios, reinvierto una porción del dinero que gano para proporcionar estos mismos servicios a través de mis actividades sin fines de lucro. Lo que más me alegra es ver que "se encienden las luces" cuando una joven que está tratando de reconstruir su vida tiene una idea y se llena de valentía para ponerla en práctica. ¡Este combustible constante mantiene encendido, con mucha fuerza, mi deseo ardiente!

LA HERMANDAD DEL EQUIPO *MASTERMIND*

La sabiduría de mujeres de éxito y valía personal sobre EL DESEO ARDIENTE:

MARY KAY ASH (1918-2001)
MUJER DE NEGOCIOS ESTADUNIDENSE Y
FUNDADORA DE COSMÉTICOS MARY KAY

"Debemos encontrar la forma de seguir siendo buenas esposas y buenas madres y también triunfar en el entorno del trabajo. Esta no es una tarea fácil para las mujeres que trabajan tiempo completo… teniendo tus prioridades en orden, sigue adelante y nunca mires hacia atrás. Todos tus sueños se hacen realidad. De hecho, puedes tenerlo todo. Quiero que ustedes lleguen a ser las mujeres mejor pagadas del país".

MAYA ANGELOU
NOMBRE DE PILA: MARGUERITE ANN JOHNSON
AUTORA Y POETISA ESTADUNIDENSE

"¡Pide lo que deseas y prepárate para conseguirlo!"

"Solo puedes llegar a ser experta en algo que te encanta. Que el dinero no sea tu meta. Dedícate a las cosas que te gusta hacer y hazlas tan bien que la gente no pueda dejar de verte".

"El éxito es autoestima, es disfrutar lo que haces y la forma en que lo haces".

MURIEL SIEBERT (1928-2013)
LA PRIMERA MUJER EN OCUPAR UN ASIENTO EN LA BOLSA DE VALORES DE NUEVA YORK

"Si vas a quedarte ahí a esperar que otras personas hagan algo por ti, llegarás a los ochenta años, mirarás hacia atrás y dirás: '¿Qué hice?'. Dios le dio a mi madre una voz maravillosa y recibió una oferta para cantar en los escenarios, pero en ese entonces no era bien visto que las jovencitas judías cantaran en los escenarios. Así que yo crecí con una mujer que vivió frustrada toda su vida. Ciertamente yo no iba a representar ese papel. Juré que haría todo lo que quisiera hacer".

INDIRA GANDHI (1917-1984)
LA TERCERA PRIMERA MINISTRA DE LA INDIA

"Inclínate hacia la acción… que algo suceda en este momento. Puedes subdividir ese gran plan en pasos pequeños y dar el primer paso de inmediato".

MARGARET THATCHER (1925-2013)
PRIMERA MINISTRA DEL REINO UNIDO (1979-1990) SU PERIODO COMO PRIMERA MINISTRA FUE EL MÁS LARGO DEL SIGLO XX Y HA SIDO LA ÚNICA MUJER QUE HA OCUPADO ESE PUESTO

"¿Qué es el éxito? Creo que es una mezcla de tener talento para lo que estás haciendo; saber que eso no es suficiente sino que tienes que trabajar con ahínco y con cierto sentido de propósito".

"No puede haber libertad si no hay libertad económica".

"Tal vez tengas que librar una batalla más de una vez, si quieres ganarla".

TORY BURCH

DISEÑADORA DE MODAS Y MUJER DE NEGOCIOS ESTADU-
NIDENSE

"Creo que puedes tenerlo todo. Solo tienes que saber que va a funcionar".

J. K. ROWLING (JOANNE "JO" ROWLING)

NOVELISTA BRITÁNICA, MEJOR CONOCIDA COMO LA AU-
TORA DE LA SERIE DE FANTASÍA DE HARRY POTTER

"Las metas alcanzables son el primer paso hacia el mejoramiento
personal".

YVONNE CHUA

PRESIDENTA (2013-2014) DE LICENSING EXECUTIVES SOCIE-
TY INTERNATIONAL; SOCIA DE WILKINSON & GRIST, ABO-
GADOS Y NOTARIOS, HONG KONG

"Disfruta lo que haces y haz lo que te gusta, con una visión propia
y con respeto por el apoyo que recibes de quienes te rodean. Deja
que la crema llegue a lo más alto".

Comparto estas citas de mujeres cuyas palabras me han inspirado en mi camino por la vida con la esperanza de que encuentres
algo que encienda tu DESEO ARDIENTE y te impulse hacia un
éxito increíble y hacia la valía personal.

En el libro original, *Piense y hágase rico*, Napoleón Hill advirtió: "Hay una diferencia entre ANHELAR algo y estar PREPARA-
DO para recibirlo. Nadie está *listo* para nada hasta que no *crea* que
puede adquirirlo. El estado mental que se requiere es la CONVIC-
CIÓN, y no la mera esperanza o el anhelo. La apertura mental es
esencial para creer. La cerrazón mental no inspira fe, ni valor, ni
convicción".

¿Cómo transformamos nuestros sueños, esperanzas, anhelos y
DESEOS ARDIENTES en una FE total en nosotros mismos? El si-

guiente capítulo te guiará para que logres visualizar y creer en que vas a alcanzar tu deseo ardiente mediante el segundo paso hacia la riqueza: la FE.

PREGÚNTATE

¡Usa tu diario al trabajar en esta sección con el fin de identificar tus pasos de acción, activar los momentos en que descubres algo y crear tu plan para alcanzar el éxito!

¿Ya identificaste tu DESEO ARDIENTE?
Dedica un momento para escribirlo en tu diario.

Si se te dificulta definir tu DESEO ARDIENTE, cierra los ojos y trata de recordar una ocasión en que alguien te describió con una de estas palabras:

Apasionada. Motivada. Centrada. Comprometida. Decidida. Animada. Firme. Responsable. Persistente. Dedicada. Tenaz. Generosa. Consumida por una obsesión. Leal. Resuelta. Inquebrantable. Noble. Entusiasta. Incansable.

Anota la actividad, el proyecto o la meta a la que esa persona se refería. Tal vez tengas varias respuestas distintas. Revísalas y evalúa tu reacción emocional a cada una de ellas. Quizás te sea útil identificar, o redefinir, tu DESEO ARDIENTE.

Ahora crea metas y anótalas identificándolas en estas categorías:
Personal
De negocios
Financiera
Física
Espiritual

Para cada meta, hazte las siguientes preguntas y anota tus respuestas:
¿Es en realidad TU meta?
¿Es ética, moral y alcanzable?
¿Estás dispuesta a comprometerte con esa meta a nivel emocional y a nivel físico?

¿Hay una fecha límite para alcanzarla? (¡si no, fija una fecha límite!).

Escribe los datos específicos de tu plan en relación con la forma en que intentas alcanzar la meta en la fecha límite que se marcó.

¿Puedes visualizarte alcanzando esa meta?

Crea un mantra, una declaración personal de misión para alcanzar la meta que más se alinea con tu DESEO ARDIENTE.

Escríbelo en una hojita de papel adhesivo y pégalo en el espejo de tu baño.

Cuando te veas en el espejo esta noche, di: "Soy fabulosa. ¡Puedo hacerlo!". Después lee tu declaración personal de misión.

¡Repítelo en la mañana y en la noche hasta que alcances tu meta!

Formas de retribuir
Escribe en tu diario las formas en que has retribuido a tu comunidad, ya sea dando dinero o trabajando como voluntaria ofreciendo tu tiempo y tu talento.

¿Cómo te sentiste?

¿Hay algunas otras obras caritativas a las que te gustaría apoyar?

¿Puedes comprometerte a incrementar tus esfuerzos como voluntaria cada mes a lo largo de los próximos seis meses?

Anota lo que estás dispuesta a dar.

Felicidades por haber identificado tu deseo ardiente y por comprometerte a ser más caritativa. ¡Tu círculo de retroalimentación positiva está en acción!

¡Eres fabulosa!

2

Fe

Visualizar, creer, hacer realidad un deseo

*La fe es la fuerza con la cual un mundo hecho pedazos
puede surgir hacia la luz.*

—HELEN KELLER

¿CUÁL ES EL PRIMER PENSAMIENTO QUE LA PALABRA "FE" ACTIVA en tu mente?

Napoleón Hill desafió el concepto de que la fe solo se relaciona con las creencias religiosas. La FE o la falta de fe, en realidad define tu destino. Crea el mapa del camino que tu subconsciente va a seguir. La negatividad y la falta de fe engendran más negatividad. Por otra parte, el optimismo, la actitud positiva y la fe crean los cimientos sobre los cuales se puede construir el éxito.

El sentimiento y el conocimiento de la fe infunden un poder enorme a aquello en lo que se apliquen. La fe es el combustible que nos impulsa cuando nuestros músculos son débiles y nuestra mente está cansada, pero nuestro espíritu todavía está lleno de vida. La fe es el nutrimento que nos sostiene cuando el mundo parece no producir frutos. La fe podría ser resultado de la inspiración pero básicamente se encuentra en el interior de cada persona y por lo tanto nadie se la puede quitar. Debemos descubrir la fe para que nos suba el ánimo y para compartirla con otros para que ellos también puedan encontrar la fe en sí mismos.

¿Cómo es la fe? Es diferente para cada persona. Podrías demostrar la fe animando a los demás. Quizás eres persistente al realizar la tarea que es vital para tu propósito aunque sea una tarea que todavía no has dominado. Tal vez te involucras en debates apasionados con otras personas que dudan de la validez de tu propósito. ¡La fe inspira acción!

Al hablar sobre la importancia de la fe, es necesario descubrir las fuerzas que trabajan contra ella: las más dañinas son la preocupación, la ansiedad y la inseguridad. Aunque estas tendencias sean parte de la condición humana, cada uno de nosotros debe determinar la magnitud del papel que representan en nuestra vida.

Hill afirmó que "la FE es un estado mental que se puede inducir, o crear, mediante afirmaciones o repetidas instrucciones al subconsciente, a través del principio de autosugestión".

También explicó que cuando la FE se combina con la vibración de tus pensamientos, pone en acción tu mente subconsciente, la que a su vez se comunica con la Inteligencia Infinita. Hill usa la oración como ejemplo.

Así que pregúntate qué es lo que has estado pidiendo en tus oraciones últimamente. ¿Qué estás afirmando en tu mente y en tu subconsciente? ¿La fe... o has estado permitiendo que actitudes opuestas a la fe sigan teniendo poder sobre ti? ¿Tus reflexiones tienen como resultado una autosugestión positiva?

La preocupación y la ansiedad son actitudes opuestas a la fe, son muy poderosas y las mujeres son muy susceptibles a ellas. Es muy importante que las mujeres entiendan el papel que estas actitudes tienen en su vida. Causan un impacto en su confianza en sí mismas, en su FE en sí mismas y en sus sentimientos de valía personal; y todos estos son factores importantes para alcanzar el éxito ¡o no alcanzarlo! No puedes tener una FE firme en ti misma y tener confianza en ti misma si estás hundida en la ansiedad y en la depresión. Ahora veamos cuál es la diferencia entre los hombres y las mujeres en relación a esto.

Un artículo escrito por el personal de la Clínica Mayo, que se publicó en 2013 con el título de "La depresión en las mujeres: cómo entender las brechas en cuestiones de género", afirma que el número de mujeres que sufren depresión es aproximadamente el doble de los hombres que la padecen, y que una de cada veinte mujeres sufren depresión en algún punto de su vida. Aunque existen muchas controversias en relación con sus causas específicas, se sabe que los cambios hormonales (la pubertad, los problemas premenstruales, el embarazo, la depresión posparto, la perimenopausia o la menopausia), las características heredadas y las experiencias de la vida contribuyen a las tendencias depresivas.

El artículo describe ciertas situaciones de la vida, incluyendo factores culturales, que también causan más estrés en las mujeres que en los hombres. El primero es la desigualdad en relación al poder y al estatus, tomando en cuenta que es más probable que las mujeres vivan en la pobreza que los hombres y que no sienten que tienen control sobre su vida. Ciertamente la bien conocida existencia del "techo de cristal" y la desigualdad en los salarios que todavía existe entre hombres y mujeres que desempeñan el mismo trabajo, influyen en gran medida en que las mujeres sientan que no son iguales a los hombres en relación con el poder y el estatus. Las realidades culturales que existen en algunas partes del mundo donde no se valora a las mujeres lo suficiente por su contribución a la familia, a la comunidad y a la economía, también agravan esta problemática.

La segunda situación que se menciona en el artículo es la sobrecarga de trabajo, pues las mujeres que trabajan fuera del hogar siguen asumiendo responsabilidades domésticas como la educación de los hijos, el cuidado del hogar y en ocasiones la atención a personas ancianas.

Naturalmente, el resultado de estos sentimientos de desigualdad, falta de estatus y sobrecarga de trabajo es que las mujeres se sientan más inseguras y no confíen en sí mismas, que tiendan a preocuparse y a tener menos fe. Es casi imposible que alguien se sienta deprimida y al mismo tiempo tenga confianza en sí misma. La depresión es destructiva, mientras que la confianza en uno mismo y la fe son constructivas.

Independientemente de la controversia sobre las causas exactas del estrés en las mujeres, lo importante es que nos concentremos en la forma de desarrollar la confianza en nosotras mismas. Al hacerlo, nos estamos enfocando en pensamientos positivos y en la energía para crear el éxito en nuestra vida.

Ahora analicemos la definición de FE que nos da Napoleón Hill y el papel que tiene la fe en la creación del éxito en la vida:

Ten fe en ti mismo; ten fe en el infinito.

¡La FE es el "elixir eterno" que da vida, poder y acción al impulso del pensamiento!

¡La FE es el punto inicial de toda acumulación de riquezas!

¡La FE es la base de todos los "milagros" y de todos los misterios que no se pueden analizar con los parámetros de la ciencia!

¡La FE es el único antídoto que se conoce contra el FRACASO!

¡La FE es el elemento, el "componente químico" que, combinado con la plegaria, nos pone en comunicación directa con la Inteligencia Infinita!

¡La FE es el elemento que transforma la "vibración ordinaria del pensamiento", creada por la mente finita del hombre, en su equivalente espiritual!

¡La FE es el único agente a través del cual se puede dominar la fuerza cósmica de la Inteligencia Infinita, de modo que la humanidad pueda usarla!

Sara O'Meara e Yvonne Fedderson son un testimonio de la definición de FE que nos da Hill. Ellas han vivido a partir de la FE, el amor y la firmeza de su propósito. Juntas fundaron Childhelp [Ayuda Infantil], la organización sin fines de lucro más grande de Estados Unidos que responde a las necesidades físicas, emocionales, educativas y espirituales de los niños que sufren abusos, y están nominadas para el Premio Nobel por su trabajo incansable.

Ellas comparten la historia del árbol de la fe, la forma en que puedes empezar con una semilla de esperanza y de fe, mantener la fe a través de tiempos difíciles mientras la nutres y la fortaleces, y al final cosechar los beneficios de la fuerza que se crea y compartir esa riqueza con otras personas, lo que es la mayor recompensa. También comparten sus oraciones de bolsillo, que pueden ayudarte a lo largo del trayecto.

El árbol de la fe: crecer, sobrevivir y prosperar

CRECER

El dinero no crece en los árboles, pero la fe sí. La preocupación es el interés que se paga por las dificultades antes de que venza el plazo, pero la fe es como tener dinero en el banco. Napoleón Hill escribió: "La FE es el punto inicial de toda acumulación de riquezas". A menudo descubrimos que estamos donde elegimos estar. La fe nos da el valor para realizar los cambios necesarios en nuestra vida y nos permite crecer de manera clara y positiva. Cada sueño que se expresa en una meta comienza con la fe en que si sembramos la semilla de la esperanza, si cuidamos el huerto con interés y sobrevivimos a las tormentas que seguramente tendremos que enfrentar, florecerá un éxito fecundo.

Cuando empezamos a construir Childhelp, nuestra organización no lucrativa, la fe dio fuerza a sus cimientos; la fe se convirtió en la tierra donde sembramos cada centro de protección y defensa, cada centro de tratamiento residencial, cada línea de acceso directo, cada agencia de adopciones, cada hogar de acogida y cada casa para grupos. Poco después vimos que el fruto de nuestra labor llegaba al nivel de la legislación nacional y al campo de la educación preventiva. Sabíamos que abogar por los niños que sufrían abusos era parte del plan de Dios y que recibiríamos su guía en cada etapa de nuestra labor. Trabajamos arduamente en el campo día tras día, y nunca dudamos de que un Poder Superior estaba enriqueciendo nuestra tierra, nutriendo nuestra visión y asegurándose de que el sol brillara sobre nuestros niños.

¿Pero qué pasa cuando no tienes fe? ¿Qué pasa si los tiempos difíciles y las desilusiones te hacen creer que no podrás tener éxito? La buena noticia es que puedes crecer y saber que estás creciendo. Puedes llegar a ser fuerte en la fe, tener más conocimientos espirituales y ver que la fe está en ti. Una parábola bíblica muy conocida afirma que el grano de fe más pequeño, tan diminuto como un grano de mostaza, puede arrancar árboles y mover montañas. Antes de sembrar tu árbol, define lo que significa "crecer con éxito" y determina qué es lo que va a "enriquecer" tu tierra.

Cuando decides vivir tu vida en la fe, los deseos y las esperanzas se acercarán a ti como imanes y empezarás a elevarte sobre las nubes. Vas a ver más allá de todas las limitaciones posibles, te valorarás más a ti mismo y a los demás. Entonces pregúntate si solo estás buscando riqueza financiera o buscas la riqueza del espíritu que se adquiere prestando servicio a otros.

SOBREVIVIR

Después de los devastadores ataques contra Estados Unidos el 11 de septiembre de 2001, se encontró un árbol quemado con las ramas rotas entre los escombros de la Zona Cero. Era un pequeño peral de Callery o peral de flor que había logrado echar algunas hojas bajo los escombros. Su descubrimiento hizo resurgir el espíritu de los agobiados rescatistas, y este árbol se convirtió en un símbolo de la recuperación. Decidieron mantenerlo vivo y trabajaron con el personal profesional de parques y zonas recreativas para plantar este árbol en la zona en que tanto se había perdido. Más tarde, cuando una tormenta lo arrancó de raíz, el árbol fue trasplantado y una vez más floreció llenándose de flores blancas de la esperanza. Se le dio el nombre de árbol sobreviviente.

Los niños que han sido víctimas de abusos y descuidos llegan a nosotros con el espíritu quemado y con la vida arrancada de raíz. En cada villa residencial de tratamiento de Childcare, hay un jardín donde los niños y las niñas que están bajo nuestro cuidado se encargan de los árboles frutales y las hortalizas, desde el momento de sembrarlos hasta que están listos para llevarse a la mesa, aprendiendo así el ciclo del crecimiento y la importancia de la supervivencia. Les enseñamos que ningún desafío del pasado puede impedir el desarrollo de un futuro fructífero. Como el árbol sobreviviente, ellos aprenden que una semilla pequeña puede crear algo grande que podría ser arrancado de raíz una y otra vez, pero siempre tiene la oportunidad de renacer y dar fruto.

¿Qué pasa si tu pasado está obstaculizando tu progreso o si estás experimentando contratiempos? No es necesario mirar hacia atrás; solo necesitas reconocer las lecciones que has aprendido, tomando exclusivamente los aspectos positivos de ellas para aprovecharlos en el futuro. El pesar mira hacia atrás, la preocupación mira alrededor y la fe mira hacia arriba. Napoleón Hill afirma: ¡La FE es el único antídoto que se conoce contra el FRACASO! y la segunda Carta a los Corintios 4:13-18, promete: "Por tanto no desfallecemos, antes bien, aunque nuestro hombre exterior va decayendo, sin embargo nuestro hombre interior se renueva de día en día. Pues esta aflicción leve y pasajera nos produce un eterno peso de gloria que sobrepasa toda comparación, al no poner nuestra vista en las cosas que se ven, sino en las que no se ven; porque las cosas que se ven son temporales, pero las que no se ven son eternas". Cuando pones tus luchas en manos de un Poder Superior, no solo sobrevives, sino que cultivas unas raíces que harán que seas fuerte por siempre.

PROSPERAR

Después de crecer en la confianza y de sobrevivir a las pruebas de la fe, entrarás en un periodo de gran poder y responsabilidad. Saldrás victorioso en tu control del entorno, de tus debilidades y de todos los obstáculos en tu vida, cuando sigues el camino de Dios. ¡Este es el momento para prosperar! Has desarrollado confianza al superar las luchas y has visto que tus sueños se manifiestan. De pronto, puedes ver la forma en que una idea brillante se convierte en una realidad concreta. Esta es la etapa final de la fe que Napoleón Hill define tan diestramente: "La FE es el 'elixir eterno' que da vida, poder y acción al impulso del pensamiento".

Es importante vivir y hacer tu trabajo de tal manera que cuando otros te vean, su evaluación sea la evidencia de la Fe. Cuando eso sucede, cosechas la recompensa que mereces. Una de las lecciones más importantes que hemos aprendido es que el éxito no es un final y que nuestros pensamientos toman forma cada día. Todos, desde los niños de Childhelp, nuestro personal, nuestros voluntarios, nuestros amigos y nuestras familias, creemos firmemente en esta verdad: nuestros pensamientos son nuestras acciones, por tanto, los pensamientos positivos engendran resultados positivos. ¿Hay otra palabra que signifique pensamiento positivo? Fe.

El Evangelio de San Mateo (12:33-37) nos dice cómo usar el éxito con responsabilidad:

"El que es bueno, de la bondad que atesora en el corazón saca el bien, pero el que es malo, de su maldad saca el mal". Este versículo lo resume a la perfección: "Si tienen un buen árbol, su fruto es bueno; si tienen un mal árbol, su fruto es malo. Al árbol se le reconoce por su fruto". Por tanto, prosperar no solo se relaciona con la altura que puedas alcanzar en tu crecimiento, sino que se asegura de que tus ramas nunca produzcan flores amargas y venenosas, sino que tus frutos siempre sean sanos y de buen sabor.

El árbol de la fe de Sara e Yvonne ciertamente muestra la profundidad de su naturaleza generosa, y su FE en cada uno de sus lectores. Repasemos algunos de los conceptos que ellas nos dan:

- A menudo descubrimos que estamos donde elegimos estar.
- La fe nos da el valor para realizar los cambios necesarios en nuestra vida y nos permite crecer de manera clara y positiva.
- Cuando pones tus luchas en manos de un Poder Superior, no solo sobrevives, sino que cultivas unas raíces que harán que seas fuerte por siempre.

- Por tanto, prosperar no solo se relaciona con la altura que puedas alcanzar en tu crecimiento, sino que se asegura de que tus ramas nunca produzcan flores amargas y venenosas, sino que tus frutos siempre sean sanos y de buen sabor.

Pregúntate qué papel ha tenido la FE en tu vida y en tu éxito. Trata de recordar una ocasión en que "saliste adelante" en un periodo difícil de tu vida. ¿Qué papel tuvo la FE?

En *A un metro del oro* presentamos la ecuación para el éxito personal, la cual demuestra la absoluta importancia de la fe para alcanzar el éxito. Esta es la ecuación:

$$[(P + T) \times A \times A] + F = \text{éxito personal}$$

De la misma manera en que Hill descubrió los principios del éxito investigando y estudiando a las personas más exitosas de su tiempo, la ecuación del éxito personal brotó del análisis de lo que es la clave del éxito para los líderes de la industria moderna y es de vital importancia en su capacidad para superar obstáculos. Cuando combinas tu **P**asión y tu **T**alento con las **A**sociaciones adecuadas y llevas a cabo las **A**cciones adecuadas, estás en el camino hacia el éxito. Pero para garantizar que realmente tengas éxito y superes cualquier obstáculo que se presente en tu camino, necesitas **F**e. Fe en ti misma, en tu misión. Y tu capacidad de alcanzar el éxito te ayudará a perseverar en épocas difíciles y te impulsará a alturas aún mayores de éxito.

Las historias que se presentan a continuación son testimonios de mujeres que reconocen que la fe es parte integral de sus historias de éxito. Tal vez reconozcas tu propia historia de fe en una de estas anécdotas.

Liora Mendeloff, fundadora y presidenta de la Asociación de Mujeres Oradoras [Women Speakers Association], comparte el momento en que ella invirtió en su propia FE:

Entendí que existe una especie de rendición dulce y una línea fina en cuanto a conocer nuestro propósito sin saber necesariamente qué aspecto va a tener, qué aspecto debería tener, sino que había que seguir avanzando sea como sea. Por tanto, el trayecto de mi vida ha sido llegar a conocer quién soy. No es una conversación externa. Es una conversación interna, y en cierta forma me he obligado a salir del nido y a aprender a volar al ir cayendo; a permitir que el viento me lleve y siempre aterrizar con los dos pies, de alguna manera. No sé por qué, pero por la gracia de Dios, eso es lo que ha ocurrido.

Tess Cacciatore es cofundadora y directora general de la Red Global de Empoderamiento de la Mujer [Global Women's Empowerment Network (GWEN)], una organización sin fines de lucro que se dedica a dar poder a las mujeres y a ayudarles a transformar su vida después de haber sufrido abusos. Tess ha sido galardonada como productora, videógrafa, periodista y empresaria social que ha dedicado su vida a abogar por la paz, la justicia y la igualdad alrededor del mundo. En uno de sus proyectos, trabajó para recaudar fondos con el fin de alimentar a 1.3 millones de niños a través de las redes sociales y para construir treinta y ocho hogares en Sri Lanka después del tsunami de 2004.

Cuando alguien le preguntó el papel que tenía la FE en su vida, ella respondió:

He estado siguiendo los conceptos de Napoleón Hill durante muchos años y cuatro de sus principios me parecen la piedra angular de la forma en que dirijo mi negocio. Aplicamos la fe; caminamos el kilómetro adicional, tenemos una actitud mental positiva y creemos en el trabajo en equipo. Con estos cuatro principios he podido llegar a las mujeres y a los niños alrededor del mundo. De estos cuatro puntos, el más importante es aplicar la fe porque a través de todas las pruebas y tribulaciones que vivimos hoy en día en este planeta, creo que la fe es lo que más me impulsa y me da una actitud positiva. Me ha ayudado a tener la capacidad consciente y la apertura para crear un equipo de personas del que estoy orgullosa, y me ha ayudado a comprender las lecciones que he experimentado día tras día.

Y luego tenemos a Rita Davenport, una mujer increíble que ha inspirado, motivado y hecho feliz a todas las personas que han tenido el placer de estar cerca de ella. No solo tenía su propio programa de televisión, también dirigió una empresa de redes de mercado siendo su presidenta, alcanzando ingresos de mil millones de dólares al año e inspirando a todos los representantes a desarrollar su máximo potencial. En su libro más reciente, *Funny Side Up,* comparte estos consejos con sus lectores:

> Mereces el éxito y disfrutarás el éxito en la medida, y solo en la medida, en que tengas fe en ti mismo. Si no la tienes, todo el mundo se va a dar cuenta. Contrario a la creencia popular, la gente no es tonta. Si no tienes fe en ti mismo, eso se nota en tu cara y todos los demás pueden verlo. Y si tú no crees en ti mismo, ¿por qué tienen que creer en ti? ¡Ya están teniendo suficientes problemas tratando de tener fe en sí mismos!
>
> Haz el compromiso de verte tomando en cuenta tus mayores posibilidades, ¡y actúa como si ya las hubieras desarrollado!

Como lo comprueban Liora, Tess y Rita, la FE no solo crea una actitud positiva y confianza en uno mismo, es un ingrediente esencial. Hill presenta la siguiente fórmula que debe seguirse paso a paso para crear y desarrollar la confianza en uno mismo. Comienza con el propósito definido que analizamos en el Capítulo 1, y muestra cómo aplicar y desarrollar tu FE en que podrás lograrlo.

FÓRMULA DE LA CONFIANZA EN UNO MISMO

Decide hacer a un lado las influencias de cualquier ambiente desfavorable en el que hayas crecido o en el que te encuentres en este momento, y construye tu propia vida A LA MEDIDA. Al hacer un inventario de tus recursos y capacidades mentales, descubrirás que tu mayor debilidad es tu falta de confianza en ti misma. Esta desventaja puede superarse y la timidez puede transformarse en valentía, con la ayuda que proporciona el principio de la autosugestión. Este principio puede aplicarse expresando por escrito los impulsos de pensamiento positivo, memorizándolos y repitiéndolos hasta que lleguen a formar parte del instrumental del que disponga la facultad inconsciente de tu mente.

Primero: sé que tengo la capacidad de alcanzar el objetivo del propósito definido de mi vida; por lo tanto, EXIJO de mí misma acción perseverante y continua hasta conseguirlo, y aquí y ahora prometo ejecutar tal acción.

Segundo: me doy cuenta de que los pensamientos dominantes de mi mente se reproducirán con el paso del tiempo y llegarán a ser acciones externas y físicas, y que en forma gradual se transformarán en una realidad; por lo tanto, concentraré mis pensamientos durante treinta minutos cada día en la tarea de pensar en *la persona en que me propongo convertirme,* creando de este modo una imagen mental clara.

Tercero: sé que, mediante el principio de la AUTOSUGESTIÓN, cualquier deseo que yo conserve con perseverancia en mi mente, tratará de expresarse a través de ciertos medios prácticos para alcanzar el objetivo que la respalda; por lo tanto, dedicaré diez minutos diarios a exigirme el desarrollo de la CONFIANZA EN MÍ MISMA.

Cuarto: he escrito con claridad una descripción del OBJETIVO PRIMORDIAL de mi vida, y nunca dejaré de esforzarme, hasta que haya conseguido la suficiente confianza en mí misma para alcanzarlo.

Quinto: comprendo con claridad que no hay riqueza ni posición que pueda durar mucho tiempo, a menos que se haya cimentado en la lealtad y en la justicia; por lo tanto, no me comprometeré en ninguna transacción que no beneficie a todos a los que afecte. Tendré éxito atrayendo hacia mí las fuerzas que deseo emplear, y la cooperación de otras personas. Induciré a otros a servirme, con mi disposición de servir a otros. Eliminaré el desprecio, la envidia, los celos, el egoísmo y el cinismo, y cultivaré el amor por toda la humanidad, porque sé que una actitud negativa hacia los demás nunca me traerá el éxito. Haré que los demás crean en mí, porque yo creeré en ellos y en mí mismo.

Firmaré esta fórmula con mi nombre, la memorizaré y la repetiré en voz alta una vez al día, con la FE absoluta de que influirá gradualmente en mis PENSAMIENTOS y ACCIONES de modo que yo llegue a ser una persona que confía en sí misma y que tiene éxito.

ESTE CAPÍTULO EN LA PRÁCTICA – EN MI VIDA

Yo tenía diecinueve años cuando leí *Piense y hágase rico* por primera vez; en ese entonces la palabra FE se relacionaba con ir a la iglesia y decir mis oraciones cada noche. Sin embargo, la vida me ha enseñado, una y otra vez, que la FE es mucho más que lo que abarca su connotación religiosa. Como la mayoría de las personas, en muchas ocasiones he tenido que evaluar mi vida, las decisiones que tomaba y las acciones que estaba llevando a cabo, y la forma de seguir avanzando. La fe es lo que siempre me permitió dar esos pasos, sabiendo y creyendo que eran lo mejor.

Hay cosas que me han hecho recordar el papel tan importante que ha tenido la FE en el camino que he seguido. Cuando me estaba preparando para dar un curso hace un par de años, encontré una definición que cambió mi vida. Era la definición de la palabra "preocuparse". Decía: "preocuparse es orar pidiendo lo que NO quieres".

¡Mea culpa! Toda mi vida me he estado preocupando. Esta sencilla definición me ayudó a aprender a detenerme en medio de mi tormenta de preocupaciones y me ha permitido cambiar el enfoque de mis pensamientos y oraciones, y en lugar de pensar en lo que no quiero, pensar en lo que *sí* quiero. Esto ha tenido un profundo impacto en mis pensamientos, en mi actitud y en mi vida.

Cada vez que leo la definición de FE que da Napoleón Hill, el poder que contiene me llena de asombro. Al pensar en el trayecto personal que he seguido para desarrollar y fortalecer mi FE, me doy cuenta de que he recibido los dones más maravillosos de mis maestros espirituales a lo largo del camino. Ellos han sido mis ángeles en la Tierra, me han levantado cuando me he caído, me han elevado con la oración en mis momentos más oscuros, y me han recordado suavemente todas las cosas por las cuales debo sentirme agradecida. Predican con el ejemplo al vivir y demostrar una gran FE en su propia vida, día tras día.

Sara O'Meara e Yvonne Fedderson han sido dos de las maestras espirituales que más impacto han tenido en mi vida. Les pedí que compartieran sus pensamientos sobre la FE, de modo que tú también compartieras ese don de FE y sabiduría que ellas me han brindado y te beneficiaras de ello. Me conmovió profundamente la forma en que ellas presentaron su visión y su experiencia sobre la FE.

Al repasar de nuevo estas declaraciones concisas tomadas de su relato, puedo ver cómo cada una de ellas ha tenido un papel importante en los momentos críticos de mi vida.

• A menudo descubrimos que estamos donde elegimos estar.
• La fe nos da el valor para realizar los cambios necesarios en nuestra vida y nos permite crecer de manera clara y positiva.
• Cuando pones tus luchas en manos de un Poder Superior, no solo sobrevives, sino que cultivas unas raíces que harán que seas fuerte por siempre.
• Por tanto, prosperar no solo se relaciona con la altura que puedas alcanzar en tu crecimiento, sino que se asegura de que tus ramas nunca produzcan flores amargas y venenosas, sino que tus frutos siempre sean sanos y de buen sabor.

Las palabras "elegir", "valor" y "poner en manos de" tienen una importancia especial en mi vida. Cuando encontré el valor para elegir una dirección diferente en mi camino, tuve más éxito cuando puse el resultado en manos de un Poder Superior que me guiaría. Por ejemplo, cuando yo tenía veintiséis años, dejé una carrera de éxito como contadora pública para empezar a desarrollar empresas. Aunque esta decisión resultó ser una de las peores elecciones de negocios que he tomado en mi vida, mi FE al dar ese paso fue recompensada porque conocí al amor de mi vida, mi esposo y mi mejor amigo a lo largo de más de treinta y cuatro años, Michael... ¡eso definitivamente fue un triunfo para mí! Soy la mujer que soy ahora solo porque encontré el valor para tomar la decisión de cambiar de carrera, y tuve FE para confiar en Dios, el Poder Superior en mi vida, cuando lo hice.

Más recientemente, realicé una elección y encontré el valor para dejar una empresa muy exitosa cuando me di cuenta de que su misión ya no se alineaba con mi propósito definido en la vida. La gente dice: "Da un salto de fe", pero creo que deberían decir: "Da un salto CON fe". Yo no tenía idea de lo que el futuro me deparaba, pero puse mi preocupación sobre el futuro en manos de Dios, y tuve fe en que Él tenía un plan para mí. Pocos meses después recibí una llamada de Don Green, CEO (director ejecutivo) de la Fundación Napoleón Hill, quien me pidió que trabajara en el libro *A un metro del oro [Three Feet from Gold]*. Después, Don me pidió, y me dio la oportunidad, de dar a conocer al mundo el manuscrito de Hill de *Outwitting the Devil [Ser más listo que el Diablo]*, que había estado oculto durante más de setenta y cuatro años. Ahora tengo la oportunidad de escribir este libro, *Piense y hágase rico para mujeres,* un verdadero honor.

Estos son solo dos ejemplos de mi vida en los que di un salto *con* FE.

LA HERMANDAD DEL EQUIPO *MASTERMIND*

La sabiduría de mujeres de éxito y valía personal sobre LA FE:

GAIL DEVERS
CAMPEONA OLÍMPICA EN TRES OCASIONES

"Mantén vivos tus sueños. Entiende que para lograr algo se requiere fe y creer en ti misma; se requiere visión, trabajo arduo, determinación y dedicación. Recuerda, todo es posible para los que tienen fe".

ELLEN G. WHITE (1827-1915)
AUTORA, COFUNDADORA DE LA IGLESIA ADVENTISTA DEL SÉPTIMO DÍA

"Si hablas sin fe, estarás sin fe; pero si hablas con fe tendrás fe. La cosecha depende de la semilla que siembres".

MARTINA MCBRIDE (MARTINA MARIEA SCHIFF)
SE LE CONOCE PROFESIONALMENTE COMO MARTINA MC-BRIDE, CANTAUTORA ESTADUNIDENSE DE MÚSICA *COUNTRY*

"Sabes que las cosas no siempre están en tus manos o que no siempre ocurren como lo planeaste, pero tienes fe en que existe un plan para ti, y que debes seguir tu corazón y creer en ti misma, pase lo que pase".

HELEN KELLER (1880-1968)
ESCRITORA ESTADUNIDENSE

"El optimismo es la fe que lleva a grandes logros. Nada puede hacerse sin esperanza y confianza".

EMILY DICKINSON (1830-1886)
POETISA ESTADUNIDENSE

"La esperanza es el ser con alas que se posa en el alma y canta la melodía sin palabras y nunca se detiene… jamás".

KAY WARREN
INICIÓ LA IGLESIA "SADDLEBACK" CON SU ESPOSO EN EL CONDADO DE ORANGE, CALIFORNIA, EN 1980

"La alegría empieza con nuestras convicciones sobre las verdades espirituales por las que estamos dispuestos a apostar nuestra vida, y sobre las verdades que están tan profundamente arraigadas en nuestro interior que nos dan una seguridad muy firme sobre Dios".

En su libro original, *Piense y hágase rico*, Napoleón Hill termina el capítulo sobre la FE con estas palabras:

¡La RIQUEZA empieza a partir de un PENSAMIENTO!

La cantidad solo la limita la persona en cuya mente se pone en movimiento ese PENSAMIENTO. ¡La FE elimina las limitaciones! Cuando usted esté preparado para negociar con la Vida lo que usted desee, recuerde: usted es el que pone el precio por obtener lo que quiere.

¿Cómo fortalecemos nuestra fe? Constantemente estoy evaluando mi fe y buscando formas de fortalecerla, así encontré este poema que da mucha claridad, en especial en momentos de estrés y preocupación.

FE, de Family Friend Poems [Poemas del amigo de la familia]
Tener fe es desafiar la lógica.
Se necesita fe para pensar en forma positiva.
Se necesita fe para creer que existe un Dios de amor que se preocupa profundamente por nuestro dolor.
Creer en la vida, en el universo o en ti mismo después de numerosos fracasos, es tener valentía.
La fe es un acto de valentía.
Es decidir levantarse por la mañana, enfrentar nuestros temores y creer que Dios nos ayudará.

La fe es creer que aunque antes hayamos fallado cien veces, podemos tener éxito la próxima vez.
www.familyfriendpoems.com-poems-life-faith

De hecho, tengo este poema pegado en mi baño como un recordatorio constante de que "la fe es un acto de valentía". Es un recordatorio diario y usa una estrategia que se encuentra en el siguiente capítulo. Te guiará en la forma de influir en tu mente subconsciente, que es el tercer paso para alcanzar la riqueza, la AUTOSUGESTIÓN.

PREGÚNTATE

¡Usa tu diario al trabajar en esta sección con el fin de identificar tus pasos de acción, activar los momentos en que descubres algo y crear tu plan para alcanzar el éxito!

¿Cuán fuerte es tu FE en ti misma?

¿Reconoces tus talentos naturales?
¿Crees que eres capaz?
Cuando te enfrentas con la incertidumbre o los obstáculos,
    ¿los enfrentas directamente o los evitas?
¿Son positivas tus reflexiones?

Dedica un momento para escribir esto en tu diario.

Ahora piensa en tu FE en relación con las áreas específicas para las que estableciste metas en el primer capítulo y anota (con honestidad) los primeros pensamientos que vengan a tu mente para cada una de estas áreas:

Personal
De negocios
Financiera
Física
Espiritual

Podrías descubrir que fue muy fácil abordar tu FE en algunas de estas áreas, pero que fue mucho más difícil abordarla en otras. Por ejemplo, podrías sentirte muy cómoda al hablar de tu FE en relación con tu vida espiritual o con tu vida personal, pero que te es mucho más difícil hablar de FE en tu vida financiera o en tu vida en los negocios.

¿En qué área o áreas te fue más difícil abordar la FE?

Dedica un momento a repasar los pensamientos que llegaron a tu mente y anota en tu diario si fueron positivos o negativos. Por ejemplo, tal vez tuviste pensamientos como este: "¿FE en mi vida financiera? ¡Vaya! Nunca me va a ir bien en el área de las finanzas. Simplemente no puedo sentirme cómoda con eso". Ese pensamiento sería NEGATIVO.

Dedica tiempo a volver a escribir tus pensamientos NEGATIVOS haciéndolos POSITIVOS. Por ejemplo, podrías volver a escribir el ejemplo anterior de esta manera: "Tengo FE en mi vida financiera. He aprendido de mis errores del pasado y estoy preparada, decidida y optimista en relación con mi Futuro Financiero".

Hill afirmó: "Repetir o afirmar las órdenes que usted da a su subconsciente es el único método para el desarrollo voluntario de la emoción de la fe".

Para afirmar tu capacidad y renovar tu fe, practica la siguiente aplicación de la fórmula de Hill sobre la confianza en uno mismo, todos los días:

Primero: solo aceptaré de mí misma lo que soy capaz de hacer para alcanzar el objetivo de mi Propósito Definido. Me exigiré acciones específicas cada día para alcanzar este propósito.

Segundo: me doy cuenta de que lo que yo creo que será, eso será, y que yo estoy creando mi propia realidad. Llegaré a ser la persona que deseo ser concentrándome durante treinta minutos cada día en las características y en las acciones de la persona que estoy intentando ser.

Tercero: entiendo la importancia de tener reflexiones positivas y de tener confianza en que puedo crear el éxito. Dedicaré diez minutos diarios a los pasos para desarrollar confianza en mí misma.

Cuarto: he identificado con claridad y por escrito el objetivo primordial de mi vida y trabajaré continuamente para desarrollar la confianza en mí misma que necesito para alcanzarlo.

Quinto: desarrollaré mi éxito prestando servicio a otros, viviendo cada día con integridad y siendo considerada con la gente que recibe un impacto de mis acciones. Conseguiré el apoyo de personas que demuestran tener los valores con los que vivo mi vida, y a través de mi fe en otros, crearé la fe en mí misma.

Repite cada paso de esta fórmula todos los días, escribiéndolo o diciéndolo en voz alta para conservar la actitud mental necesaria para vivir en la fe y crear el éxito.

Al empezar a entrenar tus pensamientos apartándolos de lo negativo y acercándolos a lo positivo, lee las oraciones de bolsillo en las páginas siguientes. Sara O'Meara e Yvonne Fedderson amablemente las compartieron conmigo con la esperanza de que te ayuden en tus esfuerzos. Además, puedes repasar la ecuación para el éxito personal y recordar la importancia de la fe en determinar el resultado de la fórmula.

$$[(P + T) \times A \times A] + F = \text{éxito personal}$$
$$[(\text{Pasión} + \text{Talento}) \times \text{Asociación} \times \text{Acción}] + FE = \text{éxito personal}$$

Aunque la FE es la última variable de la fórmula, es la más importante ¡y será el catalizador de tu éxito!

ORACIONES DE BOLSILLO

DE SARA O'MEARA E YVONNE FEDDERSON

Nos gustaría ofrecerte estas pequeñas oraciones de bolsillo para que las copies y las guardes en tu bolso. Sácalas cuando las necesites, medita en las ideas e invita a un Poder Superior a llenar tu corazón de fe.

Oración de bolsillo para el crecimiento

Al iniciar este trayecto, sé que sentiré emoción y energía al igual que miedo y frustración. Confío en que tu amor divino me animará y me perdonará. Creo que el éxito verdadero empieza con una riqueza de espíritu. Por favor entra en mi corazón y ayuda a mi fe a crecer y a fortalecerse día tras día. Cuando mi fe sea tan pequeña como un grano de mostaza, muéstrame que este minúsculo tesoro puede crear todo un bosque. Cuando mi fe sea tan grande como un poderoso roble, ayúdame a tener la humildad de ver a todas las criaturas pequeñas e indefensas que están bajo su sombra, y ofrecerles nutrimento, refugio y protección. Mi meta en la tierra es llegar a tener éxito, pero crecer en la fe seguirá siendo mi misión espiritual.

Oración de bolsillo para la supervivencia

Cuando mi espíritu esté quemado, cuando mi fuerza de voluntad esté carbonizada, o cuando haya yo incendiado un puente, ayúdame a recordar al árbol sobreviviente. Cuando la incertidumbre arranque mis sueños de raíz, cuando el agotamiento impida mi crecimiento y mi corazón esté destrozado, muéstrame los frutos del éxito y las flores de la fe que están a punto de brotar con un nuevo mañana. Que cada día lluvioso se convierta en una lección aprendida. Necesito la lluvia para florecer. Que cada día soleado se convierta en un regalo que me he ganado. Alcanzaré alturas inimaginables bajo el brillo de tu radiante luz.

Oración de bolsillo para prosperar

Ahora que tengo fe, ayúdame a usarla y a ejercitarla. Estoy preparada para ser dueña de las circunstancias, no una víctima de la negatividad. Con los grandes dones vienen grandes responsabilidades. Mi fe me ha dado raíces en tierra firme y me ha ayudado a soportar todas las tormentas. Ahora veo las flores de la fe en este día perfecto y te glorifico por este momento. Cuando mis flores se abran mostrando sus colores hermosos, no permitiré que el ego o el orgullo pongan en peligro mi espiritualidad. Un árbol es un éxito de la fe, pero un bosque lleno de árboles es un milagro de la vida. Una vez más, seré un jardinero humilde, pero en esta ocasión cuidaré de aquellos que me necesitan. Así como tú has ayudado a mi fe a crecer, ahora yo sembraré la semilla de la esperanza en otro corazón.

3

Autosugestión

El médium para influir en
la mente subconsciente

Y la vida es lo que hacemos de ella.
Siempre lo ha sido y siempre lo será.
—GRANDMA MOSES
(ANNA MARY ROBERTSON MOSES)

¿ALGUNA VEZ TE DISTE CUENTA DE QUE COMETISTE UN ERROR, mostraste desaprobación y empezaste a tener pensamientos sarcásticos identificando claramente la razón por la cual esa no fue una acción inteligente y no debería haber sucedido? ¿Y qué decir de las celebraciones secretas en las que te aplaudiste por haber realizado un trabajo excelente o por haber logrado un triunfo que confirmó que eres fabulosa? Tal vez pudiste salir adelante en una situación difícil o superaste la sensación de estar atorada o frustrada motivándote y confirmando tu fe en que serías capaz de superar ese desafío.

La mayoría de las personas suelen hablar consigo mismas sin darse cuenta del papel que esto tiene, tanto en sus actitudes como en su subconsciente. Así como los momentos de retroalimentación constructiva (o en algunos casos, destructiva) pueden amplificar la sensación de triunfo o de fracaso, la AUTOSUGESTIÓN puede influir directamente en nuestro nivel de éxito y, lo que es más importante, en nuestra fe en que el éxito es posible.

La palabra AUTOSUGESTIÓN a menudo provoca en las personas reacciones que demuestran claramente que en realidad no la entienden. Muchas de ellas piensan de inmediato que es algo relacionado con el *New Age* o con los hipnotistas que presentan espectáculos en un escenario. Otras creen que en cierta forma se opone al cristianismo o a la religión. Aclaremos toda esta confusión.

Según el Diccionario *Merriam-Webster Collegiate*, AUTOSUGESTIÓN es "una forma de influir en nuestras propias actitudes, en nuestra conducta o en nuestra condición física mediante procesos mentales no relacionados con el pensamiento consciente". Este tipo de autohipnosis se conoció por primera vez en 1890, mucho antes del movimiento *New Age*.

Hill afirma: "La autosugestión es el agente de control a través del cual un individuo puede alimentar voluntariamente su mente subconsciente con pensamientos de naturaleza creativa, o permitir por negligencia, que los pensamientos de naturaleza destructiva se infiltren en ese rico jardín de la mente".

Cada persona tiene la capacidad de cambiar de manera consciente sus circunstancias, concentrándose deliberadamente en acciones y pensamientos positivos, lo que a su vez influye en el subconsciente para que los ponga en acción. Esto ocurre cuando nos concentramos en lograr resultados positivos en nuestra vida, tanto en relación con lo que DESEAMOS recibir como en relación con lo que estamos dispuestos a dar a cambio de lo que recibimos.

Para ilustrar este concepto, Crystal Dwyer Hansen habla de sus conocimientos sobre el uso de la AUTOSUGESTIÓN. Crystal cuenta con la certificación del Consejo Americano de Hipnoterapia [American Board of Hypnotherapy] y trabaja con personas de todo el mundo ayudándoles a experimentar transformaciones profundas y duraderas en sus relaciones, en su carrera y en su salud.

La AUTOSUGESTIÓN es una herramienta que siempre está a nuestro alcance. Cuanto más la usemos, más poderosos podemos llegar a ser en nuestra vida. Es fácil que las vivencias y los sucesos lleguen a controlar nuestra experiencia humana, y a menudo en forma negativa. Estamos expuestos a situaciones que contienen miedo y otras emociones negativas; estas situaciones se graban y se organizan en nuestra mente y se convierten en un sistema de filtrado para la totalidad de nuestra experiencia de vida.

Si no intervenimos deliberadamente en este proceso automático del vivir, mediante la autosugestión, comenzaremos a sentir que fuerzas externas a nosotros mismos nos están controlando, y es cierto.

Todo pensamiento o forma de pensamiento que tenga cualquier tipo de influencia en tu vida, para bien o para mal, se introdujo, a cualquier nivel, con tu autorización. En cuanto te des cuenta de esta realidad, podrás empezar a utilizar el principio de la autosugestión en forma deliberada, en lugar de permitir que tu subconsciente seleccione al azar estímulos externos que predisponen al fracaso y a la desilusión.

Las mujeres podemos ser muy susceptibles al pensamiento negativo, ya que existe una fuerte interconexión entre nuestro aspecto emocional y nuestro aspecto intelectual. Podemos pensar en muchas cosas a la vez y debido a eso, es fácil que los pensamientos negativos o derrotistas entren a hurtadillas en nuestra mente consciente. A lo largo de los años en que he trabajado con las personas en el ámbito de la autosugestión, he descubierto que las mujeres sienten niveles más altos de liberación que los hombres al deshacerse de sensaciones y pensamientos negativos, y niveles más altos de poder y control de su vida al utilizar estas técnicas.

Napoleón Hill escribió: "Su habilidad para emplear la Ley de la Autosugestión dependerá, en gran medida, de su capacidad para CONCENTRARSE en cierto DESEO hasta que ese deseo se convierta en una OBSESIÓN ARDIENTE".

Este principio es muy importante. Hill menciona una palabra que si aprendiéramos a practicarla representaría para nosotros recompensas ilimitadas: CONCENTRARSE. Los dos componentes de esta concentración son la *intención* y la *atención*; son la clave para manifestar nuestros mayores deseos. Cuanto más practiques la atención y la intención, más empezarás a sentir y a conocer la experiencia que deseas, antes de experimentarla en su manifestación física plena.

Al llevar a cabo los primeros seis pasos que se describen en el primer capítulo, debes ver con claridad cuáles son tus deseos, concentrándote no solo en la cantidad exacta de dinero que necesitas para hacerlos realidad o en el impacto que deseas causar, sino en los sentimientos que estarán presentes en tu interior cuando tengas esa cantidad exacta de dinero o cuando hayas causado el impacto deseado. Si tu meta es el dinero, ¿cuánta libertad adicional sentirás al recibirlo? ¿Qué cargas dejarás de llevar sobre tus hombros? ¿Cómo el hecho de tener esa cantidad de dinero, o de haber causado ese impacto, afectará tu alegría y la alegría y libertad de las personas que amas?

Las mujeres somos criaturas de *sentimientos*. Dios nos hizo así por razones muy importantes. Nuestro cerebro tiene conectada una elaborada red neural entre los hemisferios derecho e izquierdo, lo que permite que sintamos las cosas intuitivamente y luego las procesemos intelectualmente. Esto es un don único que Dios ha otorgado a las mujeres. Una amiga sicóloga me dijo en una ocasión: "Las mujeres tienen una autopista entre las zonas del sentimiento y del pensamiento. Los hombres tienen un camino de terracería". Fuera de broma, debemos preguntarnos por qué se nos otorgó este don y cómo podemos utilizarlo mejor para servir a las personas que amamos y a la humanidad en general.

Como sugiere Hill: "Entregue a su IMAGINACIÓN la idea que se sugiere en el párrafo anterior y vea qué es lo que su imaginación puede hacer o hará para crear planes prácticos para acumular dinero mediante la transmutación de su deseo".

Ahora que estás en contacto con los sentimientos, con la alegría y con la riqueza que este dinero o este impacto traerán a tu vida, puedes conectar esos sentimientos con tu mente imaginativa; la parte de la mente que yo llamo tu lienzo artístico personal. Las mujeres sienten, pero también actúan. ¿Te gustaría tener un plan financiero perfecto que permita que tus hijos vayan a la universidad, que te proporcione el dinero necesario para proyectos especiales como comprar casas, ir de vacaciones y viajar? ¿Qué me dices de tu retiro, de tu jubilación? Sin importar la edad que tengas ahora, es muy probable que puedas mirar hacia atrás y decir: "Vaya, no sé qué sucedió con los últimos cinco años. ¡Se fueron volando!". Todo el mundo quiere experimentar un mejor nivel de libertad y seguridad en algún momento de su vida. Ahora, la jubilación ya no tiene mucho que ver con la edad, sino con cierta cantidad de dinero.

Si lo que deseas es causar un impacto, imagina un mundo que es mejor como resultado directo del éxito que han tenido tus esfuerzos. Empieza a pintar en el lienzo de tu imaginación un cuadro que represente tus planes prácticos para las etapas más importantes de tu vida.

Y sigue el consejo que nos da Hill: "ESPERE y EXIJA que su mente subconsciente le proporcione el plan o los planes que necesita. Esté alerta en espera de esos planes, y cuando aparezcan, póngalos EN ACCIÓN INMEDIATAMENTE. Es probable que cuando los planes aparezcan, lleguen a su mente como un 'destello', a través del sexto sentido y en forma de una 'inspiración'. Podría considerarse que esta inspiración es un 'telegrama' o un 'mensaje' que le llega directamente de la Inteligencia Infinita. Trátelos con respeto, y actúe de acuerdo a ellos tan pronto como los reciba. El no hacer esto será FATAL para su éxito".

La mayoría de las personas no consiguen lo que desean porque no han creado un espacio interior que permita que las cosas que desean ocurran en su vida. Las técnicas de AUTOSUGESTIÓN, como las que Hill enseñó, acaban con las dudas y los miedos y crean un espacio muy grande que la Inteligencia Infinita podrá llenar. Tú puedes dirigir deliberadamente lo que llene ese espacio, a medida que aprendas a usar la autosugestión en tu vida. Según las leyes del universo, este solo puede darte lo que tú le pides en realidad. Tú eres el imán. Si no estás segura o tu intención es débil, obtendrás resultados inciertos.

Normalmente, lo que nos impide alcanzar niveles más altos de éxito en todas las áreas de la vida, son nuestras propias expectativas limitadas. Cuando Hill habla de exigir y esperar que el subconsciente te entregue el plan o los planes que necesitas, está enfatizando el nivel de decisión y compromiso que debes tener para usar la autosugestión en toda su capacidad y obtener resultados asombrosos al practicarla.

Tu propia determinación absoluta y tus expectativas de lograr que las cosas cambien y mejoren atraerán el poder de la Inteligencia Infinita hacia ti en la forma más poderosa. Ten la expectativa de recibir de la Inteligencia Infinita respuestas, planes e ideas. Cuando empieces a tener explosiones de inteligencia, de ideas y de planes, ¡no las descartes!

He descubierto que Dios (Fuente) habla con toda la gente, pero solo algunos lo escuchan. Dudan ser dignos de merecer un nivel tan alto de comunicación. Acabemos de inmediato con ese mito. Tú lo mereces. Fuiste creada a imagen y semejanza del Creador, y el Creador quiere ser uno contigo a cada momento. Cuanto más te percates de ello, más permitirás que los dones fluyan hacia ti.

El siguiente paso de Hill en este proceso es: "Al visualizar (con los ojos cerrados) el dinero que se propone acumular, *véase prestando el servicio o entregando la mercancía que se propone dar a cambio de este dinero. ¡Esto es importante!*".

Las leyes de dar y recibir son cruciales en este flujo de abundancia y riqueza. Este flujo nunca podrá ser de un solo sentido, pues si lo fuera la riqueza y el éxito no llegarían a ninguna parte. Para hacer esto debes estar en contacto con tu propia valía y luego ampliar tu valía diez veces más a través de tus creencias y tus obras. Las mujeres son famosas por minimizar su propia valía, y esa es una de las razones primordiales por las que no reciben lo que merecen por sus esfuerzos.

¿Practicas la AUTOSUGESTIÓN? Si lo haces, piensa en cómo te ha ayudado a lo largo del camino. Si no, es muy probable que sea la respuesta que has estado buscando. ¿Pregúntate por qué no la usas?

Hace poco tuve el placer de conocer a Dina Dwyer, presidenta ejecutiva del Grupo Dwyer. Es una mujer de negocios muy dinámica que ha llevado a su empresa a un éxito fabuloso y ha abierto las puertas de la oportunidad a miles de personas que querían poner su propio negocio. Hablamos del impacto que nuestros padres tienen en nuestra vida, y me dijo que a ella la habían educado con los principios de Napoleón Hill, y de manera específica, con el principio de la AUTOSUGESTIÓN. Cuando compartió conmigo su historia de "la nota adhesiva" ¡no pude evitar reírme! ¿Dónde estaríamos si no tuviéramos notas adhesivas?

El poder de la nota adhesiva, por Dina Dwyer

Nunca es demasiado pronto para empezar. Eso era lo que creía mi padre cuando rodeó a sus hijos con las herramientas para el éxito. Yo no lo sabía entonces, pero fue el inició de mi trayecto en un sendero increíble que hoy en día continúa en mi vida como esposa, madre y directora de una empresa.

La especialidad de mi papá eran las notas adhesivas. Las pegaba en el espejo del baño, a una altura donde los niños pudieran verlas, por así decirlo. No podíamos evitar leer esas frases motivadoras y esos mensajes que ponían en marcha las metas que debíamos alcanzar. Las leíamos cuando nos cepillábamos los dientes al inicio del día. Sin darme cuenta, algo de esas notas adhesivas se había grabado en mi mente.

Accionamos el botón de avance rápido en el tiempo y ahora encuentras el mismo tipo de notas en el espejo de mi casa. Las cambio con frecuencia, pero son un recordatorio constante de lo que quiero lograr en la empresa y en la vida. En este momento, mis notas se concentran en una meta de la empresa: el EBITDA que estamos en proceso de sobrepasar en el Grupo Dwyer. También tengo mi recordatorio espiritual de cada día. Además está mi objetivo a plazos. Luego está una afirmación que he elegido y que me da un impulso adicional: algo maravilloso está a punto de suceder.

No hay mejor forma de comenzar y terminar cada día frente al espejo. Este ejercicio confirma una frase popular que mi padre siempre fomentaba.

"La mente puede alcanzar todo aquello
que puede concebir y creer".
—Napoleón Hill

Aprendí de mi padre el poder del pensamiento positivo, el cual ha estado presente y lleno de vigor en mis rituales desde la infancia. Pronto llegó a ser increíblemente útil y poderoso para mí, y lo sigue siendo en mi vida adulta.

A principios de la década de 1980, el Grupo Dwyer era pequeño; éramos dieciocho o veinte personas trabajando para desarrollar una cultura corporativa en nuestra oficina central. Éramos responsables de dirigir las lecciones de *Piense y hágase rico*, y teníamos tiempo de estudio para beneficio de la compañía. Yo tenía dieciocho años cuando empecé a involucrarme a ese nivel. Muchas cosas que había aprendido en la vida pero que nunca supe cómo aplicar, de pronto empezaron a beneficiarme en formas increíbles. Poco después, estaba yo administrando varias propiedades para la Empresa Dwyer de Bienes Raíces y confiaba en que podría aprender de personas mucho mayores que yo, y que inclu-

---

EBITDA (es un indicador financiero representado mediante un acrónimo que significa en inglés ***Earnings Before Interest, Taxes, Depreciation, and Amortization*** [beneficio antes de <u>intereses</u>, <u>impuestos</u>, <u>depreciaciones</u> y <u>amortizaciones</u>], es decir, el beneficio bruto de explotación calculado antes de la deducibilidad de los gastos financieros).

so llegaría a dirigirlas. Ya no tenía miedo de lo que no sabía; me emocionaba lo que podría aprender y hacer a medida que subía de nivel. Las notas adhesivas solo fueron el principio.

En mi vida adulta, sigo construyendo sobre esos mismos cimientos, o fundamentos, otras rutinas a lo largo del día. La contraseña de mi computadora es un mensaje motivacional dirigido a mí. En mi cuenta de Twitter comparto citas inspiradoras con todos los que quieran seguirlas. Uso una pulsera de "la ofrenda de la viuda" que conseguí en un viaje a Tierra Santa, y que trae a mi mente el relato bíblico de la pobre viuda que puso dos moneditas de muy poco valor en la caja de las ofrendas; era muy poco dinero a los ojos de los ricos, pero era todo lo que ella tenía. El mensaje del Señor fue que ella dio más que todos los ricos e hizo el mayor sacrificio. Cuando veo esta pulsera, me recuerda y me inspira a DAR TODO LO QUE TENGO.

La práctica de la autosugestión en sí se extiende a lo largo del día en formas que son una segunda naturaleza para mí, pero que son exponencialmente poderosas. No exigen que les dedique tiempo precioso, pero me han dado recompensas a lo largo de toda una vida.

Nuestra misión en el Grupo Dwyer es: enseñar nuestros principios y sistemas para alcanzar el éxito individual y empresarial, para que todas las personas a quienes llegamos tengan vidas más felices y exitosas.

Esta también es la misión de mis autosugestiones diarias. La clave es encontrar algo que funcione, y en lo que concierne a las notas adhesivas, ¡hay que seguirlas usando!

ESTE CAPÍTULO EN LA PRÁCTICA – EN MI VIDA

Al dar una mirada retrospectiva a mi vida, veo que la AUTOSUGESTIÓN ha tenido un papel importante, aunque en ese momento no estuviera consciente de ello y no estuviera usando la autosugestión de manera intencional. Cuando yo era niña, mi papá me preguntaba cada noche: "Sharon, ¿añadiste valor a la vida de alguien hoy?". Este ritual de cada noche causó un impacto enorme en mí y creo que es en gran medida responsable de mi dedicación y mi deseo de servir a otros.

Aunque la pregunta de mi papá fue una gran influencia para mí cuando era niña, ha habido, a partir de entonces, muchos ejemplos del impacto de la autosugestión. Trabajé con Crystal Dwyer Hansen durante cierto tiempo, cuando yo estaba pasando por un periodo muy estresante de mi vida; y por eso sé que su enfoque hacia la AUTOSUGESTIÓN funciona. También he visto que la AUTOSUGESTIÓN ha influido en mi trabajo. Lo que describo a continuación, que es algo que experimenté directamente, es un elemento crítico para el éxito de cualquier persona, en especial para las mujeres.

En el capítulo sobre la fe compartí un momento crucial en mi vida; a los veinte años di un salto CON fe y dejé mi carrera como contadora para empezar a desarrollar negocios. En mi lucha por tomar una decisión, tenía un bloc de hojas amarillas donde escribía los pros y los contras de aceptar el nuevo puesto que me estaban ofreciendo. La lista de los pros y los contras era tan larga que hacerlo solo aumentó mi frustración. Cuando estaba sentada en la cama revisando la lista, un poder superior guio mi mano y escribí las palabras "¿Por qué no?" al principio de una página. Después me pregunté:

¿Por qué no probar algo nuevo?
¿Por qué no intentarlo?
¿Por qué no ver hacia donde me lleva esta emocionante oportunidad?

Estas palabras se han convertido en el principio que ha guiado mi vida, y las uso con frecuencia como autosugestión. Me ayudan a dar un paso hacia atrás y a ver un panorama más amplio. Me obligan a salir de mi espacio, a salir de lo que es cómodo y conocido. También me obligan a visualizar lo que yo podría ser.

Muy a menudo lees o escuchas acerca de encontrar tu "razón o tu por qué". A veces tu razón, o tu deseo ardiente, está detrás de la puerta que tienes miedo de abrir. Así que ante todo pregúntate: "¿Por qué no?". Tal vez eso te dé el valor para dar un salto CON fe.

Una advertencia: si hay una respuesta convincente a la pregunta "¿por qué no?", definitivamente sigue tu intuición. Sin embargo, si es ilegal, será mejor no seguir adelante. (Espero que estés sonriendo).

Otra técnica de AUTOSUGESTIÓN que he usado, que sigo usando y que me ha dado mucha paz y alegría en momentos de estrés y preocupación, es algo que una amiga compartió conmigo cuando estaba yo viviendo ese periodo difícil del que hablé en el capítulo sobre la fe. Cuando decidí dejar la empresa, tuve un periodo de mucho estrés. Aunque nunca lamenté la decisión, el proceso de salir de la empresa fue muy doloroso y se extendió a lo largo de más de dieciocho meses. Una amiga me mandó el libro, *La oración de Jabes*. Esta oración, que se encuentra en la Biblia en el Primer libro de Crónicas, fue una cuerda de salvamento para mí y la sigo diciendo todos los días... y con mayor frecuencia en tiempos difíciles. Dice:

> ¡Oh, si en verdad me bendijeras,
> ensancharas mi territorio,
> y tu mano estuviera conmigo
> y *me* guardaras del mal para que no me causara dolor!

Esta oración me recuerda que debo mirar fuera de mí misma. Me recuerda que tengo la responsabilidad de servir a los demás, con FE, para poder responder cada noche a la pregunta de mi padre: "Sharon, ¿añadiste valor a la vida de alguien hoy?".

Napoleón Hill describe la AUTOSUGESTIÓN en relación con alcanzar una meta específica, y yo también uso el método que él describe. Uno de mis deseos ardientes y de mis propósitos definidos en la vida ha sido lograr que la educación financiera sea un requisito en los programas de estudio de preparatoria a nivel global. Siempre tengo presente esa meta en todo lo que hago. Desempeño un puesto en el Consejo Asesor del Presidente y en la Comisión de Educación Financiera del Instituto Americano de Contadores Públicos Certificados [American Institute of Certified Public Accountants (AICPA)]. Esto me ha permitido expresar mis ideas a nivel nacional. Para alcanzar mi meta, en primer lugar concentré mis esfuerzos a nivel local, y escribí la siguiente meta que leo todos los días:

> Antes de 2015, la educación financiera será parte de los programas de estudio de preparatoria. Empezaré en mi estado, Arizona, uniendo a las empresas sin fines de lucro, a los líderes comunitarios y a los funcionarios del gobierno en un esfuerzo de colaboración para que se aprueben leyes, que no afecten los ingresos públicos, para que la educación financiera esté al alcance de todos los estudiantes de Arizona.

El 20 de junio de 2013, Jan Brewer, gobernadora de Arizona, aprobó esta ley, dando el primer paso para garantizar que los estudiantes de preparatoria estén capacitados para manejar sus finanzas personales antes de entrar al mundo real.

Ahora puedo concentrar mis esfuerzos en asegurarme de que este programa de estudios se ponga en vigor en Arizona y en lograr que otros estados sigan el mismo ejemplo, para luego hacerlo a nivel global. Además, sigo viajando alrededor del mundo promoviendo la necesidad de la educación financiera y motivando a otros para impulsar esta iniciativa en sus comunidades.

LA HERMANDAD DEL EQUIPO *MASTERMIND*

La sabiduría de mujeres de éxito y valía personal sobre LA AUTO-SUGESTIÓN:

ALICE MEYNELL (1847-1922)
POETISA INGLESA

"La felicidad no se relaciona con los sucesos, depende del oleaje de la mente".

KATHERINE MANSFIELD (1888-1923)
LA ESCRITORA MÁS FAMOSA DE NUEVA ZELANDA

"Si pudiéramos cambiar nuestra actitud, no solo deberíamos ver la vida en forma diferente, sino que la vida misma llegaría a ser diferente. La vida cambiaría de apariencia porque nosotros habríamos cambiado nuestra actitud".

AYN RAND (1905-1982)
AUTORA Y FILÓSOFA

"Cada ser humano tiene la libertad de elevarse tanto como le sea posible o tanto como esté dispuesto a hacerlo, pero el grado en que piense que puede hacerlo será el grado en que se eleve".

PEACE PILGRIM (1908-1981)
ACTIVISTA EN PRO DE LA PAZ

"Constantemente, a través del pensamiento, estás creando tus condiciones internas y estás ayudando a establecer las condiciones a tu alrededor. Por eso, debes mantener tus pensamientos en lo positivo, reflexionar en lo mejor que podría pasar; concentrarte en las cosas buenas que quieres que pasen".

BÁRBARA DE ANGELIS
ESCRITORA Y CONSULTORA EN EL ÁREA DE RELACIONES

"Nadie controla tu felicidad excepto tú; por lo tanto, tú tienes el poder de cambiar cualquier cosa que quieras en ti mismo o en tu vida".

¿Reconoces un mensaje familiar? Puedes cambiar tu vida identificando tu deseo ardiente, teniendo fe en ti misma y practicando la AUTOSUGESTIÓN. Pero el cuarto paso hacia la riqueza es el CONOCIMIENTO ESPECIALIZADO. En este capítulo hablamos de la CONCENTRACIÓN, y en el siguiente abordaremos la importancia de adquirir un conocimiento especializado.

PREGÚNTATE

¡Usa tu diario al trabajar en esta sección con el fin de identificar tus pasos de acción, activar los momentos en que descubres algo y crear tu plan para alcanzar el éxito!

¿Cómo te ves? Dedícate un momento y con una pluma y una hoja de papel, escribe tu respuesta a la siguiente pregunta: ¿Quién soy yo?

Lo más probable es que hayas tenido varias respuestas. Tal vez escribiste: esposa, madre, hermana, hija, empresaria, mujer de negocios, o una variedad de respuestas diferentes.

¿Escribiste tu nombre?

El hecho es que muchas mujeres se definen a partir de la forma en que otros las ven o a partir del papel que desempeñan en la vida de otras personas. Sin embargo, si no sabemos con claridad quiénes somos y quiénes queremos ser, no podremos ser la mejor en cada uno de estos diversos papeles.

Tú eres tú, y con AUTOSUGESTIÓN ¡puedes tener el mejor desempeño de que eres capaz!

¿Cómo hablas contigo misma?

¿Es tu voz interna positiva o negativa en general?

La próxima vez que te des retroalimentación, fíjate en el tono, y si es necesario, cámbialo para que sea constructivo. Por ejemplo, si cometiste un error, en lugar de concentrarte en lo que estuvo mal, identifica lo que aprendiste y en qué forma puedes usar esa experiencia para crecer. Si estás celebrando un triunfo, considéralo la realización de tus expectativas personales. Recuerda, nos convertimos en lo que esperamos de nosotros mismos.

LEE EL CAPÍTULO EN VOZ ALTA TODAS LAS NOCHES HASTA QUE ESTÉS COMPLETAMENTE CONVENCIDA DE QUE EL PRINCIPIO DE LA AUTOSUGESTIÓN ES LÓGICO, Y QUE LOGRARÁ PARA TI

TODO LO QUE NECESITES. AL IR LEYENDO, SUBRAYA CON LÁPIZ LAS ORACIONES QUE TENGAN UN IMPACTO FAVORABLE EN TI.

Si has seguido los seis pasos que se describieron en el primer capítulo y si has escrito la declaración de tu misión personal, ha llegado el momento de usar la AUTOSUGESTIÓN para acelerar tu progreso en el camino de alcanzar tus metas. Escribe la declaración de tu misión personal y colócala a la vista en tu casa y en tu oficina, para que tengas un recordatorio visual varias veces al día. Cada vez que lo veas y lo leas, estás usando la AUTOSUGESTIÓN.

Crystal comparte tres sugerencias sencillas que te ayudarán en el proceso:

Paso 1. Encuentra un lugar tranquilo donde puedas concentrarte sin que nada te interrumpa. Di en voz alta la declaración escrita de lo que deseas, la fecha en que quieres lograrlo, y la sensación que experimentarás al haber realizado tu deseo. Al hacer esto, redacta tus declaraciones afirmando, como si ya hubieras alcanzado tu meta. Este es un ejemplo:

Hoy es el 1 de enero de 20... Estoy feliz porque recibí 100 000 dólares en comisiones por la venta de seguros. Es una sensación maravillosa recibir este dinero como intercambio por la energía, el tiempo y el cuidado que invertí al ayudar a la gente a esforzarse al máximo en la planificación de su futuro. Disfruto marcar una gran diferencia al ayudar a la gente a planificar su futuro, y siempre me concentraré en prestar servicios que respondan a las necesidades más importantes de las personas. Entregué un gran valor por este dinero y todos están felices por haber participado en este intercambio. La Inteligencia Infinita me dio este plan y yo lo seguí fielmente. Siempre estoy consciente y alerta en relación con los pasos que necesito seguir para continuar trayendo esta abundancia gloriosa de éxito y dinero a mi vida.

Paso 2. Repite este programa cada noche y cada mañana hasta que literalmente puedas ver, en tu imaginación, el dinero y la experiencia que tendrás al alcanzar tu meta. Al hacer esto todos los días, asegúrate de eliminar todo lo que haga que no tengas fe o confianza en lograrlo; ten la fe que tiene un niño.

Paso 3. Coloca tu declaración en un lugar donde puedas verla todos los días y puedas revisarla al despertar cada mañana y antes de acostarte por la noche.

4

Conocimiento especializado

Experiencia personal u observación:
Debes enfocarte en un área y concentrarte en ella

Cuando tus conocimientos son mejores,
tus acciones también lo serán.

—MAYA ANGELOU

¿CUÁNTO PODER CREES QUE TIENE EL CONOCIMIENTO?

Napoleón Hill dijo: "El CONOCIMIENTO no tiene otro valor excepto aquel que uno puede lograr al aplicar ese conocimiento para alcanzar un objetivo valioso". ¿Alguna vez has aprendido algo que sentiste era importante pero simplemente no estabas segura de lo que podías hacer con la información? O tal vez tú personalmente has buscado nueva información con la esperanza de que añadiría valor a tus destrezas o a tu éxito en los negocios.

El caos económico actual, al igual que la Gran Depresión que asolaba al mundo cuando Napoleón Hill publicó por primera vez *Piense y hágase rico*, ha obligado a miles, si no es que a millones de personas, a encontrar fuentes de ingreso nuevas o adicionales. Muchas han buscado una nueva preparación académica que les ayude a calificar para un nuevo puesto o para iniciar un nuevo negocio.

Hill profundiza en el tema del CONOCIMIENTO y dice: "Hay dos clases de conocimiento: uno es general, el otro es especializado. El CONOCIMIENTO general, independientemente de lo vasto y variado que pueda ser, no resulta muy útil cuando se trata de acumular dinero.

"El CONOCIMIENTO no atraerá dinero, a menos que esté organizado e inteligentemente dirigido mediante PLANES DE ACCIÓN que sean prácticos, para el OBJETIVO PRECISO de acumular dinero. La falta de comprensión de este hecho ha sido la fuente de confusión para millones de personas que creen equivocadamente que 'el CONOCIMIENTO es poder'. ¡No lo es! El CONOCIMIENTO es solo poder *en potencia*. Únicamente se convierte en poder si está organizado en planes de acción definidos y se dirige hacia un objetivo determinado".

Hill afirma que las personas deben aprender "CÓMO ORGANIZAR Y USAR EL CONOCIMIENTO UNA VEZ QUE LO HAN ADQUIRIDO". Este es el paso crítico, la habilidad no solo de adquirir el CONOCIMIENTO, sino también de aprender las destrezas críticas de pensamiento que se necesitan para aplicar ese CONOCIMIENTO.

Los negocios más exitosos por lo general hacen una de estas dos cosas:

1. Resuelven problemas.
2. Responden a una necesidad.

Es probable que pienses en alguien que ha logrado un gran éxito. Es muy probable que haya buscado y aprendido un CONOCIMIENTO ESPECIALIZADO en el área en que ha tenido éxito, pero lo más importante es que luego aplicó ese conocimiento para resolver un problema o para entregar un servicio por el que recibió una cuantiosa recompensa.

Nunca ha sido más fácil obtener CONOCIMIENTO ESPECIALIZADO que en el entorno actual. Prácticamente cualquier tema que quieras aprender puede encontrarse en Internet. Además, el acceso a la educación formal mediante plataformas en línea y la flexibilidad de los horarios, ha hecho que trabajar para conseguir niveles avanzados de formación profesional también sea accesible.

Después de validar la fuente de información, la pregunta es si te dedicarás a aplicar ese CONOCIMIENTO realizando acciones para resolver un problema o para responder a una necesidad.

Suzi Dafnis, directora comunitaria y CEO de la Red de Mujeres de Negocios Australianas, ha desarrollado su negocio con base en proporcionar CONOCIMIENTO y recursos especializados a mujeres de negocios. Suzi desarrolló su propio éxito personal organizando eventos educativos en vivo tanto en Australia como en Estados Unidos. Comprendió las dinámicas cambiantes de la industria y la necesidad de optar por una entrega a través de Internet. Después formó la Red de Mujeres de Negocios Australianas, un centro de afiliación en línea para mujeres empresarias. Proporciona entrenamiento, asesoría, recursos y apoyo en línea mediante el uso de medios noticiosos que ofrecen su colaboración. Ella habla de su experiencia de haber trabajado de cerca con mujeres empresarias a lo largo de más de veinte años:

> En una época en la que son cada vez más las mujeres que están iniciando su propio negocio, el área del CONOCIMIENTO ESPECIALIZADO es uno de los aspectos que más contribuyen al éxito en los negocios. Ahora que Internet y la tecnología han abierto los mercados, también han abierto la competencia, lo que hace que el CONOCIMIENTO ESPECIALIZADO marque una diferencia que ninguna persona que sea dueña de un negocio puede correr el riesgo de ignorar.
>
> He observado varias características entre las personas dueñas de negocios que son más talentosas:

- Todas ellas continuaron estudiando a lo largo de su vida y siguieron teniendo acceso a nueva información y oportunidades de educación para desarrollar sus habilidades.
- Aceptaron los cambios tecnológicos y les sacaron ventaja.
- Se les considera líderes y son ejemplares en el área del CONOCIMIENTO.

- Buscaron mentores y modelos que tenían el CONOCIMIENTO que ellas buscaban.
- Se rodearon de redes de colaboradores y partidarios.

Exploremos estas áreas más detenidamente.

LA EDUCACIÓN COMO UN FACTOR QUE CONTRIBUYE AL ÉXITO A LO LARGO DE LA VIDA

La tecnología, y la vida en general, están en movimiento y cambian rápidamente. Para mantenernos al día y a la delantera en relación con sus tendencias, es esencial tener un compromiso con perfeccionar constantemente nuestras capacidades. Es necesario dominar los fundamentos del CONOCIMIENTO sobre los negocios (planificación de negocios, destrezas financieras sensatas, mercadotecnia y operaciones), pero también es importante adoptar nuevas tecnologías conforme van surgiendo.

LA TECNOLOGÍA Y EL APRENDIZAJE

A lo largo de los últimos cinco o diez años, la forma de aprender ha cambiado. Hoy en día, una persona que es dueña de un negocio está llena de ocupaciones y rara vez tiene tiempo de asistir a conferencias industriales y a sesiones sobre redes de negocios al salir de su trabajo. El aprendizaje en línea, que está disponible por pedido [*on demand*] y en horarios fijos (y a través de un gran número de medios), es una forma poderosa de perfeccionar nuestras destrezas y aprender de expertos a nivel local e internacional sin movernos del escritorio. Los *podcasts* (programas de radio disponibles a través de iTunes), los videos (sobre la forma de hacer prácticamente cualquier cosa y ampliamente disponibles), los *webinars* (seminarios impartidos en la red) y los blogs, las cartas informativas en línea, y las redes sociales, ofrecen acceso a los líderes innovadores en todas las áreas.

MENTORES Y EJEMPLOS A SEGUIR

La oportunidad de aprender de expertos de cualquier parte del mundo, en el momento que quieras y utilizando el aparato que prefieras (*smartphone, tablet,* etc.) significa que las opciones para aprender el CONOCIMIENTO especializado de mentores y modelos a seguir son móviles y diversas. Las personas ejemplares pueden sembrar las semillas del CONOCIMIENTO, y los mentores (seleccionados cuidadosamente debido a su experiencia y CONOCIMIENTO en las áreas en que te interesa crecer) son un arma secreta que vale la pena explorar.

EL LIDERAZGO DE PENSAMIENTO, LAS MARCAS DE MICROMERCADOS Y LA MUJER DE NEGOCIOS

No importa lo grande o pequeño que sea tu negocio, tu marca es lo que hace que te distingas como una experta en CONOCIMIENTO. A menudo, se cree que una marca es un requisito para los grandes negocios. Eso no podría estar más lejos de la verdad hoy en día; para sobrevivir y para diferenciar tu negocio del de la competencia, tu marca debe reflejar claramente quién eres y lo que representas. Tu marca, y tu congruencia con ella, te permite demostrar tu propio liderazgo de pensamiento. Y el uso de los medios noticiosos y las redes sociales te permite aprovechar tu CONOCIMIENTO y posicionarte como una experta en la que otras personas pueden confiar y de la que pueden depender.

LAS REDES DE NEGOCIOS Y TU ÉXITO EN LOS NEGOCIOS

Miremos separadamente la acción de formar redes y trabajar en tu propia red. Una red poderosa de colegas y colaboradores es una parte importante de un negocio y puede moverte en la dirección en que deseas ir; puede proporcionar ideas, retroalimentación y apoyo. Nutrir los contactos que ya tienes, ayudar realmente a quienes te respaldan, y tratar activamente de colaborar con otros y compartir

CONOCIMIENTOS es una forma más eficaz de crear redes que asistir a un evento sobre redes de negocios y utilizar las herramientas de las redes sociales, que participar en conferencias y hablar frente a frente con los posibles clientes. Las personas que manejan las redes de negocios con éxito NO suelen obligar a personas ingenuas a aceptar sus productos. Ellas ofrecen un valor genuino a la gente que conocen sin concentrarse en expectativas o en sus propios intereses.

En la última sección de su artículo, Suzi confirma que ofrecer un servicio (dando soluciones valiosas que respondan a las necesidades de otros) es un elemento crítico para expandir tu red. Esto también puede marcar la diferencia cuando se buscan mentores y se trabaja para conseguir socios que puedan proporcionar el CONOCIMIENTO especializado que deseas obtener.

La orientación de mentores es un método efectivo para obtener CONOCIMIENTO especializado, para demostrar habilidad y para encontrar formas de aplicar el CONOCIMIENTO. Después de adquirir el CONOCIMIENTO, úsalo para orientar a otros. Esto tiene un doble propósito pues te permite compartir tus conocimientos y al mismo tiempo demostrar tu capacidad para poner ese CONOCIMIENTO en práctica, considerando su uso en una variedad de situaciones y utilizando una variedad de planes con la intención de generar riqueza.

Renee James fue nombrada presidenta de Intel en 2013. En una entrevista en la que se comentó que fue la primera mujer en ocupar ese tipo de puesto en su campo, ella declaró que al inicio de su carrera se sentía incomoda cuando hablaba en eventos de mujeres porque quería que la gente la considerara como una persona capacitada para su puesto y no en función de ser mujer. Luego añadió: "Ahora me doy cuenta de que soy un ejemplo a seguir. Siento una mayor responsabilidad de compartir mi experiencia con otras mujeres". Gracias, Renee, por ser un maravilloso ejemplo a seguir.

Las mujeres que orienten a otras mujeres como mentoras son muy importantes para nuestro éxito. Vamos a competir con el tan masculino "club de los viejos amigos" con la red de las mujeres, ¡en la que nada es *viejo*!

El Fideicomiso de Caridad Pew [Pew Charitable Trust] dio a conocer un informe que lleva el título de "¿Cuánta protección ofrece un título universitario?", el cual explora las diferencias entre los graduados universitarios y las personas que han recibido menos preparación, y detalla la forma en que la reciente recesión económica ha impactado a cada uno de estos grupos. El informe revela que un título universitario otorgado después de cuatro años de estudios ayuda a proteger a las personas del desempleo, de empleos de bajo nivel y de empleos mal pagados. Aunque todos los jóvenes de 21 a 24 años de edad tuvieron menos oportunidades de trabajo y de recibir buenos sueldos durante este periodo, la situación fue mucho más severa para quienes solo habían terminado la preparatoria o tenían estudios en escuelas técnicas.

De hecho, la gráfica que aparece a continuación, publicada por la Oficina de Estadísticas Laborales [Bureau of Labor Statistics] muestra las tasas relativas de desempleo y los salarios promedio semanales en 2012, con base en el nivel de educación de las personas.

Por tanto, a medida que más y más mujeres obtienen estos títulos de alto nivel, tienen mayores oportunidades de mejores salarios y de éxito financiero.

Tasas de salario y de desempleo en relación con la preparación académica

Teresa Sullivan, la primera mujer que ocupó el puesto de presidenta de la Universidad de Virginia, fundada por Thomas Jefferson, compartió su pasión por ofrecer la mejor educación posible en su discurso titulado "La Perspectiva de un Fundador: la Universidad de Virginia hoy en día a través de los ojos de Jefferson", diciendo: "Las aspiraciones de Jefferson para los estudiantes de esta universidad se resumen en una carta que él escribió en 1821. Desde un punto de vista personal describió... 'la dulce consolación de ver a nuestros hijos desarrollarse bajo una enseñanza luminosa hacia destinos muy prometedores'. Hoy en día, por supuesto, tanto nuestros hijos como nuestras hijas se esfuerzan por encontrar destinos prometedores en la Universidad de Virginia. De hecho, ahora son más las hijas que los hijos que se inscriben cada otoño al principio del año escolar".

Además de la obvia ventaja de una educación universitaria, la Presidenta Sullivan también enfatiza la importancia del conocimiento especializado en la búsqueda del éxito:

El conocimiento especializado se relaciona con información detallada sobre una especialidad; es decir, una zona limitada del conocimiento humano. Tomando en cuenta que el volumen del conocimiento humano ha aumentado a nivel exponencial, nadie podrá adquirir toda la información necesaria para sostener una economía y una sociedad complejas. Los especialistas son personas que han adquirido información detallada y profunda sobre un tema específico; en muchos casos, el especialista también ha aprendido técnicas de investigación, o los medios para seguir descubriendo nueva información en su especialidad. En el campo de la medicina, por ejemplo, todos los médicos adquieren información básica sobre muchas áreas de la salud humana y sobre la diagnosis, el progreso y los tratamientos para enfermedades específicas. Por tanto, un médico puede llegar a ser un especialista en un área específica de la medicina, digamos la neurocirugía, dedicando años adicionales al aprendizaje y el entrenamiento.

Aunque todos los médicos tienen ciertos conocimientos sobre el cerebro humano y la columna vertebral, el neurocirujano tiene conocimiento especializado sobre la estructura y las funciones del cerebro, incluso a nivel celular, y mucha más información sobre enfermedades y tratamientos para diversas malformaciones, enfermedades o procesos degenerativos del cerebro. En cada profesión y ocupación se requiere algo de conocimiento especializado.

Este comentario de la presidenta Sullivan: "A medida que el volumen del conocimiento humano crece a nivel exponencial, nadie podrá adquirir toda la información necesaria para sostener una economía y una sociedad complejas", es muy importante y enfatiza el valor de la colaboración. Tener y aprovechar el CONOCIMIENTO especializado no significa que tú misma debas tener ese CONOCIMIENTO. Cuando el CONOCIMIENTO que se necesita es accesible y sabes dónde encontrarlo, produce el mismo impacto que si tú misma tuvieras ese CONOCIMIENTO.

Katharine Graham guio al periódico *Washington Post* hacia la grandeza cuando ella tomó las riendas de la empresa del *Post* después del suicidio de Philip Graham. Al llegar a ser la única mujer con un puesto ejecutivo de ese nivel en una empresa editora, se dio cuenta de que no contaba con el ejemplo de otras mujeres. Sentía que muchos de sus colegas y empleados no la tomaban en serio. En su autobiografía describe su falta de fe y su desconfianza en relación con sus CONOCIMIENTOS. Pero logró el éxito encontrando a las personas talentosas que necesitaba para triunfar: el editor Benjamín Bradlee y el asesor financiero Warren Buffet. Ella dirigió el periódico durante casi dos décadas.

Cuando combinas el hecho de que el número de mujeres que se están graduando en las universidades y adquiriendo CONOCIMIENTO ESPECIALIZADO, ha superado las cifras de cualquier periodo del pasado, con el talento natural que tienen las mujeres para la colaboración, ¡las oportunidades para que alcancen grandes éxitos son muy favorables!

ESTE CAPÍTULO EN
LA PRÁCTICA – EN MI VIDA

El término CONOCIMIENTO ESPECIALIZADO parece bastante comprensible. Si necesitas una cirugía cerebral, quieres al cirujano cerebral mejor preparado del mundo. Si quieres aprender a pintar al óleo, quieres recibir clases de pintura al óleo, no de acuarelas.

Siendo niña, aprendí de mi padre el CONOCIMIENTO ESPE-CIALIZADO sobre la forma de cosechar, y no de cosechar naranjas. También tuve que aprender a cambiar el aceite y las llantas de mi primer coche antes de salir a conducirlo. En esa época, claro, yo ciertamente no pensaba que esta clase de "CONOCIMIENTO" fuera muy útil para mí.

Me agrada ver el contraste entre las habilidades que aprendí en la escuela y las que aprendí en la calle. Me iba muy bien en la escuela, pero las lecciones de la vida que fueron más "reales" para mí las aprendí en la "calle" con mi papá. Él constantemente me presentaba desafíos y retos para que pensara en lo que estaba aprendiendo en la escuela y cómo me beneficiaría en la vida real. Después tomaba estas lecciones y habilidades y me hacía preguntas sobre los temas de actualidad que aparecían en las noticias y sobre la forma en que yo los abordaría. Mi capacidad para pensar críticamente, para resolver problemas y para aplicar en la práctica lo que había aprendido fue el fruto de esas lecciones de la "calle".

Con frecuencia me decía que yo tenía dos opciones al enfrentar una pregunta que no sabía responder. Encontrar la respuesta por mí misma, o saber a quién recurrir para conseguir esa respuesta. Él me demostró esto a lo largo de su vida. Mi papá solo estudió hasta el tercer año de primaria, pero acabó siendo prácticamente el director de la escuela de ingeniería de la Base Naval de los Grandes Lagos antes de retirarse de la Marina Armada de Estados Unidos. Fue totalmente autodidacta. Mi amor al aprendizaje vino de mi padre, no de mis años como estudiante. Nos enseñó a mi hermana y a mí a pensar, a resolver problemas y a esforzarnos por hacer todo lo necesario para terminar una tarea, y terminarla bien.

Aunque fui muy exitosa en el sistema educativo tradicional y obtuve una certificación como contadora pública titulada, cuando empecé a trabajar en la industria editorial me sentía como pez fuera del agua. Después de aprender unas cuantas "lecciones de la calle", me concentré en aprender todo lo que pudiera, desde conocer los diferentes tipos de papel, hasta las diversas formas de impresión y los métodos de distribución. Aprendí mediante la investigación (que en esa época se hacía en bibliotecas porque no había Internet), visitando compañías impresoras y recibiendo cotizaciones competitivas. Yo era como una esponja y absorbía tantos CONOCIMIENTOS como podía para así ser capaz de tomar las mejores decisiones posibles.

A medida que el mundo editorial sigue cambiando en forma dramática, me esfuerzo para mantenerme al día en relación con las tendencias más recientes. Pero también busco la asesoría de quienes están a la vanguardia y tienen una perspectiva más amplia. Estas personas podrían estar enteradas de un recurso que sea ventajoso para mí. Continúo siguiendo la regla de dos pasos que me dio mi padre: adquirir conocimientos o saber a quién recurrir.

Cuando empecé a invertir en bienes raíces, reconocí que necesitaba un CONOCIMIENTO más especializado. Busqué inversionistas exitosos en el campo de bienes raíces y les pedí que me orientaran. Asistí a seminarios sobre bienes raíces e investigué las tendencias del mercado. Primero me concentré en invertir en complejos de apartamentos, y luego pasé a residencias familiares, cuando el mercado era favorable. Aunque ambos campos se consideran inversiones en bienes raíces, cada uno requiere de CONOCIMIENTOS especiales y de estrategias de inversión diferentes.

En mi organización de educación financiera, "Pay Your Family First" [Págale primero a tu familia], reconozco la naturaleza siempre cambiante de los planes de estudio en línea, del desarrollo comunitario y de las estrategias de *marketing* en Internet. También sé que nunca podría conocer a fondo las nuevas tendencias, lo que funciona, y lo que es más importante, lo que causa pérdida de dinero. Por tanto, encuentro a las personas más competentes que tienen CONOCIMIENTO especializado en estas áreas y consigo que me ayuden. Entonces las pongo a trabajar a toda velocidad.

Cada nueva iniciativa en que me involucro requiere cierta clase de CONOCIMIENTO especializado. Desde la industria editorial hasta los bienes raíces, y ahora el campo de la agricultura y ganadería; me he dedicado a cada una de estas actividades con pasión por aprender, estando siempre alerta a las oportunidades de resolver problemas o responder a las necesidades de otros.

Como dijo Hill: "La acumulación de grandes fortunas requiere PODER, y el poder se adquiere mediante el CONOCIMIENTO especializado, inteligentemente dirigido y altamente organizado, pero esos CONOCIMIENTOS no tienen por qué estar en posesión de la persona que acumula la fortuna".

Todas las mujeres que incluyo en esta sección del EQUIPO MASTERMIND adquirieron una cantidad enorme de CONOCIMIENTO especializado, y eso les dio un gran poder además de CONOCIMIENTO. Ellas le han dado forma a nuestro futuro.

LA HERMANDAD DEL
EQUIPO *MASTERMIND*

La sabiduría de mujeres de éxito y valía personal sobre el CONOCIMIENTO ESPECIALIZADO:

SANDRA DAY O'CONNOR
LA PRIMERA MUJER QUE FUE PARTE DE LA SUPREMA CORTE EN ESTADOS UNIDOS

"Haz tu mejor esfuerzo en cada tarea, sin importar lo trivial que parezca ser en el momento de llevarla a cabo. Nadie aprende más sobre un problema que la persona que lo aborda desde el nivel más bajo".

"En este mundo no hacemos nada solos… y lo que sucede es el resultado de la rica complejidad de nuestra vida y de todo el tejido de los hilos individuales de cada persona que se entretejen para crear algo".

"Las jóvenes de hoy a menudo no valoran las verdaderas batallas que se libraron para llevar a las mujeres al sitio que ocupan actualmente en este país. No sé cuánta historia conozcan las jóvenes de hoy sobre esas batallas".

"Creo que lo importante de mi puesto no es que voy a tomar decisiones sobre los casos como mujer, sino que yo soy una mujer que tomará decisiones sobre los casos".

DRA. SALLY RIDE (1951-2012)
LA PRIMERA MUJER ESTADUNIDENSE EN EL ESPACIO

"Hemos llegado muy lejos".

"Hay muchas oportunidades de trabajo para las mujeres en estos campos… Las jóvenes solo necesitan apoyo, ánimo y orientación para tener éxito en el campo de la ciencia".

"Mis padres no tenían conocimientos científicos, y su hija se estaba desarrollando en una carrera de astrofísica. Ellos ni siquiera sabían el significado de astrofísica, pero me apoyaron".

BÁRBARA BARRETT
ASTRONAUTA COMPETENTE. FUE EMBAJADORA DE ESTADOS UNIDOS EN FINLANDIA Y FUE PRESIDENTA INTERINA DE LA THUNDERBIRD SCHOOL OF GLOBAL MANAGEMENT

"El conocimiento es la puerta de entrada al futuro. Como todas las puertas, el conocimiento rara vez es una finalidad en sí mismo; el conocimiento representa el umbral hacia el lugar donde nos esperan las oportunidades y las recompensas".

LA REINA RANIA
REINA DE JORDANIA Y ESPOSA DEL REY ABDULLAH II

"Los medios sociales son un catalizador para el avance de nuestros derechos. Es donde se nos recuerda que todos somos seres humanos y que somos iguales. Es donde las personas pueden encontrar una causa y luchar por ella; puede ser una causa global o local, popular o especializada, aunque esté a cientos de millas de distancia".

CONDOLEEZZA RICE
PRIMERA MUJER AFROAMERICANA QUE FUNGIÓ COMO SECRETARIA DE ESTADO

"La educación transforma. Cambia nuestras vidas. Por eso las personas trabajan tan arduamente para recibir una educación y por eso la educación siempre ha sido la clave para el sueño americano, la fuerza que acaba con las divisiones arbitrarias entre razas, clases y culturas, y libera el potencial que cada persona ha recibido de Dios".

GIA HELLER
CEO DE NATIONAL BUSINESS EXPERTS.

"Es difícil ser 'experto' en algo si haces 'de todo'".

Hill señala: "Si usted tiene IMAGINACIÓN, las historias que se le presentaron en este capítulo podrían estimularlo para que tenga una idea que pueda servirle como punto de partida para adquirir las riquezas que desea. Recuerde que la IDEA es la pieza principal. Los CONOCIMIENTOS ESPECIALIZADOS se pueden encontrar a la vuelta de la esquina, ¡de cualquier esquina!".

La importancia de esta declaración se entiende cuando uno se da cuenta de que si tiene un propósito definido y un deseo ardiente, y ya tiene idea de cómo hacerlos realidad, no debe sentir miedo si carece del CONOCIMIENTO inmediato que necesita para hacerlo. Puede encontrar CONOCIMIENTOS especializados incluso en la comodidad de la computadora que tiene en su casa. En el siguiente capítulo estudiaremos a fondo la IMAGINACIÓN, el taller de la mente.

PREGÚNTATE

¡Usa tu diario al trabajar en esta sección con el fin de identificar tus pasos de acción, activar los momentos en que descubres algo y crear tu plan para alcanzar el éxito!

¿Cuál es mi CONOCIMIENTO especializado?

Esta podría ser una pregunta difícil porque las mujeres a menudo no se dan el crédito que merecen o no se sienten cómodas haciendo algo que consideran fanfarronadas. Sin embargo, en cuanto identifiques qué clase de CONOCIMIENTO especializado puedes usar, estarás mejor preparada para añadir valor a la vida de las personas mientras creas la vida que deseas para ti.

Responde las siguientes preguntas en una hoja de papel:

1. ¿Qué talentos naturales tengo?
2. ¿Sobre qué temas me hace la gente preguntas más a menudo?
3. ¿A cuáles áreas de conocimiento tengo acceso a través de mis contactos?

¿Quién está en tu equipo? ¿Por lo regular puedes buscar y encontrar respuestas a las preguntas que no puedes responder con los CONOCIMIENTOS que tienes? ¿O con frecuencia encuentras que estás "atorada" o insegura de lo que tienes que hacer? En este caso, ha llegado el momento de encontrar formas de expandir tu red o tu trabajo de modo que puedas conseguir más CONOCIMIENTO especializado por ti misma.

¿Qué certificaciones tengo y a qué asociaciones pertenezco?

¿Con qué servicio o necesidad se relaciona mi deseo ardiente o mi propósito en la vida? ¿Qué clase de CONOCIMIENTO especializado se requiere para entregar ese servicio o responder a esa necesidad? Si todavía no tengo este CONOCIMIENTO, ¿qué puedo hacer para obtenerlo?

¿Obtener una certificación?
¿Recibir orientación?
¿Conseguir un título universitario?

¿Qué método de adquirir CONOCIMIENTO me proporcionará mayores ventajas para obtener riqueza y alcanzar mis propósitos?

Si no deseo adquirir este CONOCIMIENTO especializado, ¿a quién puedo contratar como parte de mi equipo para que lo proporcione?

¿Personal de servicios profesionales?
¿Miembros de asociaciones?
¿Ejecutivos de negocios?
¿Educadores?

Para involucrar a estas personas con éxito, primero debes identificar el lugar donde podrías encontrarlos y cuánto estás dispuesta a ofrecer por su CONOCIMIENTO especializado. Si los estás buscando para hacer un trato de negocios, ¿estás ofreciendo una compensación monetaria? Tal vez haya una forma de negociar un intercambio por sus servicios que beneficie a ambas partes. Si deseas conseguir especialistas para un proyecto comunitario o una actividad sin fines de lucro, ¿estás ofreciendo reconocimientos públicos, posibilidades de trabajar en redes más grandes, o la naturaleza del proyecto o la magnitud de su impacto son en sí una motivación?

Cuando hayas identificado tu CONOCIMIENTO o el CONOCIMIENTO que deben tener otras personas que deseas involucrar, elabora un plan claro de la forma en que intentas usarlo y qué resultados específicos obtendrás con el fin de acercarte más a la realización de tu deseo ardiente.

5

Imaginación

El taller de la mente

La imaginación no solo es la capacidad exclusivamente humana para visualizar aquello que no existe, y por lo tanto la fuente de todos los inventos e innovaciones. Se ha dicho que es la capacidad que más nos transforma y la más reveladora; es el poder que hace posible que sintamos empatía con seres humanos cuyas experiencias nunca hemos compartido.

—J. K. ROWLING

¿ALGUNA VEZ HAS TENIDO UNA BUENA IDEA? POR SUPUESTO. ¿Alguna vez has ganado dinero gracias a una de tus buenas ideas? Si la respuesta es sí, ¡felicidades! Si no, este capítulo podría ayudarte a identificar formas en que tu siguiente gran idea podría llegar a ser tu siguiente gran negocio. Además, descubrirás por qué la imaginación tendrá un papel fundamental en tu tarea de responder a las numerosas necesidades que existen hoy en el mundo.

Como lo expresó maravillosamente J. K. Rowling, creadora y autora de la serie de fantasía sobre Harry Potter: "La imaginación es la fuente de todos los inventos e innovaciones". Ella, ciertamente, es un ejemplo increíble y obvio de la imaginación al máximo a través de su trabajo, pero es muy importante que enfatice el hecho de que la imaginación es necesaria en todos los inventos e innovaciones. La imaginación también es la base de todo negocio exitoso. Como se dijo en el capítulo anterior, los negocios más exitosos hacen una de estas dos cosas:

* Resolver un problema.
* Responder a una necesidad.

Tu imaginación te ayudará a identificar el problema y/o la necesidad ¡y también te guiará hacia la solución!

Hill describe esto muy bien: "LA IMAGINACIÓN es literalmente el taller donde se plasman todos los planes creados por el hombre [y la mujer]. Al impulso, al DESEO, se les da forma, perfil y ACCIÓN mediante la ayuda de la facultad imaginativa de la mente. Se ha dicho que es posible lograr cualquier cosa que el hombre [y la mujer] pueda imaginar".

Puedes encontrar la IMAGINACIÓN en su forma más pura recordando cómo eras de niña u observando a los niños jugar. Al observarlos con sus amigos imaginarios, con las fortalezas que construyen y defienden y los castillos que crean con bloques de plástico, verás cómo revelan su fértil imaginación sin trabas.

¿Qué le pasa a esa IMAGINACIÓN entusiasta? Estos mismos niños inician su educación y su entrenamiento formal y aprenden que deben ajustar su comportamiento a los estándares aceptados. Los maestros y bienintencionados sienten que una imaginación incontrolada podría llevar a la rebeldía, así que con frecuencia la encierran en una caja y solo le permiten asomarse durante las horas de recreo que marca el horario.

Como personas adultas usamos palabras y frases como "multitareas", "enfocarse", "motivación" o "abrumarse", para explicar e inventar excusas por nuestra falta de tiempo libre y creativo. Durante este tiempo libre nuestra imaginación podría elevarse a las alturas y tal vez identificar y crear la siguiente oportunidad de negocios. Durante unos momentos, cierra los ojos e imagina que eres la empresaria del año y estás recibiendo un reconocimiento ¡por haber creado el invento más reciente y más fantástico para _____! (¿Llenaste el espacio en blanco?).

En un análisis más profundo de la imaginación, Hill identifica las siguientes dos formas de imaginación:

LA IMAGINACIÓN SINTÉTICA: por medio de esta facultad, uno puede compaginar viejos conceptos, ideas o planes haciendo nuevas combinaciones. Funciona con el material de la experiencia, la educación y la observación con la que se le alimenta. Es la facultad que más usa el inventor, a excepción del que es un "genio" que recurre a la Imaginación Creativa cuando no puede resolver su problema mediante la Imaginación Sintética.

LA IMAGINACIÓN CREATIVA: a través de la facultad de la imaginación creativa la mente finita del hombre tiene comunicación directa con la Inteligencia Infinita. Es la facultad mediante la cual se reciben las "corazonadas" y las "inspiraciones". Es por medio de esta facultad que obtenemos todas las ideas nuevas o básicas. Por medio de esta facultad, se perciben las "vibraciones del pensamiento" o las "influencias" de la mente de otras personas. Por medio de esta facultad, un individuo puede "sintonizarse" o comunicarse con el subconsciente de otras personas.

Leila Janah, fundadora y CEO de Samasource ofrece uno de los ejemplos más elocuentes de la Imaginación Sintética que he visto. Tomó un modelo de negocios existente e imaginó cómo se le podría hacer un cambio total con el fin de causar un impacto positivo en las masas. Al hablar sobre el origen de su idea del negocio, dijo:

Tuve un momento revelador: ¿por qué no usar este modelo de subcontrataciones para remediar la pobreza, en lugar de enviar el trabajo a grandes empresas lucrativas como mi cliente? Pensé, el modelo de subcontrataciones ha transformado a algunos hombres de negocios en multimillonarios. ¿Por qué no usar el mismo modelo para proporcionar unos cuantos dólares a los miles de millones de personas que están en la parte inferior de la pirámide?

Esa idea creció y culminó en Samasource, la cual formé en septiembre de 2008. El concepto básico era aplicar las ideas del comercio equitativo o justo a la industria de la subcontratación y reencauzar una pequeña parte de los 200 mil millones de dólares que se gastan en subcontrataciones, a mujeres y jóvenes pobres en los países en desarrollo. Pensé que si pudiéramos dirigir al menos el uno por ciento de esta gran cantidad de riqueza hacia personas pobres y marginadas a través de un modelo inteligente que se integrara con la economía global, marcaríamos una gran diferencia en la salud, la educación y el bienestar de personas que muy a menudo no se toman en cuenta. Y lo haríamos utilizando dinero que normalmente fluiría entre grandes corporaciones, y ayudando a las empresas a responder a sus necesidades existentes en relación con los servicios de datos. Pensé en este modelo como un plan de ganar-ganar para la gente, para los negocios y para los gobiernos, que podrían gastar menos en ayuda extranjera, o dirigir la ayuda a programas más útiles.

A partir de entonces, con la ayuda de un excelente equipo y cientos de clientes, donadores y consejeros que creyeron en lo imposible, lo que comenzó como un sueño se ha transformado en una realidad. Samasource ha generado más de 5 millones de dólares en contratos de empresas e instituciones líderes, como Google, eBay, Microsoft, LinkedIn, Eventbrite y la Universidad de Stanford, empleando directamente 3500 personas y ofreciendo beneficios a más de 10 000 personas marginadas en África Subsahariana, el Sur de Asia y el Caribe, incluyendo a refugiados, jóvenes y mujeres de comunidades conservadoras.[26]

Al mirar el modelo de negocios existente desde un punto de vista diferente, Leila Janah pudo construir un negocio exitoso que está ayudando a miles de personas alrededor del mundo. Tuvo un comienzo humilde, imaginó lo que eso podría llegar a ser y lo unió con su deseo ardiente.

Cuando pienso en personas que tienen una imaginación creativa, pienso en escritoras como J. K. Rowling que ha vendido más de 400 millones de ejemplares de Harry Potter a nivel mundial.

Rowling dice que viajaba en un tren cuando empezó a imaginar el primer libro de la serie, y explica: "Harry simplemente entró a mi mente totalmente formado". Aunque en ese momento Rowling estaba desempleada, recibía asistencia del gobierno y vivía en la pobreza extrema con su hijo pequeño en un apartamento en Edimburgo, nunca dejó de escribir.

El primer libro alcanzó el éxito de la noche a la mañana y el fenómeno de Harry Potter se puso en marcha. Actualmente, J. K. Rowling es millonaria, pero no ha olvidado su origen humilde. Ahora está presionando al gobierno británico para que apoye a las madres solteras y a los pobres en Gran Bretaña.

Además de los escritores que usan su imaginación creativa, están los inventores y las personas que resuelven problemas, las cuales también usan su imaginación creativa, y a veces su imaginación sintética, para crear soluciones innovadoras para los retos o las necesidades de nuestra sociedad. Realicé algo de investigación para localizar mujeres inventoras y lo que encontré me sorprendió.

En los primeros años de Estados Unidos como nación, una mujer no podía tener una patente a su nombre. Se consideraba que una patente era una propiedad, y hasta finales del siglo XIX las leyes de la mayoría de los estados prohibían que las mujeres tuvieran propiedades o realizaran acuerdos legales a su propio nombre. Por eso las mujeres no podían tener patentes. Su única opción era tramitar la patente a nombre de su padre o de su esposo.

Por ejemplo, se cree que Sybilla Masters fue la primera mujer inventora en Estados Unidos. En 1712, ella desarrolló un nuevo molino para moler maíz y otros granos, pero no podía tener una patente por ser mujer. En 1715 su esposo llenó la solicitud de patente a su nombre pero mencionó a Sybilla en el texto de la patente en sí.

A continuación se presentan algunas de las mujeres inventoras que han causado impactos históricos en nuestra vida. Tal vez reconozcas a algunas de ellas pues sus nombres son bien conocidos, y tal vez te sorprenda la importancia de sus inventos. Es posible que no reconozcas a varias, pero estoy segura de que estarás consciente de sus inventos y del increíble impacto que han tenido en el mundo. La gran mayoría de estas mujeres tuvieron principios humildes y usaron su imaginación sintética o su imaginación creativa para resolver un problema o para responder a una necesidad que ellas habían identificado. Es muy probable que al leer sobre sus inventos llegues a pensar: ¡Por supuesto, una mujer tenía que haber inventado esto!

1897— Anna Connelly inventó la primera escalera de incendio. Estas escaleras le han salvado la vida a cientos de miles de personas a través del tiempo.

1898— Marie Curie es famosa por haber descubierto el polonio y el radio, que son elementos radioactivos y por haber sido la primera persona que ganó dos Premios Nobel. También descubrió la tecnología de los Rayos X en 1901.

1903— Mary Anderson inventó el limpiaparabrisas. Se dio cuenta de que los conductores de los tranvías tenían que abrir las ventanillas de los carros para poder ver, así que como solución, inventó un mecanismo que tenía movimiento y contaba con una hoja de caucho; el conductor podía controlarlo desde el interior del vehículo usando una palanca. Para 1916, los limpiaparabrisas ya eran un elemento estándar en todos los automóviles en Estados Unidos.

1904— Elizabeth Magie inventó el concepto del juego de mesa en que se basa Monopoly. Al principio se llamaba Juego del Casero [Landlord's Game], pues ese nombre señalaba los males generados por los propietarios de las tierras y por los monopolios, y se utilizaba como una herramienta educativa. Al parecer, tiempo después Charles Darrow se "pirateó" el juego y lo patentó como Monopoly en 1933. Más tarde, vendió la patente a Parker Brothers con el acuerdo de recibir regalías sobre sus ventas futuras; así llegó a ser millonario. En un esfuerzo obvio por proteger sus derechos sobre Monopoly, Parker Brothers compró el juego y las patentes de Elizabeth Magie por solo quinientos dólares, obteniendo los derechos para su producción en el futuro.

1930— Ruth Wakefield inventó las galletas con chispas de chocolate mientras hacía galletas para los huéspedes de su posada, el "Toll House Inn". Se le acabó el chocolate de panadería y en un esfuerzo por improvisar cortó trocitos de un chocolate semidulce marca Nestlé, pensando que se derretiría al ser horneado, pero no se derritió. Así nacieron las galletas con chispas de chocolate del Toll House Inn.

1940— La Dra. María Telkes inventó el primer sistema de calefacción solar para el hogar. Mostró interés en la energía solar desde que estaba en la preparatoria y dedicó su carrera a ella. Al hacerlo inventó uno de los primeros hornos solares funcionales, y un sistema solar para destilar agua con el propósito de tener agua potable. Se le conocía como la Reina del Sol [Sun Queen].

1941— Hedy Lamarr, una famosa actriz cinematográfica de extraordinaria belleza, fue coinventora de la comunicación inalámbrica y de la tecnología del espectro ensanchado; el primer sistema de comunicación inalámbrica que se utilizó para combatir a los nazis en la Segunda Guerra Mundial y a partir del cual se desarrolló el Wi-Fi y el GPS.

1950— Marion Donovan inventó los pañales desechables pero los fabricantes le dijeron que no eran prácticos. Diez años más tarde, Victor Mills creó los pañales Pampers utilizando ideas similares.

1958— Bette Nesmith Graham inventó el Liquid Paper (corrector líquido opaco, el cual se utiliza para ocultar los errores en un papel). Vio a los pintores decorando paredes para las fiestas navideñas. Cuando cometían errores, en lugar de eliminarlos, simplemente los cubrían con otra capa de pintura. Graham inteligentemente copió su técnica utilizando una pintura blanca de agua, tipo témpera, para ocultar sus errores mecanográficos.

1966— Stephanie Kwolek inventó el Kevlar. Mientras buscaba un material ligero para hacer neumáticos, desarrolló un material que se consideró un fracaso y que no se podía utilizar en los neumáticos. Por fortuna, ella reconoció que era una innovación a la que se le podría dar otro uso. No solo era más fuerte que el nylon, sino que también era cinco veces más fuerte que el acero. Pronto nació el nuevo campo de la química de los polímeros, y para 1971, se introdujo el Kevlar moderno. Los chalecos antibalas Kevlar y otros productos le han salvado la vida a miles de personas.

1999— Randi Altschul inventó el teléfono celular desechable. Ella es el ejemplo perfecto de que la falta de pericia en cierto campo no debe restringirte e impedir que llegues a inventar un producto nuevo en ese campo. Ella era una exitosa inventora de juguetes en Nueva Jersey y un día se sintió frustrada mientras conducía su auto por una autopista y la línea de su teléfono se debilitó. Se dice que sintió ganas de lanzar su teléfono por la ventanilla, ¡pero ella considera que ese fue su momento "eureka"! ¿Por qué no crear un teléfono celular desechable? Esa fue su primera incursión en el campo de la electrónica, pero estaba utilizando su experiencia en el campo de la juguetería, donde los juguetes tienen cierta expectativa de vida. Ella aplicó este principio a los teléfonos celulares. Trabajó con un ingeniero para desarrollar circuitos muy delgados para colocarlos en el interior de los teléfonos. En noviembre de 1999, se le otorgó una serie de patentes por el teléfono celular inalámbrico prepagado, y por sus circuitos. Aunque nunca comercializó su versión, muchos otros fabricantes usan su tecnología en la producción de teléfonos celulares desechables hoy en día.

A menudo se cree que la imaginación y la creatividad están en el ámbito de lo poco práctico y lo irreal. Sin embargo, incluso en nuestros juegos de la infancia estábamos buscando soluciones a problemas. Cuando un niño o una niña necesitan una fortaleza para protegerse en caso de que un enemigo llegara a atacar, ¿esperan que la fortaleza simplemente aparezca, o se avocan a la tarea de colocar cobijas sobre las sillas y las cajas y a reforzar los muros de la fortaleza con almohadas, como lo hicieron las mujeres que se mencionaron antes? Cuando las reglas de un juego tradicional se vuelven aburridas, ¿los niños y niñas se dan por vencidos y se sientan? ¡No! Inventan sus propias reglas, crean interés y diversión para ellos y sus amigos.

Cada una de las mujeres que se mencionaron antes usó la creatividad para identificar una solución para un problema. Algunas soluciones eran para dificultades que el mundo todavía no había identificado, y la gente criticó o ridiculizó a estas pensadoras imaginativas por sus ideas. Sin embargo, cuando el mundo pudo ver el valor de lo que ellas podían ofrecer, estas mujeres fueron reconocidas y recibieron una recompensa por sus contribuciones.

Recurrir a Mentes Maestras, un tema que se abordará a profundidad en un capítulo posterior, es una forma fabulosa de ejercitar la creatividad y la imaginación. La habilidad de poner nuestras ideas en común mediante una "lluvia de ideas", ayuda a encender la creatividad combinada del grupo. Es entonces cuando ves realmente el poder de formular una pregunta. Cuando haces una pregunta, se pone en marcha la creatividad. En lugar de decir: "No puedo", dices: "¿Cómo podría yo…?". "No puedo" es una declaración que cierra la mente, pero "¿cómo podría yo…?" abre la mente y activa la creatividad.

Pon esto a prueba la próxima vez que estés con un grupo de amigas o amigos, con asociados de negocios o con niños. Es asombroso. De inmediato verás por qué se dice que la persona que hace preguntas controla la situación, y normalmente es quien dirige la acción.

A través de esta "lluvia de ideas" puedes transformar una idea creada por la IMAGINACIÓN en un plan organizado. Como nos recuerda Hill: "La transformación del impulso intangible del DESEO, en una realidad tangible de DINERO, exige el uso de uno o más planes. Este plan debe diseñarse con la ayuda de la IMAGINACIÓN".

ESTE CAPÍTULO EN
LA PRÁCTICA – EN MI VIDA

Cuando pensé en el papel que la IMAGINACIÓN ha tenido en mi vida, viví un momento de iluminación, por no decir más.

Crecí en un hogar bastante serio de clase media donde se trabajaba mucho. Mi papá tenía una carrera como oficial de la Marina Armada de Estados Unidos y la disciplina era bastante estricta en la casa. Yo fui una estudiante de preparatoria excelente, tenía buenas calificaciones y seguía casi todas las reglas. Pero al recordarlo, creo que el entorno escolar limitaba mi creatividad. Cuando me gradué tuve éxito como contadora pública. De nuevo estaba en un entorno corporativo estructurado y definido donde muchas personas progresan, pero yo no lo hice.

Cuando dejé el mundo corporativo y entré al mundo empresarial, me di cuenta de que había descubierto un sentido de libertad que me permitía expresar y desarrollar plenamente mi creatividad.

Hoy en día, lo que más me energiza es resolver conflictos o descubrir nuevas formas de hacer algo. Comienzo con el problema y con una pizarra en blanco; después mediante una lluvia de ideas, busco soluciones posibles. Es muy emocionante. Es una extensión de la filosofía de "¿por qué no?". Al hacerme esa pregunta, tengo la oportunidad de viajar por el camino menos frecuentado y experimentar cosas nuevas.

A veces, cuando me siento atorada, me obligo a hacer algo nuevo. Con frecuencia voy al mar. El agua bañando la playa, las puestas de sol y los sonidos del océano son alimento para mi alma y dan vida nueva a mi creatividad. De hecho, he visitado el mar al menos en una ocasión para cada libro que he escrito.

Cuando Don Green, CEO de la Fundación Napoleón Hill, me pidió que revisara el manuscrito original de Hill que había estado oculto desde hacía más de setenta y tres años, fui a San Diego donde podía ver el mar. Tenía que estar en el entorno adecuado para leer este manuscrito. Entonces me enteré de que yo era la cuarta o quinta persona que había leído ese manuscrito al que Hill le había dado el título de *Ser más listo que el Diablo [Outwitting the Devil]*. Fue un gran honor y una enorme responsabilidad. Lo leí en unas cuantas horas y eso cambió mi vida para siempre.

Outwitting the Devil revela cómo las creencias sobre nosotros mismos que nos limitan nos impiden alcanzar el éxito que merecemos, y cómo la negatividad puede paralizarnos en nuestra búsqueda del éxito. Presenta un plan de siete pasos para vencer esa negatividad y liberarnos de las creencias que nos limitan.

A la esposa de Hill le preocupaba el título y prohibió que el libro se publicara mientras ella viviera. Yo creo, sin embargo, que también actuó un poder más grande y que en realidad el libro estaba destinado a publicarse durante nuestros tiempos, cuando son muchas las personas que están paralizadas por el miedo y que no pueden liberarse de sus propias creencias limitantes.

Cuando Don Green me pidió que editara el manuscrito y le añadiera notas para adaptarlo a los lectores modernos, sentí una gran emoción, pero también me sentí abrumada ante una responsabilidad tan imponente. Sentada frente al océano, oré pidiendo que se me guiara para poder honrar la obra de Hill y al mismo tiempo enfatizar el hecho de que era relevante en nuestro mundo actual. Lo que se reflejó mientras escribía es algo que solo puedo describir usando la siguiente descripción que nos da Hill: "La imaginación creativa… la mente finita del hombre tiene comunicación directa con la Inteligencia Infinita. Es la facultad mediante la cual se reciben las 'corazonadas' y las 'inspiraciones'. Es por medio de esta facultad que recibimos todas las ideas nuevas o básicas".

Hubo momentos, mientras escribía, en que solo miraba fijamente al océano, abriendo mi mente y pidiendo inspiración. Después empezaba a escribir furiosamente y me sorprendía por lo que había escrito. Puedo decir honestamente que de todos los libros que he tenido el honor de escribir, *Outwitting the Devil* es el que ha tenido un mayor impacto en mi vida. Constantemente recibimos noticias de personas que han sentido un impacto similar al leer este libro.

Recientemente estuve de nuevo cerca del océano, en Los Ángeles, contemplando este libro y el poder e importancia de la imaginación en nuestra búsqueda del éxito. Llegó a mi mente esta frase inspiradora:

"Siendo niños, usamos la imaginación para jugar y crear; al parecer como adultos con frecuencia la usamos para escapar".

Veo que muchas de mis amistades se "escapan" a los libros o a las películas en un esfuerzo por evitar enfrentarse a los problemas de la vida. Si solo pudieran dar rienda suelta a su imaginación en una forma creativa, podrían encontrar formas para vencer sus problemas y crear nuevas rutas para el éxito en su vida.

Durante un periodo de mucho estrés en mi vida, me encontraba en nuestro rancho, en medio del Bosque Nacional Tonto en Arizona. La increíble belleza del paisaje era abrumadora y me ayudó a darles perspectiva a mis propios problemas o preocupaciones. Ver la enorme abundancia y belleza de Dios ayuda a entender que cualquier problema que estés enfrentando en el presente es solo un parpadeo en su plan general para nuestra vida.

El mero hecho de cambiar de ambiente, a menudo pone en marcha nuevos pensamientos y creatividad.

LA HERMANDAD DEL EQUIPO *MASTERMIND*

La sabiduría de mujeres de éxito y valía personal sobre la IMAGINACIÓN:

RITA DOVE

POETISA Y AUTORA ESTADUNIDENSE, FUE LA PRIMERA MUJER AFROAMERICANA QUE PRESTÓ SERVICIOS COMO POETISA LAUREADA Y CONSULTORA EN EL TEMA DE LA POESÍA EN LA BIBLIOTECA DEL CONGRESO DE ESTADOS UNIDOS (1993-1995).

"Tienes que imaginar que algo es posible antes de poder verlo; podrías tener la evidencia ante tus ojos, pero si no puedes imaginar algo que nunca ha existido antes, eso será imposible".

ANNE SULLIVAN MACY (1866-1936)
MAESTRA ESTADUNIDENSE DE ORIGEN IRLANDÉS, CONO-
CIDA POR HABER SIDO INSTRUCTORA Y COMPAÑERA DE
HELEN KELLER
"Imaginamos que queremos escapar de nuestra existencia egoísta
y común y corriente, pero nos aferramos desesperadamente a las
cadenas que nos sujetan".

SYLVIA PLATH (1932-1963)
POETISA Y AUTORA ESTADUNIDENSE
"Y por cierto, uno puede escribir acerca de todo en la vida, si tiene
el valor de hacerlo y si tiene suficiente imaginación para improvisar.
El peor enemigo de la creatividad es dudar de uno mismo".

EMILY DICKINSON (1830-1886)
UNA DE LAS POETISAS MÁS IMPORTANTES DE ESTADOS
UNIDOS; ES FAMOSA POR HABER LLEVADO UNA VIDA DE
AISLAMIENTO SOCIAL, POR DECISIÓN PROPIA
"La imaginación enciende el lento detonador de lo Posible".

L. E. LANDON (1802-1838)
POETISA Y NOVELISTA INGLESA, MEJOR CONOCIDA POR
SUS INICIALES L. E. L.
"La imaginación es para el amor lo que el gas es para un globo… es
lo que hace que se eleve de la tierra".

LAUREN BACALL
ACTRIZ Y MODELO ESTADUNIDENSE
"La imaginación es el papalote que puede elevarse más".

MARIE VON EBNER-ESCHENBACH (1830-1916)
ESCRITORA AUSTRÍACA FAMOSA POR SUS EXCELENTES NO-
VELAS PSICOLÓGICAS
"Sin imaginación no hay bondad, no hay sabiduría".

NANCY HALE (1908-1988)
PRIMERA MUJER REPORTERA EN EL *NEW YORK TIMES*, Y NOVELISTA

"La imaginación es la nueva realidad en proceso de ser creada. Representa la parte del orden existente que todavía puede crecer".

MARIAN ANDERSON (1897-1993)
SE LE CONSIDERA UNA DE LAS MEJORES CONTRALTOS DE SUS TIEMPOS; FUE LA PRIMERA MUJER AFROAMERICANA QUE ACTUÓ CON LA ÓPERA METROPOLITANA DE NUEVA YORK, EN 1955

"Cuando dejas de tener sueños e ideales... bueno, bien podrías dejar de existir".

DRA. JOEL MARTIN
FUNDADORA DE TRIAD WEST INC.

"Es probable que hayas escuchado la expresión: 'salir de la caja'. Bueno, transformarse es inventar tu caja y hacerla suficientemente grande para manejar y generar más de aquello que quieres a nivel personal, a nivel profesional y en tus relaciones".

Para resumir el capítulo sobre la imaginación, Hill señala: "La historia de prácticamente todas las grandes fortunas comienza el día en que el creador de ideas y el vendedor de ideas se conocen y empiezan a trabajar en armonía". En el siguiente capítulo, él revela que aunque tengas la imaginación más grandiosa, necesitas tener la capacidad de hacer una PLANIFICACIÓN ORGANIZADA.

PREGÚNTATE

¡Usa tu diario al trabajar en esta sección con el fin de identificar tus pasos de acción, activar los momentos en que descubres algo y crear tu plan para alcanzar el éxito!

¿Cómo evaluarías tu IMAGINACIÓN?

De vez en cuando, cada una de nosotras necesita reabastecer su energía creativa para que su imaginación se eleve a las alturas.

La siguiente lista incluye varias formas de reabastecer la IMAGINACIÓN. Analiza cada una de ellas y pregúntate cuándo fue la última vez en que la experimentaste.

Físicamente
1. Dormir lo necesario.
2. Hacer suficiente ejercicio.
3. Salir a caminar, sentarse y disfrutar de la naturaleza.
4. Sentirse cómoda con el silencio.
5. Leer un libro.
6. Escuchar música.

Mentalmente
1. Soñar despierta.
2. Deshacerte de creencias que te limitan; no compararte con otras personas.
3. Rechazar la incredulidad.
4. Creer que todo es posible.

En tus acciones
1. Tener a la mano un cuaderno y una pluma para tomar notas.
2. Salir a un territorio desconocido.
3. Volverte más espontanea, intentar hacer cosas nuevas.
4. Hacerte más preguntas, por ejemplo: "¿Por qué no?".
5. Tener periodos de descanso creativos.

6. Reunirte con miembros de tu familia o con amistades para hacer una "lluvia de ideas".
7. Jugar.
8. Crear.

Decide programar un tiempo de "imaginación" en los próximos días y decide hacerlo parte de tu horario de todos los días.

¿Qué planeas hacer para energizar tu IMAGINACIÓN?

Consigue papel y lápices (es mejor si son de colores) y empieza a garabatear en forma mecánica. Dedícate al menos treinta minutos a dibujar. ¿Qué pensamientos llegaron a tu mente mientras dibujabas? ¿Fueron pensamientos creativos o críticos?

Empieza a escribir en tu diario cualquier cosa que venga a tu mente. Escribe durante al menos treinta minutos, y repite esto todos los días durante al menos una semana. Al terminar la semana, pregúntate qué ideas nuevas llegaron a tu mente. ¿Sentiste emociones mientras las escribías?

Practica el uso del poder de la pregunta para activar tu IMAGINACIÓN. Cuando hagas esto con un grupo, haz una pregunta general y observa cómo motiva la conversación en los demás. Verás que la energía del grupo aumenta como resultado de la conversación.

Pregúntate cuál entorno favorece más tu creatividad y tu IMAGINACIÓN. Ve a ese lugar y deja que tu creatividad y tu IMAGINACIÓN suban a las alturas. ¿Qué inspiración recibiste?

Si eres madre, planea con tus hijos algo que también cree un tiempo de imaginación para ellos. Habla de esto con ellos... su creatividad te sorprenderá.

6

Planificación organizada

La cristalización del deseo que
se convierte en acción

*Al final, lo que determina el desempeño y los resultados
es la calidad y el carácter, la forma en que el líder
entiende la manera de ser, no la manera de hacer las cosas.*

—FRANCES HESSELBEIN

TIENES ESE DESEO ARDIENTE DE LOGRAR UN PROPÓSITO DEFInido, y tienes FE en ti misma y en tu capacidad de lograrlo; tienes el CONOCIMIENTO ESPECIALIZADO que necesitas y tu IMAGINACIÓN está al máximo. Creaste tu DECLARACIÓN DE TU MISIÓN PERSONAL y seguiste los seis pasos que se presentaron en el primer capítulo para emplear la AUTOSUGESTIÓN.

La LEY DE LA ATRACCIÓN dice: "Ten pensamientos positivos y te sucederán cosas positivas" o "Puedes atraer a tu vida todo aquello en lo que piensas". Napoleón Hill dijo: "Tu mente puede alcanzar todo aquello que puede concebir y creer".

Entonces, tu ÉXITO está garantizado, ¿de acuerdo?

En el capítulo sobre la FE, compartí la ecuación para el éxito personal, del libro *Piense y hágase rico: a un metro del oro* y la importancia que la FE tiene para alcanzar el éxito. Otro componente esencial de esa fórmula es ponerse en ACCIÓN. Para estar segura de atraer lo que deseas o necesitas, ¡debes ponerte en acción!

De hecho, Hill también dijo que necesitas "caminar el kilómetro adicional" y que necesitas tener PLANES DEFINIDOS. ¿Pero de dónde vienen esos planes?

Cuando le asignas a tu imaginación la tarea de hacer realidad tu DESEO ARDIENTE, ella va a generar la estrategia y también los PLANES DEFINIDOS y prácticos que harán realidad tu éxito.

La mayoría de los expertos en éxito y liderazgo presentan el proceso para alcanzar el éxito utilizando una versión del siguiente proceso de cuatro pasos:

1. VISIÓN — **¿Qué** meta estás tratando de alcanzar?
2. ESTRATEGIA — **¿Cómo** vas a alcanzarla?
3. PERSONAS — **¿Quién** va a hacerlo? Pon a las personas adecuadas en las posiciones correctas.
4. LIDERAZGO — **Tú** diriges al equipo que seleccionaste hacia el ÉXITO.

Aquí es donde la filosofía de Hill se aleja del pensamiento tradicional y puede revelar una distinción muy importante para cualquier persona que desee alcanzar el éxito. Él enfatiza el hecho de que debes tener en mente estos dos hechos importantes:

Primero: estás comprometida con un proyecto de gran importancia para ti. Para garantizar el éxito, debes tener planes impecables.

Segundo: debes tener la ventaja de la experiencia, la educación, el talento natural y la imaginación de otras mentes en la *creación de los planes*.

Por tanto, según la filosofía de Hill, debes determinar el "quién" antes de crear tu estrategia y tus planes, de modo que puedas beneficiarte de la experiencia, la educación, el talento natural y la imaginación del equipo *mastermind*. Usas al equipo para que te ayude a crear la estrategia más eficaz y planes definidos. Involucras a los miembros del equipo antes de crear la ESTRATEGIA y recibes el beneficio de su IMAGINACIÓN en el proceso. Al hacer esto, desarrollas un plan que además de estar bien organizado, puede llevarse a cabo con eficiencia y con éxito.

1. VISIÓN— **¿Qué** meta estás tratando de alcanzar?
2. EQUIPO DE DESARROLLO— **¿Quiénes** forman tu equipo *mastermind* para ayudarte a desarrollar una estrategia y a crear el plan específico para llevarla a cabo?
3. ESTRATEGIA— **¿Cómo** van a lograr esto, tú y tu equipo?
4. PLANES DEFINIDOS— Creados y aprobados por los miembros de tu alianza *MASTERMIND*.
5. PERSONAS— **¿Quiénes** van a hacerlo? Coloca a las personas adecuadas en las posiciones correctas.
6. LIDERAZGO del EQUIPO.

Existe otra distinción. El líder que describe Hill no solo involucra y emplea el poder del equipo *MASTERMIND*, sino que también es un tipo distinto de liderazgo: es un liderazgo que cuenta con el consentimiento y la simpatía de los seguidores. Es diferente al otro estilo de liderazgo, que es el liderazgo por la fuerza, que no cuenta con el consentimiento y la simpatía de los seguidores.

Otra forma de ver el contraste entre los dos tipos de liderazgo sería dar al primero el nombre de Liderazgo por Colaboración y al segundo Liderazgo Dictatorial. Para enfatizar este punto, Hill señala: "La historia está llena de pruebas de que el liderazgo por la fuerza no perdura. La caída y la desaparición de dictadores y reyes son significativas. Indican que la gente no acatará indefinidamente un liderazgo por la fuerza".

La importancia del liderazgo en la planificación organizada no se puede enfatizar demasiado. Los líderes "dirigen el barco" de acuerdo al programa y saben cómo aprovechar las mejores cualidades de las personas para llevar a cabo el plan bien estructurado que pertenece a todos los involucrados.

Celebramos el LIDERAZGO POR CONSENTIMIENTO o EL LIDERAZGO POR COLABORACIÓN y estamos de acuerdo en que es la mejor fórmula para el ÉXITO. Como las mujeres son excelentes en este tipo de liderazgo, ellas continuarán ocupando cada vez más puestos de liderazgo y seguirán teniendo éxito.

Frances Hesselbein es un ejemplo maravilloso de una mujer líder con estas destrezas. Ella es presidenta y CEO del Instituto Líder a Líder [Leader to Leader Institute]. Antes de ocupar ese puesto, fue CEO de las Girl Scouts de Estados Unidos durante catorce años (1976-1990). Se reconoce que enriqueció a las Girl Scouts con sus destrezas de organización y liderazgo, que incrementó su diversidad y estableció el programa de Daisy Scouts para las niñas más chicas. Bajo su liderazgo, las Girl Scouts llegaron a tener 2.25 millones de miembros con una fuerza "voluntaria" de 780 000 miembros. Se le otorgó la Medalla Presidencial de la Libertad por su trabajo.

Cuando se le hacen preguntas sobre el liderazgo, su respuesta sencilla pero poderosa es: "El liderazgo se relaciona con la forma de ser, no con la forma de hacer las cosas". En un artículo escrito por Joanne Fritz, que fue parte de la organización de las Girl Scouts bajo el liderazgo de Hesselbein, ella dice: "A lo largo de mi carrera, he trabajado en el campo de los negocios, en el campo educativo y en organizaciones sin fines de lucro, pero nada se compara con la belleza de la organización de las Girl Scouts". La filosofía de liderazgo de Hesselbein incluye las siguientes recomendaciones:

1. Encontrar mentores que sean los más destacados en su campo.
2. Hacer que tu empresa sea una organización de aprendizaje. En sus palabras: "El primer punto de tu presupuesto debería ser el estudio, la educación y el desarrollo de las personas jóvenes".
3. Eliminar la jerarquía. Ella colocó el nivel de liderazgo en el centro del organigrama, en lugar de ponerlo en la parte superior, y lo llamó "dirección circular". En sus palabras: "Desarrollamos líderes en cada nivel, y descubrimos que la dirección circular libera la energía de nuestra gente, libera al espíritu humano".
4. Respetar los sentimientos de los disidentes. Al hacerlo, puedes transformar el antagonismo en cooperación.

5. Investigar. Escuchar a los clientes y concentrarse en las necesidades, no en suposiciones. Después de la investigación, llevar a cabo proyectos piloto para poner a prueba las ideas y/o los programas.

Las mujeres abordan el liderazgo en una forma diferente a los hombres. La empresa McKinsey estudió a más de mil gerentes en una amplia gama de empresas y descubrió que existen diferencias entre los estilos de liderazgo de los hombres y las mujeres. La siguiente tabla muestra qué estrategias es más probable que utilicen los hombres y las mujeres que están en puestos de liderazgo.[27]

FRECUENCIA EN EL USO DE COMPORTAMIENTOS IMPORTANTES DE LIDERAZGO

Las mujeres usan más	Los hombres usan más	Ambos usan con la misma frecuencia
Desarrollo de personas	Toma de decisiones individualista	Estimulación intelectual
Expectativas y recompensas	Control y acción correctiva	Comunicación eficiente
Ejemplo		
Inspiración		
Participación en la toma de decisiones		

Hoy en día, el liderazgo ejecutivo de las Girl Scouts continúa innovando y sigue concentrándose en preparar a las líderes del mañana. Ana María Chávez, CEO de la organización, dice: "Las investigaciones afirman que la forma en que las niñas ven el liderazgo es diferente a la forma en que lo ven los niños". La declaración de la misión de las Girl Scouts es: "Las actividades de las Girl Scouts desarrollan en las niñas valentía, confianza y carácter, para que hagan del mundo un lugar mejor". Estas son sus tres claves del liderazgo:

Descubrir: las niñas tienen comprensión de sí mismas y de sus valores, y usan su CONOCIMIENTO y sus habilidades para explorar el mundo.

Conectarse: las niñas muestran interés en otras, las inspiran y forman equipo con ellas a nivel local y a nivel global.

Ponerse en acción: las niñas actúan para hacer que el mundo sea un lugar mejor.

Con este tipo de entrenamiento, seguiremos viendo que la organización de las Girl Scouts forma a mujeres que llegarán a ser grandes líderes.

Al considerar a las mujeres que son líderes de negocios hoy en día, muchas personas señalan que actualmente las mujeres solo tienen veintitrés de los 500 puestos de CEO que aparecen en la revista *Fortune 500* (de enero de 2014). Este porcentaje se ha estado incrementando constantemente año tras año; sin embargo, en 2012 las mujeres tenían el 51.5% de directores, profesionistas y puestos relacionados, lo que demuestra el aumento en el número de mujeres en posiciones de liderazgo.

PORCENTAJE DE MUJERES CEO EN LA REVISTA *FORTUNE 500*

PORCENTAJE DE MUJERES QUE SE DESEMPEÑAN COMO DIRECTORAS, PROFESIONISTAS Y EN PUESTOS RELACIONADOS EN ESTADOS UNIDOS

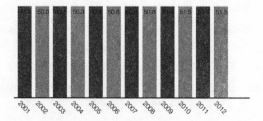

Concentrémonos en el progreso que las mujeres están logrando y démosles ánimos para que su influencia siga creciendo en el área de trabajo, en las salas de juntas y en las oficinas de CEOs. Remplacemos la charla negativa sobre la falta de mujeres CEOs con charla positiva sobre los avances que las mujeres han logrado y siguen logrando en todos los niveles de dirección.

Indra Nooyi, CEO de PepsiCo., es conocida como una de las CEOs de *Fortune 500* y como una de las mujeres de negocios más poderosas del mundo. Ella describe su estilo de liderazgo con estas palabras: "Desempeño con un propósito" y ha compartido cinco lecciones de liderazgo que son importantes para los líderes globales en el siglo XXI.

1. Equilibrar el corto plazo con el largo plazo. Los líderes exitosos necesitan encontrar un equilibrio para producir resultados y ganancias a corto plazo, pero con una visión que abarque los planes a largo plazo del negocio.
2. Desarrollar sociedades públicas/privadas. Este tipo de colaboración puede crear estrategias triunfadoras y mejorar la economía a nivel local y a nivel global.
3. Pensar a nivel global y actuar a nivel local. La mujer líder está a favor de combatir la actitud cerrada que impide que las empresas o sus departamentos compartan información con otras; está a favor de la colaboración y de aceptar costumbres locales que puedan generar ideas productivas e innovadoras.
4. Tener una mente abierta y estar preparada para cambiar. Una mujer ejecutiva está a favor de que se hagan preguntas inquisitivas que faciliten el diálogo y la exploración; y fomenta la flexibilidad para evitar tener una mente cerrada. Dirige con la cabeza y con el corazón.
5. Las mujeres líderes deben "trabajar todos los días con todo lo que son". De hecho, ella les escribió cartas a los padres de las personas que eran parte de su equipo de liderazgo, diciéndoles que deberían estar orgullosos de sus hijos. Al parecer, esto pro-

dujo altos dividendos corporativos en el área de la cultura. La pasión y el sentido de propósito de su equipo de ejecutivos se fortalecían al llevar a cabo la misión de la empresa. [http://snyderleadership.com/2013/05/07leadership-lessons-from-pepsico-ceo-indra-nooyi/]

Indra Nooyi también tiene un mensaje significativo para las mujeres: "Las mujeres debemos escuchar nuestra voz interior. Es muy fácil para las mujeres hacer esto porque no temen decir lo que sienten. Debemos conservar nuestra feminidad y también nuestra fortaleza. Como líder, soy exigente conmigo misma y elevo los estándares para todos; sin embargo, soy muy solidaria porque deseo que las personas sobresalgan en lo que hacen para que así puedan aspirar a ser como yo en el futuro".

Ella recomienda que siempre tengamos una actitud positiva y una intención clara. Advierte que cuando uno tiene una actitud negativa, está actuando a partir del enojo. Si enfrentas una situación negativa con negatividad, tienes dos cosas negativas luchando entre sí. Pero si eliminas el enojo y reaccionas ante la situación negativa con una intención positiva, te sorprenderás. Suavizarás la situación y tu madurez emocional aumentará, ya que tu respuesta no será una reacción al azar.

Napoleón Hill entendió la capacidad que tienen las mujeres para el liderazgo. Su fundación otorgó su medalla de oro a Mary Kay Ash, fundadora de Cosméticos Mary Kay, en 1983. Al presentarle este reconocimiento, Jim Oleson, el administrador de la junta directiva de la fundación, reflejó las creencias de Hill al decir: "Esta es la primera vez; es un suceso histórico en esta época en la cual las mujeres están comprobando que pueden salir y realizar el trabajo que los hombres hacen... y que incluso pueden hacerlo mejor".

En su discurso de aceptación, Mary Kay dijo: "Cuando leí [*Piense y hágase rico*] por primera vez, lo leí de principio a fin, como una novela, y luego leí un capítulo cada día. Leí ese capítulo todos los días durante una semana hasta que empecé a practicar lo que sus

palabras decían. Y al final de ese libro y al final de esas semanas…
mi vida había cambiado por completo… He llegado a sentir que las
mujeres pueden hacer cualquier cosa que deseen en este mundo…
si su deseo de hacerlo es muy intenso. Y ese es el mensaje que quiero
inspirar en todas las personas en toda esta nación y en otros países:
'Puedes hacerlo, puedes hacer cualquier cosa…' En efecto, todo lo
que los hombres pueden hacer, las mujeres pueden hacerlo mejor".

El camino de Mary Kay hacia el éxito refleja las enseñanzas de
Piense y hágase rico. Ella tenía un DESEO ARDIENTE cuando inició
su empresa con cinco mil dólares que eran los ahorros de toda su
vida. Su meta era ofrecer a las mujeres una oportunidad ilimitada
de alcanzar el éxito personal o financiero. Ella tuvo FE e IMAGI-
NACIÓN, y tuvo una buena idea: permitir que las mujeres avancen
ayudando a otras a alcanzar el éxito. Demostró su gran PERSIS-
TENCIA, y fue una gran líder.

Como líder, ella valoró la capacidad individual de las personas y
creía que:

Todas las personas desean ser alguien, desean lograr algo y
desean tener méritos;

A nadie le importa cuánto sabes hasta que se enteran de
cuánto te interesan los demás.

Todos necesitamos a alguien.

No puedes alcanzar la grandeza por ti misma.

Cualquier persona que ayude a otra, tiene influencia en muchas otras personas. (Ya sea en forma directa o indirecta, está
ayudando a todos los que están en el círculo de influencia de la
persona a quien ella ayudó).

Cuando alguien le preguntó sobre su estilo de liderazgo, ella
dijo: "Tratamos a nuestra gente como si fueran de la realeza. Si
honras y sirves a las personas que trabajan para ti, ellas te honrarán
y te servirán".

Cada una de las mujeres que he mencionado son ejemplos brillantes del liderazgo verdadero y reflejan los siguientes atributos importantes del liderazgo que presenta Napoleón Hill en su obra original, *Piense y hágase rico*:

LOS ONCE FACTORES PRIMORDIALES DEL LIDERAZGO

1. Valor inquebrantable
2. Autocontrol
3. Un profundo sentido de la justicia
4. Precisión en las decisiones
5. Exactitud en los planes
6. El hábito de hacer más de lo que le corresponde
7. Una personalidad agradable
8. Simpatía y comprensión
9. Dominio del detalle
10. Estar dispuesto a asumir la responsabilidad total
11. Cooperación. El liderazgo requiere *poder*, y el poder exige *cooperación*

Además de conocer los atributos necesarios para ser una gran líder, también es importante entender lo que podría hacerte fracasar en tus intentos de llegar a serlo. Hill menciona diez causas principales de fracaso en el liderazgo porque él sentía que saber LO QUE NO SE DEBE HACER era tan importante como saber qué hacer:

LAS DIEZ CAUSAS PRINCIPALES
DEL FRACASO EN EL LIDERAZGO

1. Incapacidad para organizar detalles
2. Renuencia a prestar servicios modestos
3. Tener expectativas de que se les pagará por lo que "saben", y no por lo que hacen con aquello que saben
4. Temor ante la competencia de los seguidores
5. Falta de imaginación
6. Egoísmo
7. Intemperancia
8. Deslealtad
9. Enfatizar demasiado la "autoridad" del liderazgo
10. Insistir en el título

Concentrémonos en la "Exactitud en los planes" y en el "Dominio del detalle" como los atributos específicos que una gran líder necesita, y también vamos a concentrarnos en la "Incapacidad para organizar detalles" como una causa de fracaso en el liderazgo. Como señaló Hill: "La magnitud de tus logros depende de la sensatez de tus PLANES".

Tus planes deben ser definidos, necesitan ser a corto plazo y a largo plazo, y deben relacionarse con metas específicas. Si el primer plan que haces no funciona, diseña uno nuevo, y si el plan nuevo no funciona, remplázalo con otro, y así sucesivamente hasta que encuentres el plan que funciona. Esto se basa en la PERSISTENCIA. Muchas personas se topan con el fracaso porque se dan por vencidas antes de encontrar el plan que funcione. Además, Hill nos recuerda:

Los que se dan por vencidos nunca ganan..., y un ganador nunca se da por vencido.

Todas las mujeres que he mencionado tuvieron una gran visión, fueron valientes y persistentes para alcanzar el ÉXITO. Pero también tuvieron PLANES DEFINIDOS y específicos y se organizaron siguiendo estrategias para emplear esos planes.

Ingrid Vanderveldt, fundadora de Dell Innovator's Credit Fund [Fondo de crédito innovador de Dell] y empresaria en residencia en Dell, señala la importancia de la planificación en una explicación sencilla pero poderosa: "Un anhelo sin un mapa de carreteras es un sueño que nunca deja de ser un deseo. Para 'hacer que lo imposible llegue a ser posible' o en otras palabras, para crear y vivir la vida que imaginas (una vida que crea riqueza para ti y para otros), es fundamental que desarrolles un plan centrado en tu meta, que tenga pasos medibles por los que puedas responsabilizarte".

Piensa en tu propia vida. ¿Tienes planes definidos? ¿Utilizaste el poder de un equipo *mastermind* al crear tus planes? ¿Eres una persona organizada, o podrías ser más organizada? Quizás el tema de la planificación organizada no sea el más emocionante, pero es uno de los más importantes para alcanzar el éxito. Judith Williamson, directora del Centro de Aprendizaje Mundial Napoleón Hill [Napoleon Hill World Learning Center], supervisa la extensa biblioteca de las obras de Hill y comparte su estrategia para la planificación organizada, dando consejos prácticos que todas podemos utilizar.

La recompensa de la planificación organizada

La planificación organizada es esencial para el éxito de la gente. Todas las actividades, como escribir un libro, construir una casa de muñecas o preparar una comida, exigen planificación y preparación. Lo mismo puede decirse de desarrollar una carrera o un negocio de éxito. Un plan organizado y detallado tiene una gran importancia cuando trazas tu camino hacia el éxito.

Una vez que establezco un plan general, elaboro una lista de diez o más puntos que llevaré a cabo día tras día; una lista que me ayudará a alcanzar mis metas a largo plazo. La simple tarea de ir marcando los pasos de la lista que voy haciendo me hace sentir muy bien, pues he logrado algo. Me presento el reto de empezar con el punto menos agradable de la lista, pues si llevo a cabo esa acción iniciaré bien mi día.

Todas las personas llevan a cabo múltiples tareas; por eso es importante abordar temas que se relacionan con nuestras metas espirituales, físicas, mentales, sociales, emocionales y financieras, de modo que podamos encargarnos de la totalidad de nuestro ser. Si no lo hacemos, tal vez podamos alcanzar el éxito financiero, pero no gozaremos de suficiente salud para disfrutarlo.

Si redactas tu lista de puntos usando verbos como: 1) *lavar* el coche, 2) *limpiar* el baño, 3) *escribir* el capítulo, eso te ayudará a estar motivada para realizar la acción que aparece en la lista, y te será fácil discernir, al final del día, si lograste o no tus metas.

Al lograr objetivos pequeños que contribuyen a las metas más amplias, centímetro a centímetro, paso a paso y metro por metro, el proceso empieza a cobrar vida.

Por ejemplo, al observar las cosas que tienes en la casa, ¿nunca te asombras de lo rápido que se acumulan? Los periódicos que llegan todos los días se van juntando y al final de la semana son una pila enorme. El correo esparcido sobre la mesa del comedor poco después ya la cubre y pronto empiezan a formarse montones de sobres que nadie ha clasificado. Los refrigeradores se llenan de comida que sobró y se guarda para "después", pero literalmente se convierte en un mundo aparte. Estos solo son ejemplos comunes de la tendencia a acumularse que tienen las cosas. Al crear una lista de cosas que tienes que hacer y concentrarte en tu intención de dedicar cierto periodo todos los días a poner la casa en orden, descubrirás que al final del mes habrás logrado mucho. Este patrón cósmico puede repetirse en todas las metas y objetivos deseables, una vez que entiendas la forma de utilizar esta ley natural de la mejor manera.

Yo trabajo mejor cuando estoy organizada. Un antiguo jefe solía decirme que tener una carpeta para cada proyecto en el que estaba yo trabajando era toda la organización que necesitaba para tener éxito. Cuando pasaba de una actividad a otra, guardaba todas las notas, recibos, memos, etc., que se habían acumulado en una carpeta. También imprimo una copia de mi horario donde aparecen las citas y llamadas telefónicas relacionadas con mis actividades, y eso me ayuda a organizar mi memoria. La carpeta siempre me está esperando para que la tome la siguiente vez que la necesite. Es un sistema sencillo que funciona, si sabes usarlo.

La planificación organizada es crucial para el éxito de la gente en general. Pero hasta la persona más organizada necesita tener una personalidad agradable, crear relaciones humanas amigables y auténticas. Con confianza, sinceridad y un interés real en el mejoramiento de todas las personas y en el logro de sus metas, siguiendo la regla de oro de "tratar a los otros como querríamos que nos trataran", podemos comenzar el proceso de mejorar al mundo… empezando con mejorarnos a nosotros mismos.

La única persona que realmente podemos transformar vive en nuestro interior. Básicamente, la verdad es que el cambio empieza en nosotros mismos, y cuando lo hacemos, todo lo que nos rodea también cambia. Si nos organizamos, seremos más capaces de guiar a otros a organizarse.

Los consejos de Judy enfatizan la importancia de la organización, y sugieren algunos sistemas sencillos que podemos usar para organizarnos mejor día tras día. Cuando no te organizas teniendo un puesto de liderazgo, es fácil que te sientas abrumada y que pierdas el enfoque. Organizarte podría requerir de cierto tiempo en este momento, pero proporciona beneficios a largo plazo, por ejemplo:

1. Mayor productividad: si haces una lista que te permita asignar prioridades, podrás concentrarte en cada tarea al seguir los puntos de tu lista de las cosas que tienes que hacer.
2. Menor estrés: al estar organizada, puedes sentirte confiada, y al tener confianza, el estrés se reduce.
3. Mejor entorno de trabajo: al reducir el desorden, tendrás más espacio en tu escritorio y podrás encontrar la información importante con mayor rapidez.

Pero al final del día, ¡lo importante es seguir organizada! Eso requiere que cultives hábitos nuevos que estén de acuerdo con tu propósito definido. Allyn Reid, quien trabaja en la industria editorial y está casada con Greg Reid, coautor, conmigo, de *A un metro del oro*, compartió sus ideas sobre los hábitos: "La clave de los hábitos es que es difícil formarlos y es difícil conservarlos. Si tienes fe en ti misma y en que los hábitos funcionan, entonces date la oportunidad de ser coherente. Después descubrirás que tu vida se moverá mucho más rápido y tendrás más oportunidades. Solo sigue estos dos principios: comprender tu propósito y tener hábitos asombrosos".

ESTE CAPÍTULO EN LA PRÁCTICA – EN MI VIDA

Al principio de mi carrera, sentí que necesitaba saberlo todo, que el hacer preguntas revelaría mi falta de CONOCIMIENTO y haría que la gente tuviera una mala opinión de mí. Creo que este miedo fue el resultado de mis años en la escuela donde se me calificaba con base en mi desempeño individual.

Poco tiempo después me di cuenta de lo absurdo que era esto, pero tardé mucho en vencer el hábito de querer tener siempre la respuesta correcta. Siento que soy una estudiante de excelentes calificaciones que se está recuperando.

Durante este proceso de recuperación, he descubierto la gran energía y emoción que se produce mediante el proceso del equipo *mastermind*. El proceso de la "lluvia de ideas" crea un entorno en el que la imaginación se activa a nivel exponencial, ya que muchas mentes se alimentan entre sí. El proceso incluye lanzar tus ideas, sin juzgarlas, y después hacer muchas preguntas tipo: "¿Qué pasaría si…?". Y otro tipo de preguntas que ayuden a expandir el pensamiento del grupo. La persona que dirige el proceso del equipo *mastermind* necesita ser ante todo una facilitadora para lograr que el proceso funcione. En una reunión de este tipo me sentí muy halagada cuando uno de los miembros de mi equipo *mastermind* me dijo: "Nunca había visto a alguien que fuera capaz de 'dirigir' una mesa redonda con tanta elegancia y al mismo tiempo con una trayectoria tan definida y bien enfocada".

En una reunión de un equipo *mastermind* de este tipo, mi esposo, Michael, y yo estábamos buscando formas de compartir el rancho que acabábamos de comprar: el Cherry Creek Lodge, en Young, Arizona. Una de las personas que estaban "a la mesa" nos preguntó que si habíamos aparecido en la revista *Arizona Highways,* y que si no, ella podía ponerse en contacto con el editor para hablarle de nosotros. ¡Eureka! Nuestro rancho apareció en la portada del número de enero de 2010, y más tarde ese año, el programa de televisión de *Arizona Highways* grabó un programa especial sobre el rancho que se sigue transmitiendo de vez en cuando.

Aunque tal vez parezca una simple oportunidad de relaciones públicas, en esa reunión creamos varias estrategias de ingresos que después empleamos en el rancho, incluyendo alojamiento (habitación y desayuno), visitas a sitios históricos relacionados con el área donde se había librado la Guerra de Pleasant Valley, paseos a caballo y en vehículos terrestres, campos de tiro y planificación de eventos especiales. Cuando llegamos a la reunión, solo queríamos encontrar formas en que el rancho pudiera generar ingresos; al salir de la reunión habíamos creado, en forma colectiva, un auténtico negocio, con un modelo de negocio, un plan de negocios, estrategias de *marketing,* planes promocionales y una visión hacia el futuro.

Durante una reunión similar de un equipo *mastermind* en mi empresa, "Pay Your Family First" [Págale primero a tu familia], habíamos compartido con un equipo el hecho de que habíamos estado luchando para dar a conocer nuestro juego de mesa "Thrive Time for Teens" [Hora de progresar para jóvenes] en las escuelas. Entramos a la reunión buscando ayuda y estrategias para llegar a los administradores y directores de las escuelas y convencerlos de la importancia de la educación financiera, y del impacto que tendría el juego en la preparación de los jóvenes para enfrentar el mundo de la economía. Nuestra estrategia cambió por completo como resultado de esa reunión. Enfocamos nuestras energías en ofrecer el programa a nivel individual a los maestros de preparatoria, premiando a los triunfadores de cada escuela y organizando un torneo estatal donde los ganadores recibirían becas universitarias.

Las preguntas tipo: "¿Qué pasaría si...?" volaban en todas direcciones:

¿Qué pasaría si le pagáramos a la escuela cierta suma por permitirnos entrar?

¿Qué pasaría si les pagáramos a los tres primeros lugares de cada escuela cierta cantidad para animar a los estudiantes a participar?

¿Qué pasaría si invitáramos a los ganadores a un torneo estatal?

¿Qué pasaría si tuviéramos muchos premios en una rifa durante el torneo estatal?

¿Qué pasaría si buscáramos una universidad importante que patrocinara el torneo estatal?

¿Qué pasaría si les pidiéramos a los líderes comunitarios que ayudaran a patrocinar la iniciativa mostrando su colaboración?

¿Qué pasaría si les pidiéramos a los negocios que patrocinaran el evento y que participaran en una colaboración pública y privada?

¿Qué pasaría si perfeccionáramos el modelo aquí en Arizona, para poder duplicarlo en otros estados y en otros países alrededor del mundo?

Así nació el "Thrive Time Challenge" [Reto en el momento de progresar]. Nuestro beneficio adicional es que cada año una universidad importante no solo ha patrocinado el torneo estatal, sino que también ha igualado nuestras becas para los ganadores. Todo gracias al poder de un grupo de personas que comparten una pasión, una misión y planes organizados.

Debo admitir que mi grupo podría sonreír con satisfacción al ver que se me reconoce como una persona que planifica en forma organizada. Aunque yo considero que soy una mujer que maneja múltiples tareas, ellos afectuosamente dicen que mi enfoque es tan directo como una bala. Yo pienso que soy flexible, ellos dicen que soy emprendedora. En todo caso, sé que mi debilidad personal no está en mi capacidad de crear planes definidos, sino en mi incapacidad de seguirlos hasta el final, y por eso me aseguro de que mi equipo contrarreste esa debilidad. Angela Totman, jefe de operaciones en Pay Your Family First, ha trabajado conmigo durante más de doce años. Tiene enfoque, es organizada y exige disciplina con la fuerza de un martillo de terciopelo.

Pero lo más importante es que ha desarrollado las destrezas de liderazgo que hemos comentado en este capítulo.

Hay ciertos hábitos que he desarrollado para ayudarme a conservar el enfoque y a organizar mis planes. Además de la lista de cosas que se tienen que hacer, sobre la que habló Judy Williamson, yo hago una lista de cosas que tengo que dejar de hacer. En ella, anoto las cosas que hago (a las que dedico tiempo) y que otras personas podrían hacer con más eficiencia. Veo la forma de dejar de hacerlas. De hecho, hace veinte años empecé consiguiendo a alguien que hiciera la limpieza de mi casa y lavara la ropa, para tener más tiempo con mi familia y para dedicarme a escribir. Aunque mi esposo se sigue quejando por la forma en que se doblan los calcetines, esta fue una decisión correcta en lo que a mí concierne. Redujo mi estrés por tratar de hacer todo ¡y no me siento culpable por haber tomado esa decisión!

También establecí el "plan 2-2-2". Me ayudó a desarrollar el hábito de concentrarme en el futuro de mi negocio todos los días. Antes de apagar la computadora todas las noches, me ponía en contacto con seis personas que podrían ofrecerme nuevas oportunidades para mi negocio. Originalmente, eran dos llamadas telefónicas, dos cartas escritas a mano y dos faxes (lo que te dice desde cuándo estoy haciendo negocios). Hoy en día significa dos mensajes en los medios sociales, dos correos electrónicos y dos notas escritas a mano, pero la intención es la misma: concentrarme siempre en seguir los planes que tengo para desarrollar mi negocio. Crear este hábito me ha permitido medir mis esfuerzos y mostrar gratitud a las personas que me han ayudado a crecer.

Todos hemos escuchado decir que la gratitud es muy importante para tener una vida feliz. Pero yo entendí la importancia de la gratitud cuando escuché a la Dra. Brené Brown, Ph.D., L.M.S.W. (Trabajadora social certificada), que es profesora de investigación en el Colegio Superior de Trabajo Social de la Universidad de Houston, hablar de la gratitud en una de sus charlas sobre Tecnología de la Educación. Ella dijo: "Yo nunca hablo de la gratitud y de la alegría de forma separada por la siguiente razón. En doce años, nunca he entrevistado a una persona que se describa como una persona feliz y que no practicara la gratitud".

Por tanto, directamente de las palabras de una experta que habló basándose en evidencias, ahora creo que:

Practicar activamente la gratitud tiene resultados satisfactorios.

Además de aprender el poder de la gratitud a lo largo de mi camino para llegar a ejercer un liderazgo más efectivo, también aprendí que primero tenía yo que saber cómo tomar mejores decisiones. El siguiente capítulo trata sobre tomar decisiones que no solo te lleven a ejercer un liderazgo más efectivo, sino que también aceleren tu camino hacia el éxito.

LA HERMANDAD DEL EQUIPO *MASTERMIND*

La sabiduría de mujeres de éxito y valía personal sobre la PLANIFICACIÓN ORGANIZADA.

ELEANOR ROOSEVELT (1884-1962)
PRIMERA DAMA DE ESTADOS UNIDOS DURANTE LOS CUATRO PERIODOS DE SU ESPOSO, FRANKLIN D. ROOSEVELT, EN LA PRESIDENCIA DEL PAÍS. MÁS TARDE, EL PRESIDENTE HARRY S. TRUMAN LA LLAMÓ "LA PRIMERA DAMA DEL MUNDO" COMO TRIBUTO A SUS LOGROS EN EL CAMPO DE LOS DERECHOS HUMANOS
"No es justo pedirles a otros lo que tú no estás dispuesta a hacer".

MEG WHITMAN
PRESIDENTA Y CEO DE HEWLETT PACKARD
"Un líder de negocios debe mantener su organización enfocada en su misión. Eso parece fácil, pero puede ser un enorme desafío en el entorno de negocios actual que es muy competitivo y desafiante. Un líder también debe motivar a las personas que tienen potencial a unirse a su grupo".

ELIZABETH DOLE
POLÍTICA ESTADUNIDENSE; DIRECTORA DE LA CRUZ ROJA EN ESTADOS UNIDOS
"Queremos hacer un 'llamado de alerta' a las empresas para que sean conscientes del hecho de que el siguiente 'jovencito rubio' que llegue a su organización podría ser una mujer".

JOANNE HARRIS
ESCRITORA INGLESA, AUTORA DE LA SERIE *RUNEMARKS*
"Un hombre podría sembrar un árbol por varias razones. Tal vez le gustan los árboles. Tal vez quiere tener un refugio. O tal vez sabe que algún día va a necesitar leña".

CONNIE LINDSEY
VICEPRESIDENTA EJECUTIVA Y JEFA DE RESPONSABILIDAD SOCIAL CORPORATIVA EN LA CORPORACIÓN NORTHERN TRUST, Y PRESIDENTA DE LA JUNTA NACIONAL DE GIRL SCOUTS EN ESTADOS UNIDOS
"Los grandes líderes son grandes servidores".

HARRIET WOODS (1927-2007)
POLÍTICA Y SENADORA ESTADUNIDENSE
"Puedes caminar con la cabeza bien alta sin pisotear a nadie. Puedes salir victorioso sin tener víctimas".

MARGARET THATCHER (1925-2013)
PRIMERA MINISTRA DEL REINO UNIDO (1979-1990)
"Ser poderosa es como ser una dama. Si tienes que decirle a la gente que lo eres, ¡es que no lo eres!".

GOLDA MEIR (1898-1978)
CUARTA PRIMERA MINISTRA DE ISRAEL
"No es accidental que la gente me acuse de dirigir los asuntos públicos con el corazón y no con la cabeza. Bueno, ¿qué tiene de malo? Aquellos que no saben llorar con todo el corazón tampoco saben reír".

GLORIA STEINEM
PERIODISTA Y LÍDER FEMINISTA ESTADUNIDENSE
"Planear con anticipación es una medida de clase. Los ricos y hasta la clase media hacen planes para las generaciones futuras, pero los pobres solo pueden planear para un par de semanas o un par de días".

ABIGAIL ADAMS (1744-1818)
ESPOSA DE JOHN ADAMS, SEGUNDO PRESIDENTE DE ESTADOS UNIDOS
"¡Las grandes necesidades requieren grandes líderes!".

JUDI SHEPPARD MISSETT
FUNDADORA Y CEO DE JAZZERCISE, INC.
"Rodéate de personas que te eleven, y luego dirige permitiendo que otras personas puedan surgir como estrellas".

Cuando Hill dijo que la Planificación Organizada y el Liderazgo eran herramientas esenciales para el éxito, nos estaba preparando para el siguiente capítulo. Nosotros controlamos nuestro propio destino y debemos tomar la DECISIÓN de querer tener éxito. Esto se relaciona con el elemento de la acción en la ecuación para el éxito personal.

PREGÚNTATE

¡Usa tu diario al trabajar en esta sección con el fin de identificar tus pasos de acción, activar los momentos en que descubres algo y crear tu plan para alcanzar el éxito!

Aunque el título de este capítulo es PLANIFICACIÓN ORGANIZADA, enfatiza la importancia del LIDERAZGO. En tu diario, anota los siguientes atributos de un buen líder que menciona Hill, y describe cómo calificas en cada uno de ellos.

Los once factores primordiales del liderazgo

1. VALOR INQUEBRANTABLE
2. AUTOCONTROL
3. UN PROFUNDO SENTIDO DE LA JUSTICIA
4. PRECISIÓN EN LAS DECISIONES
5. EXACTITUD EN LOS PLANES
6. EL HÁBITO DE HACER MÁS DE LO QUE TE CORRESPONDE
7. UNA PERSONALIDAD AGRADABLE
8. SIMPATÍA Y COMPRENSIÓN
9. DOMINIO DEL DETALLE
10. ESTAR DISPUESTO A ASUMIR LA RESPONSABILIDAD TOTAL
11. COOPERACIÓN

El liderazgo requiere PODER, y el poder exige COOPERACIÓN.

Ahora revisa tus notas y elige dos o tres áreas en las que sepas que puedes mejorar. Anótalas, haz un plan organizado para concentrarte en ellas, y luego comprométete a trabajar en tu plan durante los próximos treinta días.

Además de conocer los atributos para ser una buena líder, también es importante comprender lo que podría hacer que fracases en tus intentos por llegar a ser una buena líder. Hill especificó diez causas principales del fracaso en el liderazgo, pues sentía que era igual de importante saber LO QUE NO DEBES HACER que saber lo que debes hacer. Anota en tu diario las siguientes causas del fracaso en el liderazgo que Hill identificó y cómo cada una de ellas pudo haberte obstaculizado en algún momento de tu vida.

Las diez causas principales del fracaso en el liderazgo

1. INCAPACIDAD PARA ORGANIZAR DETALLES
2. RENUENCIA A PRESTAR SERVICIOS MODESTOS
3. TENER EXPECTATIVAS DE QUE SE LES PAGARÁ POR LO QUE "SABEN", Y NO POR LO QUE HACEN CON AQUELLO QUE SABEN.
4. TEMOR ANTE LA COMPETENCIA DE LOS SEGUIDORES
5. FALTA DE IMAGINACIÓN
6. EGOÍSMO
7. INTEMPERANCIA
8. DESLEALTAD
9. ENFATIZAR DEMASIADO LA "AUTORIDAD" DEL LIDERAZGO
10. INSISTIR EN EL TÍTULO

Ahora revisa tus notas y elige dos o tres áreas que al estarlas leyendo sintieras como que "te daban un golpecito en el hombro". ¿Cómo puedes mejorar para superar estas causas de fracaso? Ponlo por escrito y haz un plan organizado para trabajar en ellas. Luego comprométete a trabajar en tu plan a lo largo de los próximos treinta días.

Haz una lista de cosas que debes dejar de hacer. Piensa al menos en tres cosas, sin importar lo pequeñas que sean, que puedas dejar de hacer o que deberías dejar de hacer para tener más tiempo para dedicarlo a tu plan definido para el éxito. Dejaré de hacer...

Crea tu propio plan "2-2-2" para desarrollar el hábito de trabajar en él, en tu futuro, todos los días.

Ponte en contacto con un equipo *mastermind*. Reúne un grupo de asociadas y/o amigas y hablen de estos atributos y de las causas de fracaso. Aprenderás de ellas y ellas podrían identificar un área en la que necesitas trabajar, que podría ser una sorpresa para ti. También podrías descubrir que tus asociadas o amigas tienen una opinión más alta de tus destrezas de liderazgo de la que tú tienes. ¡Disfrútalo!

7

Decisión

Cómo dominar la costumbre
de dejar las cosas para después

Cuando tomas la decisión correcta, en realidad
no importa lo que piensen los demás.

—CAROLINE KENNEDY

¿ALGUNA VEZ APLAZASTE ALGO O LO DEJASTE PARA ALGUNA fecha futura? ¿Esperaste hasta el final para hacer algo y luego lo hiciste a toda prisa en el último momento?

¿A veces justificas tu tardanza en un proyecto diciéndote que trabajas bien bajo presión y que todo saldrá perfecto?

Hill afirma que APLAZAR las cosas dejándolas para más tarde es lo opuesto a la DECISIÓN y que es el enemigo común que todos debemos enfrentar en nuestro esfuerzo por alcanzar el éxito.

El estudio que él llevó a cabo sobre personas exitosas que habían acumulado fortunas mostró que *"cada una de ellas* tenía el hábito de TOMAR DECISIONES CON RAPIDEZ, y cambiarlas CON LENTITUD, en caso de que las cambiaran". Por el contrario, "las personas que no logran acumular dinero, tienen, *sin excepción,* el hábito de tomar decisiones con *mucha lentitud,* SI ACASO LLEGAN A TOMARLAS, y de *cambiar esas decisiones con rapidez y a menudo".*

Cuando combinas tu PROPÓSITO DEFINIDO con tu DESEO ARDIENTE, será más fácil para ti tomar decisiones rápido y será menos probable que dejes las cosas para después. Sin embargo, si es fácil que te dejes influir por las opiniones de otros, eso tendrá un impacto en tu capacidad de tomar una decisión. Piensa en una ocasión en que un miembro de tu familia o un buen amigo o amiga, sin tener la intención de hacerlo, te desanimó en algo que querías hacer, simplemente expresando preocupación o una opinión que te hizo repensar tus intenciones. "*¿Qué* dices que quieres hacer? ¿Estás loca?*". A menudo usan sentido del humor, pero tú sientes que te están poniendo en ridículo.

Como dijo Hill: "Hay miles de hombres y mujeres que tienen complejos de inferioridad durante toda la vida, porque alguna persona bienintencionada, pero ignorante, destruyó su confianza en sí mismos con opiniones o poniéndolos en ridículo".

En el libro, *Ser más listo que el Diablo [Outwitting the Devil]*, Hill fue incluso más lejos al introducir el concepto de "andar sin rumbo". Una persona que anda sin rumbo es "alguien que permite que circunstancias externas a su mente ejerzan influencia sobre ella y la controlen… alguien que acepta lo que la vida le lanza sin protestar o sin luchar". El diablo afirmó que él no se molestaría con gente que no anduviera sin rumbo porque alguien que sigue un rumbo fijo tiene un propósito definido y un deseo ardiente que lo impulsa a lograrlo; por eso no se le puede apartar de sus metas. Sin embargo, al diablo le encanta meterse con los que andan sin rumbo, los que fácilmente se dejan convencer por las opiniones de otros, ya que puede hacer que se descarrilen una y otra vez.

Este hábito de la indecisión normalmente empieza en la juventud, y la única forma de combatirlo es encontrando un propósito definido y teniendo el deseo de alcanzar el éxito.

¿Puedes pensar en alguien que conoces a quien se le podría considerar como una persona que anda sin rumbo? ¿Es difícil para esa persona tomar decisiones? ¿Se deja llevar por el flujo?

Ahora piensa en alguien que tiene mucho éxito. Es muy probable que se le considere como una persona que sigue una dirección fija. Usa su propia mente y toma sus propias decisiones.

También hay personas que quieren "parecer exitosas" e impresionarte con sus conocimientos. Por lo general hablan demasiado y no saben escuchar. Como advierte Hill: "Mantenga los ojos y los oídos bien abiertos, y conserve la boca CERRADA, si lo que desea es adquirir el hábito de tomar DECISIONES con rapidez. Quienes hablan demasiado no hacen muchas otras cosas. Si usted habla más de lo que escucha, no solo se privará de muchas oportunidades de acumular conocimientos útiles, sino que también revelará sus PLANES y PROPÓSITOS a personas a las que les encantará hundirlo porque le tienen envidia".

Después explica: "Por lo general, la verdadera sabiduría llama la atención por su *modestia y su silencio*". Hoy en día escuchamos la frase "las acciones son más elocuentes que las palabras".

Las personas que pueden tomar decisiones y ponerse en acción rápidamente a menudo llegan a ser líderes en el campo de su elección. Para tomar decisiones precisas se necesita valor. El valor no es la ausencia de miedo, sino la capacidad de actuar a pesar del miedo.

Hill da un ejemplo: "Los cincuenta y seis hombres que firmaron la Declaración de Independencia arriesgaron la vida cuando DECIDIERON estampar sus firmas en aquel documento. La LIBERTAD ECONÓMICA, la independencia financiera, la riqueza, un negocio deseable o un buen puesto profesional no están al alcance de la persona que descuida o se niega a tener EXPECTATIVAS, PLANES y EXIGENCIAS con respecto a todas esas cosas. El que desea obtener riquezas con el mismo espíritu con el que Samuel Adams deseó obtener la libertad para las colonias, con toda seguridad acumulará una gran fortuna".

Aunque la Declaración de Independencia es un gran ejemplo de valor que podría parecer inigualable, no lo es. Hay personas que todos los días toman decisiones y que demuestran su valor para forjar nuevos caminos y alcanzar sus metas.

Hay mujeres que han mostrado mucho valor al abrir puertas de oportunidad para otras mujeres. Una de ellas es Amelia Earhart. Fue la primera mujer que cruzó el Atlántico piloteando un avión y por esta hazaña se le otorgó la Cruz de Vuelo Distinguido. También participó en la formación de Las Noventa y Nueve, una organización para apoyar y estimular a las mujeres aviadoras. Su mensaje a las mujeres es profundo en su simplicidad:

> Lo más difícil es la decisión de actuar, el resto solo requiere tenacidad. Los miedos son tigres de papel. Puedes hacer todo aquello que quieras lograr. Puedes actuar para cambiar y controlar tu vida, y el procedimiento, o el proceso serán tu recompensa.

Muchas mujeres enfrentan situaciones difíciles en la vida todos los días. Varias de ellas encuentran el valor para tomar la decisión de hacer lo que sea necesario para sostenerse y sostener a sus familias. Una de ellas es Margie Aliprandi, quien narra su historia y nos dice cómo tomó la decisión de crear un negocio para mantener a sus hijos, y en el proceso ofreció esperanza y oportunidades a miles de mujeres alrededor del mundo.

Esta es su experiencia:

> Hace veintiséis años me encontraba en un punto decisivo de mi vida, llena de dudas y enfrentando circunstancias desalentadoras. Yo era una madre soltera con tres hijos pequeños. Tenía una gran visión. Sabía que mi trabajo como maestra de música a nivel secundaria nunca haría realidad esa visión. Por tanto, cuando se presentó la oportunidad de desarrollar mi propio negocio de redes de mercadeo [network marketing], tomé la decisión de hacer lo que fuera necesario; una decisión que sin yo saberlo, cambiaría nuestra vida y la vida de cientos de miles de personas alrededor del mundo.
>
> Yo no tenía experiencia en el mundo de los negocios y no tenía un capital que pudiera invertir. Pero sí tenía un gran propósito definido. Era el deseo ardiente que mis hijos y yo teníamos de tener una vida maravillosa. Ese gran propósito definido me mantuvo en el camino para tomar decisiones claras, no negociables y

basadas en mi compromiso, y tomarlas con facilidad y rapidez. Cuando se toman decisiones claras y basadas en un compromiso, es imposible postergarlas.

Dejar las cosas para después es un síntoma de muchas cosas, entre ellas, no tener un gran propósito definido. Pero las mujeres están diseñadas para desear que las cosas tengan significado y propósito. Tenemos una necesidad innata de llenar nuestros días y nuestras acciones de significado. Para hacerlo tenemos dos opciones: pensar diferente acerca de nuestras rutinas diarias para verlas como algo grandioso y significativo, o definitivamente encontrar algo que tenga un significado profundo y que ilumine nuestra vida. Tu gran propósito definido te dará ese significado profundo. Cuando el propósito de tu vida se alinea con el propósito de tu negocio, serás imparable. Entonces debes dejar que la magia comience.

Nuestra búsqueda de significado y propósito hace que seamos grandiosas en el mundo de los negocios. Podemos trabajar en equipo, sabemos colaborar y escuchar. Somos capaces de abordar tareas múltiples, de crear vínculos entre las personas y de nutrir a otros. Somos transparentes, intuitivas y capaces de mostrar empatía. Siempre estamos buscando la fórmula del triunfo y con gusto compartimos el crédito por nuestros logros. Si combinas todas estas características naturales con el instinto maternal que nos impulsa a ser tenaces ante los desafíos, tendrás una persona que tiene firmeza al tomar decisiones.

Una de las cualidades de una decisión clara y comprometida es que hace que la vida sea más fácil. Permaneces centrada y fuerte cuando parece que nada va bien y cuando los retos no dejan de desafiarte. No puedes perder tiempo y energía repensando las cosas cuando los obstáculos obstruyen tu camino. Cuando tomas una decisión no negociable, quemas los puentes. No dejas opciones para retroceder, no hay una puerta trasera, no hay escotilla de salvamento. Podrías caer noventa y nueve veces, pero te levantas de inmediato. No permites que nada te impida seguir adelante.

Una decisión tipo "cueste lo que cueste" significa tener valor, conocerte y confiar en ti misma, tener una gran visión, no perder tu enfoque y ser persistente. En mi caso, también significó viajar a lugares lejanos en mi camioneta Subaru porque no podía pagar boletos de avión; dormía en mi camioneta porque no tenía dinero para pagar hoteles; me vestía y me arreglaba en los baños de las gasolineras y salía corriendo para asistir a reuniones a las que a veces llegaban unas cuantas personas, incluso una sola persona de las que se suponía iban a llegar, o de plano no llegaba nadie.

Pero el primer año, mi tenacidad tuvo recompensas y ganaba más dinero al mes del que había ganado en un año como maestra de música. En el tercer año gané mi primer millón de dólares. Hoy en día tengo un equipo de más de doscientas cincuenta mil personas, considerado uno de los equipos más grandes de redes de mercadeo [network marketing] en el mundo. Una noche, mi política inflexible de "cueste lo que cueste" me llevó a tomar la decisión desgarradora de alejarme de mi hijo de tres años que no dejaba de llorar rogándome: "¡Mami, no te vayas!". Yo tenía que ir a una reunión y él corrió hasta la calle descalzo y en pijama. Yo salí del coche, abracé a Todd y lloré con él. Le prometí que un día lo llevaría a él y a sus hermanos a todas partes. Yo sabía que esto significaba que tendría que sembrar mucho antes de poder cosechar; pero no tenía idea de cuándo llegaría la cosecha.

Decidí hacer un sacrificio a corto plazo para obtener una ganancia a largo plazo.

Si me hubiera quedado en casa a escuchar a mi hijo llorar, nunca habría construido el negocio que enriqueció las vidas de mis cuatro hijos, nos permitió viajar por todo el mundo y me ayudó a guiarlos con mi ejemplo hacia una vida adulta autosuficiente, solidaria y responsable. El hecho es que no solo sembré las semillas de la abundancia financiera, sino también las semillas que en cierta forma contribuyeron a lo que mis hijos son hoy en día. Fui para ellos un modelo de dedicación, de trabajo arduo y de compromiso. Al buscar mi sueño implacablemente, les hice ver que sus sueños también eran importantes. Ahora, lo que mis hijos reflejan cada día es la cosecha más valiosa de todas.

Por tanto, busca en lo profundo tu gran propósito definido. Determina qué es lo que en realidad quieres. Decide con claridad y con compromiso que lo vas a lograr. Cuando tus decisiones son claras y comprometidas, no las vas a abandonar. Triunfarás contra el hábito de postergar las cosas dejándolas para después, y serás libre para alcanzar el éxito. Como dijo Napoleón Hill: "Quienes toman DECISIONES con rapidez y de un modo definitivo saben lo que quieren, y por lo general, lo consiguen".

La historia de Margie es inspiradora y se repite en las historias de muchas otras mujeres de éxito que tuvieron un propósito definido gracias a la firmeza de su amor por su familia y por el deseo ardiente de ofrecer a los suyos el mejor futuro posible. Cuando una joven supo que yo estaba trabajando en *Piense y hágase rico para mujeres,* se puso en contacto conmigo pues deseaba ardientemente compartir su historia. Me pareció fascinante, ya que representa los problemas que muchas mujeres enfrentan hoy en día. Además, es una historia inspiradora por la forma en que Kimberly Schulte tomó decisiones en su vida.

Kimberly Schulte comparte su historia:

Estaba sentada ante la mesa de mi cocina sintiéndome totalmente devastada y sin esperanza. Me consumían emociones de desesperación y ansiedad. El miedo era tan abrumador que me asfixiaba y no me dejaba respirar. No podía ver una salida y mi depresión me paralizaba y me aprisionaba. Lo único que podía pensar era: "¿Cuándo volveré a tener el siguiente ataque y qué tipo de ataque será?". Lo que antes era entusiasmo y ganas de vivir se había convertido en una sensación de terror. Negando mi propia realidad, lo único que podía preguntarme era: "¿Cómo llegué a ser una madre soltera casi a los cuarenta años de edad, pasando de una vida cómoda y llena de lujos, a un matrimonio fracasado, a un caos financiero y a una deuda de decenas de miles de dólares?".

Impulsada por mis temores, me había dejado dominar por mi indecisión. En ese momento no era consciente de que todas las decisiones que *no* había tomado me habían llevado a la situación que ahora estaba viviendo. Tiempo después me di cuenta de algo y ese conocimiento me dio sabiduría. Entendí que la indecisión ES una decisión: es simplemente la decisión de no decidir.

La indecisión siembra la semilla del hábito de aplazar, de dejar las cosas para después; un hábito que yo trataba como a mi mejor amigo. Evitar las decisiones se había convertido en mi droga favorita para no sentir el dolor de la ansiedad. Pero el alivio que me producía nunca duraba mucho y las consecuencias a largo plazo siempre fueron muy costosas para mí. Yo odiaba mi hábito de aplazar las cosas, sin embargo recurría a él una y otra vez.

A medida que empecé a conquistar mi depresión lentamente, recibí la ayuda que necesitaba para hacer elecciones positivas que tuvieran como resultado un avance. Sin embargo, después de mi decisión de leer *Piense y hágase rico,* de Napoleón Hill, mi progreso al parecer se incrementó exponencialmente. Este libro no cambió mi vida, sino que me inspiró para tener la fuerza de tomar decisiones, ponerme en acción ¡y cambiar mi vida yo misma!

Durante el breve tiempo que necesité para leer *Piense y hágase rico,* recibí mensajes claros y definidos de varias personas. Si he aprendido algo con claridad en mi experiencia, es que cuando Dios te da a entender que se te está guiando hacia algo, ¡debes escuchar el mensaje y seguirlo! No fue accidental que el libro del Sr. Hill llegara a mis manos en el momento adecuado, cuando estaba yo preparada para recibir su profundo mensaje.

Como dice el proverbio budista: "Cuando el estudiante está listo, aparecerá el maestro".

No solo leí el libro, lo estudié. Tomé notas, medité su contenido y hasta compré un audiolibro. Mi coche se convirtió en un aula de *Piense y hágase rico* que alimentó mi mente y mi alma durante los largos trayectos para llegar a mi trabajo. Los trece de Napoleón Hill son brillantes. Sin embargo, el que me impactó con la fuerza de una flecha que llega directo al corazón, fue el Principio # 7: DECISIÓN.

El Sr. Hill explica que las personas que acumulan fortunas tienen algo en común: tienen el hábito de tomar decisiones rápidas y definidas, y que las cambian con lentitud, si es que necesitan cambiarlas. ¡Con razón estaba yo atorada; estaba viviendo a la inversa! Vivía con miedo. Había cultivado el hábito de la indecisión. Para tomar decisiones se requiere valor. ¿Qué pasaría si me equivocara? ¿Qué tal si esto no funciona? ¿Qué sucederá si fracaso?

Mi hábito tenía que cambiar, pero ¿por dónde empezar? Opté por *empezar desde el principio*. En otras palabras, empecé. Tomé esa primera decisión y luego me limité a actuar de acuerdo a ella. La segunda decisión fue más fácil, y yo estaba ganando velocidad.

Decidí cambiar mis pautas de pensamiento anteriores y fomentar solo pensamientos que tuvieran resultados que me fortalecieran. Al decidir abrirme paso a través de mis miedos, aunque todavía estaba temerosa, mis pensamientos se transformaron. Ahora pensaba: ¿Cómo sería mi vida si me aventurara a actuar con fe? ¿Qué pasaría si yo supiera qué es lo que no funciona para así poder hacer lo que sí funciona? ¿Qué pasaría si yo tuviera éxito? ¿Cómo me sentiría al final si terminara la tarea que he estado evadiendo?

Inspirada por mi nueva perspectiva, empecé a tomar una decisión a la vez, a entrar en acción con el propósito de llegar hasta el final. Mis miedos empezaron a desvanecerse con cada resolución. Empecé a ser más valiente, a tener más confianza, y cada vez era más fácil tomar la siguiente decisión. Me sentía ligera, feliz y llena de fortaleza. ¡Esto era libertad!

Escudriñé lo que quedaba de mis posesiones y experimenté una nueva epifanía. No tenía dinero, pero era rica en "cosas" que ya no necesitaba ni quería. En esa época, las cosas que yo consideraba importantes para mí, para mi casa, para mi familia y para mis hijos, ahora se habían convertido en algo pesado, oneroso e inútil. Me mudé a una casa mucho más pequeña que la casa que me vi obligada a dejar. Había llegado el momento de eliminar algunas posesiones. Tomé cada objeto, uno por uno, evaluando si debía conservarlo, donarlo o desecharlo.

Aunque parezca irónico, recordaba prácticamente cuánto había gastado en cada objeto. Pensaba: esto me costó cincuenta dólares, eso me costó cien, esto me costó miles... Pero ahora que solo tenía recuerdos de compras carentes de significado, estaba regalando o descartando esos objetos. No podía pagar por tener esas cosas almacenadas, así que solo conservé lo que realmente necesitaba o lo que me encantaba.

Ya no quería comprar "cosas". En ese preciso momento decidí pagar mis deudas e invertir en mí misma. Gastaría mi dinero en forma más deliberada, más prudente y más resuelta. Mi decisión era clara. Gastaría dinero en aprender destrezas específicas que me dieran valores para toda la vida en lugar de placeres a corto plazo. Como aprendí en *Piense y hágase rico*, decidí entrar en acción a lo grande, tomando decisiones rápidas y definitivas. Invertí en mí misma estudiando los temas que me apasionaban: ser instructora, practicar yoga y acondicionamiento físico [*fitness*].

Gracias a esto, ¡tengo la bendición de vivir una vida llena de significado y de marcar una diferencia en la vida de cientos de personas a quienes he adiestrado e inspirado!

Decidí que a partir de ese momento gastaría mi dinero aprendiendo nuevas destrezas que me apasionaran, y enseñarles a mis hijos a hacer lo mismo en su vida. Como familia, nos respetaríamos tomando decisiones sensatas sobre nuestro dinero. Decidiríamos invertir y hacer gastos prudentes en experiencias, viajes, cultura, nutrición ¡y por supuesto en algunos lujos! Leer y aplicar el séptimo principio de Napoleón Hill, DECISIÓN, me ayudó a cambiar de una vida de consumismo a una vida de contribución. Ahora aporto valor al mundo todos los días con el trabajo que hago. ¡Es una bendición en mi vida y en las vidas de otras personas!

Hace solo cinco años, estaba devastada por mis problemas financieros, a punto de declararme en quiebra y totalmente consumida por la indecisión y el hábito de dejar todo para después. Hoy en día, ¡me siento feliz de compartir que estoy casi libre de deudas! Mejor aún, he llegado a tener la actitud de que puedo crear los ingresos que desee y puedo desarrollar las destrezas necesarias para hacer que esos ingresos sean una realidad. Cambié mi manera de pensar en forma radical para realmente poder pensar y hacerme rica. Todo empezó con la decisión de salir de la indecisión y ser capaz de decidir. Mi pasión es enseñar e inspirar a mis hijos a hacer lo mismo en su propia vida.

¡La indecisión es una decisión!

El mensaje de Kimberly de que la indecisión es una decisión es muy importante. Sus experiencias demuestran el camino que cada mujer puede tomar para cambiar su vida y mejorarla; para transformar una vida de consumismo en una vida de contribución. Al hacerlo, podremos no solo crear el éxito en nuestra vida, sino llevar vidas significativas.

Cuando tienes un compromiso total y te concentras en la decisión de crear el futuro que deseas, las puertas se abrirán de par en par y te será más fácil reconocer nuevas oportunidades. Loral Langemeier es un ejemplo perfecto de alguien que tomó la decisión de cambiar la dirección de su vida; de tener una carrera corporativa exitosa a ser una mujer emprendedora que le enseña a la gente a adquirir la independencia económica en su vida. Los consejos que ella da a otras mujeres son valiosísimos.

Estoy aquí para decirte que puedes tener todo lo que alguna vez has deseado en cada área de tu vida: una vida familiar satisfactoria, una carrera exitosa, un cuerpo escultural, una relación espectacular… y lograrlo es más fácil de lo que podrías pensar.

Mira, la mayoría de las mujeres están mal. Creen que para TENERLO todo, tienen que HACERLO todo... que tener una vida "equilibrada" significa encargarse de todos sus aspectos. Bueno, eso no es correcto y tampoco es sustentable. La forma de tener una vida saludable y equilibrada, y de realmente tenerlo todo, es comenzar a tomar decisiones muy rápidas y firmes sobre lo que uno desea y lo que necesita para lograrlo. Lo demás no importa.

Esto es exactamente lo que hice para desarrollar un negocio multimillonario y crear la vida de mis sueños. Lo primero que hice fue decidir que iba a conseguir lo que deseaba. Parece sencillo, pero es probable que sea la decisión más importante que puedes tomar. La mayoría de las mujeres no hacen esto. No se permiten ir tras de lo que realmente quieren. Esta es la clave.

Después me pregunté: "¿Cuánto me va a costar tener la vida que quiero?". Me gustaría lanzar un reto a todas las mujeres que lean esto: las reto a empezar a pensar en esa cifra a nivel personal. ¡Las reto a jugar en grande, a planear en grande! ¿Dónde quieres vivir? ¿Qué clase de vacaciones quieres tener? ¿A quién vas a contratar para que esto suceda?

En una ocasión, yo calculé esa cifra y simplemente se la exigí a mi negocio. Decidí que llegaría a ese nivel, pasara lo que pasara. Esto me dio claridad y dirección en mi empresa e impulsó mi deseo de llegar a ese nivel.

Claro que no lo hice sola. Conté con el apoyo y las aportaciones de muchas personas maravillosas. Pero recuerda que las aportaciones son diferentes a las opiniones. Las mujeres estamos condicionadas a buscar las opiniones y la aprobación de otros y esto nos refrena. No quiero que busques opiniones. ¡Quiero que encuentres aportaciones de pensadores estratégicos que tienen experiencia y resultados evidentes! Debes rodearte de personas que estén planeando un juego más grande con el fin de subir de nivel.

Todo comenzó cuando conocí a Sharon Lechter y ella me presentó una oportunidad empresarial para vender y enseñar el juego de educación financiera de su compañía. Esta decisión iluminó mi camino hacia la libertad y fue mi camino para salir del mundo corporativo de Estados Unidos; 120 días más tarde, dejé mi trabajo. Si sientes que estás atrapada en un empleo, debes saber que hay una puerta de salida. Tienes dones y talentos especiales que puedes monetizar. Esto es exactamente lo que nuestro trabajo en *Piense y hágase rico para mujeres* te ayudará a lograr. Lo único que necesitas hacer es decidir que finalmente vas a vivir la vida que deseas.

Después de eso cree mi propia empresa, Live Out Loud [Vive en Voz Alta], y diseñé mi propia plataforma educativa y sus programas. En mi primer año en el negocio, gané cientos de miles de dólares. En el segundo año gané millones y no he dejado de hacerlo. Actualmente, Live Out Loud es una empresa internacional de 24 millones de dólares. Pero no digo esto para presumir o para parecer arrogante. Solo quiero que veas que esto es posible para ti. Si una chica de una granja de Nebraska puede hacerlo, tú también. Solo necesitas DECIDIR.

Siguiendo este consejo, logré el primer lugar en la lista de *best seller* del *New York Times,* aparecí en el programa del Dr. Phil como experta en el dinero y en los medios de comunicación más importantes a nivel nacional e internacional.

¿Cómo llegas a ese nivel? Quiero retar a todas las mujeres a elevar su nivel. Tú tienes un talento que Dios te ha dado y si realmente crees en el poder de tu producto, en la forma en que puede servirte a ti y al mundo, entonces tienes derecho a participar en un juego más amplio. De hecho, solo tienes una opción, y la economía depende de ello.

Deja de pensar demasiado y de postergar las cosas. Aplazar las cosas genera indecisión y la indecisión te lleva a aplazar las cosas. Avanza a toda velocidad con disciplina y constancia. Tal vez al principio esto te parezca una lucha, pero lo sientes así porque esos músculos están débiles y atrofiados. Entre más decisiones tomes, más velocidad tendrás y todo se volverá más fácil. Y recuerda, ¡no tienes que hacerlo todo! Como mujeres, sabemos colaborar. Encuentra un ejemplo que seguir, busca mentoras y forma un equipo que te impulse en tu avance. Empieza decidiendo que lo vales.

Puedes hacerlo. Vive con valentía y con fe. Acepta el reto y encuentra cómo llevarlo a cabo. Todo te está esperando.

El consejo de Loral es muy acertado. ¿Alguna vez te has dicho: "Para ella es fácil decirlo. Yo buscaré una mentora, o llegaré a ser una mentora, cuando ya haya avanzado un poco", o "Cuando gane dinero puedo empezar a dar donativos a las obras de caridad"? Esto es aplazar las cosas en su máxima expresión. Estas dos actitudes son ejemplos de cómo decidir ser indecisa. Decide que tú lo vales y que puedes diseñar tu vida de éxito y trascendencia.

ESTE CAPÍTULO EN LA PRÁCTICA – EN MI VIDA

A lo largo de mi vida, no he dudado en decir cosas como: "Yo trabajo mejor cuando estoy bajo presión" y "Tengo mejores resultados cuando tengo una fecha límite para entregar un trabajo". El capítulo sobre Decisión en *Piense y hágase rico* de Napoleón Hill dio en el blanco. Hizo que comprendiera que al usar esas frases yo solo estaba dando excusas y que en realidad me había convertido en una campeona en el arte de retardar las cosas y dejarlas para después. Muchas personas tienden a aplazar las decisiones difíciles. Aunque eso es una manera de dejar las cosas para después, creo que también se relaciona con el miedo a las consecuencias o con el miedo al cambio. Tal vez algunas personas también digan que es miedo a causar problemas.

Desde un punto de vista muy personal, una de las decisiones más difíciles de mi vida fue dejar la organización de "Padre Rico". Yo la había iniciado y había dejado el alma desarrollándola a lo largo de más de diez años. Cada libro era como un hijo para mí. Sin embargo, durante varios años había sentido que me estaba alejando de mis socios. Ya no estábamos alineados con la misión de la empresa. Ellos querían transformarla en un modelo de franquicia para vender, y yo quería seguir creando productos a bajo precio para personas que tuvieran el deseo de controlar su vida financiera. El entorno de la oficina era inestable; un día era un ambiente de celebración y al día siguiente era muy difícil y negativo. Era una especie de montaña rusa.

Cada semana me preguntaba: "¿Me conviene quedarme?", y mi respuesta inmediata era: "¡No!". Después me preguntaba: "¿El que me quede le conviene a la empresa?, ¿todavía estoy causando un impacto positivo?", y la respuesta era: "Sí". Por lo tanto, durante varios años seguí tomando la decisión de seguir en un entorno que no era sano para mí.

Aplacé la decisión durante dos años pero finalmente la tomé, y eso a la larga mejoró mi vida. De hecho, me di cuenta de que aplazar las cosas se había convertido en un hábito. Cada vez que aplazas algo, estás reforzando una acción negativa. Cuanto más tiempo pases aplazando las cosas, más programas a tu mente subconsciente para que relacione la costumbre de aplazar las cosas y la flojera con la actividad que estás tratando de evitar. Eso se convertirá en un hábito dañino cuyas consecuencias serán negativas.

El día que tomé la decisión de dejar la compañía, sentí un gran alivio. Nunca lo he lamentado. Cuando finalmente hice lo que era mejor para mí, se me abrieron otras puertas de oportunidad. El presidente George W. Bush me pidió que formara parte de su Consejo Asesor sobre Educación Financiera, y desempeñé ese puesto en el gobierno del Presidente Bush y del presidente Obama. Fue un gran honor, y fue algo que no habría experimentado si me hubiera quedado en la organización "Padre Rico".

Después recibí una llamada de Don Green pidiéndome que trabajara con él para inyectar vigor a la obra de Napoleón Hill. Primero trabajé con Greg Reid como coautora de *A un metro del oro [Three Feet from Gold]* y luego trabajé con el manuscrito oculto de Hill que lleva el provocativo título de *Ser más listo que el Diablo*

[Outwitting the Devil]. Fue un gran honor poder ingresar a la empresa más grande del mundo que se dedica al desarrollo personal en el área de finanzas. ¡Fue una auténtica bendición para mí!

Pero la lección que aprendí fue muy importante. Durante varios años, había vivido una experiencia de frustración que causó un impacto muy negativo en mi salud. Subí de peso y tuve que tomar medicamentos para estabilizar la presión arterial debido al estrés constante en que vivía. En cuanto tomé la decisión CORRECTA PARA MÍ, mi mundo dio un vuelco. He perdido peso y ya no necesito tomar medicamentos para regular la presión arterial. Puedo concentrarme en las metas de mi negocio sin el estrés adicional de estar en un entorno difícil.

He escuchado que se necesitan tres semanas para establecer un hábito nuevo (ojalá se trate de un buen hábito), pero creo que yo tiendo a distorsionar ese promedio porque tardé casi dos años en tomar la DECISIÓN de formar hábitos mejores.

Mi meta actual es tener un mayor compromiso para esforzarme en mejorar mi salud con ejercicio y buenos hábitos alimenticios. Eliminaré el hábito negativo de no hacer ejercicio o de aplazarlo, y lo remplazaré con acciones diarias positivas para mejorar mi salud.

Muchas mujeres son como yo y tienden a ponerse en el último lugar; dan prioridad a sus familias, su trabajo, sus negocios y los quehaceres domésticos. Una de mis metas es ayudar a las mujeres, incluyéndome a mí, a aprender a cuidarse mejor. Al hacerlo, seremos más capaces de cuidar de nuestras familias, nuestro trabajo, nuestros negocios y nuestros hogares.

LA HERMANDAD DEL EQUIPO *MASTERMIND*

La sabiduría de mujeres de éxito y valía personal sobre la DECISIÓN y sobre la forma de vencer la costumbre de aplazar las cosas:

VIRGINIA "GINNI" ROMETTY
PRESIDENTA Y CEO DE IBM

"Las acciones son más elocuentes que las palabras. Esta es una frase que aprendí de mi mamá y en la que siempre pienso. Hasta el día de hoy, pienso en ella en todo lo que hago. En segundo lugar, al pensar en esa frase recuerdo que ella hizo cosas increíbles. Tomando eso en cuenta, nada es insuperable. Y en tercer lugar, creo que ella también me enseñó a definirme. Decía: 'No permitas que otros te definan. Defínete a ti misma'".

KATHIE LEE GIFFORD
CONDUCTORA DE TELEVISIÓN Y CANTAUTORA

"Nunca me interesó casarme con la carrera o la cuenta bancaria de nadie".

MURIEL SIEBERT (1928-2013)
LA PRIMERA MUJER EN OCUPAR UN ASIENTO EN LA BOLSA DE VALORES DE NUEVA YORK Y LA PRIMERA MUJER QUE DIRIGIÓ UNA DE LAS EMPRESAS NYSE

"No había mujeres que fueran modelos a seguir, así que yo tracé mi propio camino".

"Luché desesperadamente para salir adelante".

"No desarrollé mi negocio simplemente tocando puertas y diciendo: 'Soy una mujer, tengo derechos'. Alcancé el éxito trabajando al lado de los hombres".

"Parte de la meta de mi carrera era: '¿Dónde puedo ir sin que haya desigualdad en los salarios?'. Por eso adquirí un asiento en la bolsa de valores y trabajé en mi beneficio".

MIA HAMM
JUGADORA PROFESIONAL DE FUTBOL SOCCER, RETIRADA, MIEMBRO DEL SALÓN DE LA FAMA NACIONAL DE FUTBOL SOCCER EN ESTADOS UNIDOS

"Sigue tu corazón, y que eso sea tu decisión".

CLARE BOOTHE LUCE (1903-1987)
PRIMERA MUJER ESTADUNIDENSE EN SER NOMBRADA EMBAJADORA; FUE EMBAJADORA DE ESTADOS UNIDOS EN ITALIA Y EN BRASIL

"A final de cuentas, no existe otra solución para el progreso del hombre excepto el trabajo cotidiano honesto, la decisión cotidiana justa, las palabras cotidianas generosas y una buena obra cada día".

SHERYL SANDBERG
DIRECTORA DE OPERACIONES, FACEBOOK

"Las mujeres rara vez toman la decisión de dejar la fuerza de trabajo. Toman muchas decisiones pequeñas a lo largo del camino".

"No tengo respuestas sobre la forma en que yo debo tomar las decisiones correctas, y mucho menos sobre la forma en que otros deben tomarlas. Sé que fácilmente puedo dedicar tiempo a concentrarme en algo que no estoy haciendo. Cuando recuerdo que nadie puede hacerlo todo y cuando identifico mis verdaderas prioridades en la casa y en el trabajo, me siento mejor... soy más productiva en la oficina y probablemente también soy una mejor madre. En lugar de tratar de ser perfectas, deberíamos tratar de tener actividades sustentables y satisfactorias".

CARLY FIORINA
EJECUTIVA DE NEGOCIOS Y CEO ESTADUNIDENSE, HEWLETT-PACKARD (1999-2005)

"Dejar la facultad de leyes fue la decisión más difícil de mi vida. Pero sentí un gran alivio sabiendo que esta es mi vida y que puedo hacer lo que yo quiera con ella".

SOLANGE KNOWLES
CANTAUTORA ESTADUNIDENSE (HERMANA DE BEYONCE). A LOS VEINTISIETE AÑOS DE EDAD ESTABA LUCHANDO PARA ENCONTRAR UN EQUILIBRIO ENTRE LA VIDA Y EL

TRABAJO Y TOMÓ LA DIFÍCIL DECISIÓN DE CANCELAR SUS PRESENTACIONES FUTURAS PARA CONCENTRARSE EN SU FAMILIA

"Cualquier decisión que tomo se basa en mí misma, y al único que tengo que darle explicaciones es a Dios".

ANN MCNEILL
EXPERTA EN DESARROLLO PERSONAL

"Tu destino no tiene nada que ver con la suerte, es el resultado de las elecciones que haces día tras día. Estas elecciones te elevan o hacen que tus sueños se hundan. Decide hoy que llegarás a ser todo aquello para lo que fuiste creada y todo lo que mereces. Tu éxito está en tus manos".

SHEIKHA LUBNA AL QASIM
PRIMERA MUJER EN SER PRIMERA MINISTRA DE LOS EMIRATOS ÁRABES UNIDOS

"A nosotros, como mujeres, nos corresponde decidir... qué es lo que podemos o no podemos hacer".

MARÍA SIMONE
ESTRATEGA DE TRANSFORMACIÓN EN EL CAMPO EMPRESARIAL Y DE FINANZAS, ORADORA Y ESCRITORA

"Cuanta mayor claridad tengamos en relación con lo que queremos lograr, las personas que queremos atraer y la vida que queremos vivir, más fácil será llevarlo a cabo. Lo que crea caos y desilusión es no ser capaz de elegir, sino vivir sin alternativas y resolviendo lo que se va presentando. Permite que tu corazón y tu alma compartan su verdad y verás lo que aparece. Comprométete con permitírselo y no te niegues aquello que deseas solo porque no parece lógico o porque otros te dicen que es imposible alcanzarlo. Siempre existe una forma de hacerlo".

SHANDA SUMPTER

FUNDADORA Y VISIONARIA REINA DE HEARTCORE BUSINESS

"La riqueza se crea por la forma en que tomas tus decisiones, no por las oportunidades que tienes. Tú puedes ponerte en el flujo de las oportunidades".

CLARISS BURT

SUPERMODELO Y ACTRIZ A NIVEL INTERNACIONAL

"Tal vez estás usando un deseo que no puedes cumplir para distraerte y no comprometerte a fondo con las bendiciones que ya tienes".

PREGÚNTATE

¡Usa tu diario al trabajar en esta sección con el fin de identificar tus pasos de acción, activar los momentos en que descubres algo y crear tu plan para alcanzar el éxito!

¿Puedes pensar en una ocasión en la que estabas perdida en la indecisión o en la que estabas aplazando las cosas? ¿Cómo lo resolviste?

Estos son algunos pasos que podrían ayudarte a vencer el hábito de aplazar las cosas.

1. Establece metas claras y definidas. Asegúrate de que sean metas INTELIGENTES:
   a. Específicas
   b. Medibles
   c. Realistas
   d. Con un límite de tiempo
2. Comparte tus metas con tu familia y tus amistades. Eso hará que tus metas sean más reales.
3. Elimina distracciones que podrían impedir que te concentraras en tus metas.
4. Reconoce tus malos hábitos; tal vez empiezas a pensar en responder tus correos electrónicos, o tal vez quieres ir por algo para beber; estas son señales de que estás empezando a aplazar una acción. Reconoce estos hábitos y evítalos.
5. No te preocupes por la perfección, solo comienza.
6. Subdivide una tarea en tareas más pequeñas.
7. Crea "pequeños triunfos" a lo largo del camino, y celebra cada uno de esos logros.
8. ¡Simplemente hazlo ahora!

Decide hoy que vas a crear tu propio plan. Visita el sitio sharonlechter.com/women donde encontrarás recursos adicionales que te ayudarán a crear el éxito que mereces.

8

Persistencia

El esfuerzo constante necesario para inducir la fe

*Nunca desistas, ya que en ese momento cambiará
la marea... cambiará la situación.*

—HARRIET BEECHER STOWE

AHÍ ESTÁS, MUY CERCA DE TU META O SIENTES QUE UN FUEGO arde en tu interior pues deseas empezar algo nuevo... pero hay un muro que se levanta frente a ti. ¿Cómo vas a escalarlo y superarlo?

Recibes noticias inesperadas. La vida cambia de inmediato y no puedes empezar a imaginar cómo van a resultar las cosas. ¿Cómo vas a sobreponerte de este periodo de inseguridad?

Has estado trabajando durante mucho tiempo. Alimentas tu pasión con acción y tienes fe en que tu determinación de continuar algún día recibirá una recompensa. ¿Cómo puedes recorrer lo que parece un camino interminable?

Si alguna vez encontraste la luz al final del camino, si alguna vez te has enfrentado al miedo y has salido victoriosa, o si alguna vez has respondido a la duda y a la crítica con un logro, ya tienes la repuesta en tu interior. La PERSISTENCIA es la clave para vencer con éxito los obstáculos que la vida lanza en tu camino. Es el arma que hace añicos a los enemigos como el miedo, la duda y la negatividad.

En su estudio y síntesis de la filosofía de los logros, Hill afirmó: "Cuando la fuerza de voluntad y el deseo se combinan adecuadamente, forman una alianza irresistible".

Los niños demuestran esto de una manera muy elocuente. Cuando somos jóvenes somos persistentes por naturaleza. ¿Alguna vez has visto a un padre o a una madre agobiados por la insistencia implacable de un niño en relación con algo? Ya sea que se trate de un juguete, de un postre delicioso o de una oportunidad de jugar con un amigo o amiga, los niños a menudo combinan su deseo con persistencia para conseguir lo que desean.

Al paso del tiempo, esta persistencia se desvanece cuando se les enseña a los niños que cometer errores y recibir críticas siempre es malo y que rebasar los límites no es aceptable en la mayoría de las situaciones.

Según Hill, la persistencia es un estado mental, lo que significa que cualquier persona puede cultivarla. Alguien que se entrena a ser persistente necesita un fundamento para este entrenamiento. Este fundamento incluye los siguientes ocho factores:

1. TENER UN PROPÓSITO DEFINIDO. Saber lo que uno quiere es el primer paso, y quizás el más importante hacia el desarrollo de la persistencia. Una motivación fuerte nos obliga a superar muchas dificultades.
2. DESEO. Es relativamente fácil adquirir y mantener la persistencia cuando se trata de alcanzar el objeto de un deseo intenso.
3. CONFIANZA EN SÍ MISMO. Creer en la capacidad propia para llevar a cabo un plan lo estimula a conseguirlo con persistencia. (Se puede desarrollar la confianza en sí mismo aplicando el principio que se describe en el capítulo sobre la AUTOSUGESTIÓN.)
4. TENER PLANES DEFINIDOS. Los planes organizados, aun cuando sean débiles y poco prácticos, estimulan la persistencia.
5. CONOCIMIENTO PRECISO. La persistencia se ve estimulada por el hecho de saber que nuestros planes son sólidos y que se

basan en la experiencia o en la observación. Suponer en lugar de conocer, destruye la persistencia.

6. COOPERACIÓN. La simpatía, la comprensión y la cooperación armoniosa con los demás tienden a desarrollar la persistencia.

7. FUERZA DE VOLUNTAD. El hábito de concentrar los pensamientos en la construcción de planes destinados al logro de un propósito definido conduce a la persistencia.

8. HÁBITO. La persistencia es el resultado directo del hábito. La mente absorbe las experiencias diarias de las que se alimenta y llega a ser parte de ellas. El temor, que es el peor de todos los enemigos, se puede curar con toda efectividad con la repetición obligada de actos de valor.

Para las mujeres, implementar y activar algunos de estos ocho pasos podría representar un gran reto, mientras que otros serían sorprendentemente fáciles.

Las mujeres, como personas que se encargan del cuidado de niños o ancianos, que apoyan a otros y fomentan la paz, a menudo ponen sus deseos en último lugar. Algunas mujeres podrían pensar que tener un propósito definido es egoísta. Es importante entender que ese no es el caso; tener un propósito definido y trabajar para alcanzarlo equivale a dar buen ejemplo y a crear un impacto positivo, al hacerlo estamos mejorando todas las vidas que tocamos. Podría ser un grupo muy unido, como la familia inmediata, pero es más probable que se extienda a las amistades y a los miembros de la comunidad.

Este mismo llamado innato a prestar servicio a los necesitados y estar dispuesta a sacrificar sus propias necesidades, podría poner en riesgo la confianza en sí misma que tiene una mujer. Debes comprender que darte una oportunidad de ser la mejor mujer y alcanzar tu máximo potencial te preparará para que después puedas cumplir cualquier deseo natural de nutrir, fortalecer o ayudar a otros a alcanzar su máximo potencial. Esto empieza con creer que lo mereces, que eres digna de ello y que eres capaz de confiar en ti misma.

Si tienes dudas relacionadas con cualquiera de estas afirmaciones, date más tiempo para entender y emplear la AUTOSUGESTIÓN.

La planificación, el conocimiento preciso y la cooperación dan a las mujeres la oportunidad de aprovechar las características que son naturales en la mayoría de ellas. Como las mujeres son menos reacias a pedir ayuda, pueden integrar un plan sólido con el apoyo de otras personas y usando sus conocimientos, cuando sea necesario. Además, como colaborar es natural en las mujeres, se les facilita involucrar a otras personas. Cuando vemos que alguien más se emociona con lo que está haciendo, eso nos ayuda a conservar la energía, el entusiasmo y la tenacidad que se necesitan para persistir.

La tendencia de las mujeres a ser más emocionales que los hombres puede influir en su fuerza de voluntad y en sus hábitos en forma positiva o negativa. Una mujer que puede dirigir sus emociones y su energía para concentrarse en una meta final y en las acciones repetitivas necesarias para alcanzar el propósito deseado, tiene muchas posibilidades de alcanzar el éxito.

Michelle Patterson comparte cómo su PERSISTENCIA le dio la fuerza de voluntad para seguir adelante con la Conferencia de Mujeres en California cuando todas las personas que la rodeaban le decían que debería cancelarla. Ella tenía un sueño y una visión, y persistió con tenacidad, incluso enfrentando grandes obstáculos.

La persistencia es una de las grandes claves del éxito. Significa que sigues avanzando aun cuando sientas deseos de darte por vencida. Muchas personas se rinden con respecto a sus sueños a la primera señal de oposición o de mala suerte. Nunca es fácil alcanzar algo que vale la pena en la vida. A veces necesitas luchar por tus sueños. A veces necesitas permitir que tu voluntad y tu persistencia te impulsen a pesar de toda la negatividad que tal vez tengas que enfrentar.

Desde su fundación hace tres décadas, la Conferencia de Mujeres en California ha estado reuniendo a mujeres de todo el mundo para que aprendan unas de otras y se desarrollen. El propósito de la conferencia era abordar la tasa de fracasos de las mujeres en los negocios de California. Durante casi todo ese tiempo, la primera dama de California, organizaba este evento. Pero en 2012, la esposa del gobernador Jerry Brown, decidió descontinuar el evento. La decisión de la Sra. Brown me afectó mucho y me inspiró. Como tengo experiencia en la producción de eventos a gran escala, decidí encargarme de la conferencia con la determinación de mantenerla viva. Conseguí un local, organicé mi equipo, desarrollé un plan y empecé a actuar. Tenía un deseo ardiente y un plan de acción definido.

A lo largo de los meses siguientes, confirmé a miles de asistentes, conseguí más de 250 expositores y más de 150 oradores. Todo estaba listo para ponerse en marcha, pero a medida que se acercaba la fecha del evento, las cosas no ocurrían de acuerdo al plan. Tuve dos graves contratiempos que pusieron en peligro mi sueño y el evento. En primer lugar, el equipo asignado para encargarse de los patrocinadores no captó sus pronósticos; se alejaron mucho de lo que debería ser. En segundo lugar, el financiamiento que se esperaba recibir para el evento no se materializó. Cuando llegó la fecha de pagar por la producción, me di cuenta de que nos faltaban 1.8 millones de dólares. El evento estaba en peligro de ser cancelado, y solo teníamos diecisiete días para salvarlo.

En ese momento sentí que ya no podía seguir adelante. Después de meses de trabajo arduo y de poner en el evento todo lo que tenía, ¡la gente me estaba diciendo que tenía que cancelarlo! Una de las razones más comunes del fracaso en cualquier proyecto, es darse por vencido demasiado pronto. La persistencia te permite seguir en acción cuando ya no tienes la motivación para hacerlo, y al persistir sigues acumulando resultados. Sigues adelante pase lo que pase.

Eso fue exactamente lo que hice.

Con una meta definida: llevar a cabo este evento y proporcionar recursos para miles de mujeres que los necesitaban, yo seguí adelante a pesar de los obstáculos. Sin importar cuántas personas me dijeran que cancelara el evento, yo simplemente tuve en mente el resultado final. Hice acopio de mis recursos y me apegué al plan.

Con mi equipo de asesores, pasé de tener que cerrar y quedar en bancarrota, a reducir la deuda de 1.8 millones de dólares a 150 000 dólares. Persistiendo y teniendo una actitud positiva, pude lograr que la Conferencia de Mujeres en California tuviera un éxito extraordinario.

Al año siguiente, después de la conferencia, empezaron a suceder cosas maravillosas. El tamaño y el alcance de las iniciativas de las mujeres en las que se concentró la conferencia, se han ampliado hasta abarcar casi todos los temas que son importantes para las mujeres, no solo en California sino en todo el país. Hoy en día, mi objetivo para la conferencia, trabajando con nuestra nueva organización, la Fundación de la Red de Mujeres [Women Network Foundation], es utilizar la pasión y la ambición que encarna la conferencia, y llevarla alrededor del mundo.

Podemos causar un mayor impacto asociándonos con las Naciones Unidas y con otros importantes grupos de mujeres. Al crear también una plataforma digital donde las mujeres se reúnen para ser parte de una comunidad global en línea que proporciona recursos y educación, pude lograr que la inspiración de la Conferencia de Mujeres en California, que tiene una duración de dos días, estuviera disponible los 365 días del año.

A menudo reflexiono en lo que habría pasado si me hubiera dado por vencida por miedo y hubiera permitido que mi ego me ganara la batalla, pero al no aceptar la derrota, le pérdida solo fue un obstáculo temporal en el camino. Si me hubiera rendido cuando estaba en mi punto más bajo, nada de esto habría sido posible. Al persistir y simplemente dar un paso a la vez, pude crear una organización que tiene un gran impacto en miles de mujeres alrededor del mundo.

La historia de Michelle no solo demuestra la persistencia, sino la forma en que ella continuó usando los ocho factores que define Hill como la clave para desarrollar la persistencia.

Tal vez piensas que sabes cuál es tu propósito definido, que has expresado claramente tu deseo y has visualizado lo que vas a lograr y el plan que hará que lo logres, pero de pronto todos te retiran su apoyo y no sabes por qué las cosas no funcionaron. ¿Qué fue lo que faltó y que acabó con tu persistencia?

Hill identificó los siguientes Síntomas de Falta de Persistencia diciendo: "Aquí encontrará a los verdaderos enemigos que se interponen entre usted y los logros notables:

1. No reconocer y determinar con claridad y exactitud qué es lo que se desea.
2. DEJAR LAS COSAS PARA DESPUÉS, con o sin causa. (Por lo general, apoyándose en una gran gama de justificaciones y excusas).
3. Falta de interés para adquirir CONOCIMIENTOS ESPECIALIZADOS.
4. Indecisión, el hábito de siempre pasar la responsabilidad a otros, en lugar de abordar los problemas de frente. (Sosteniéndose en mil excusas).
5. El hábito de apoyarse en coartadas en lugar de crear planes definidos para la solución de los problemas.
6. AUTOSATISFACCIÓN. Hay muy pocos remedios para este mal, y aquellos que lo sufren no tienen esperanza.
7. Indiferencia, que habitualmente se refleja en la facilidad con la que la persona cede ante otros en toda ocasión, en lugar de afrontar la oposición y luchar contra ella.
8. El hábito de culpar a otros por errores que uno comete, y de aceptar las circunstancias desfavorables como algo inevitable.

9. DEBILIDAD EN LOS DESEOS, debido a la negligencia para elegir los MOTIVOS que impelen a la acción.

10. Estar dispuesto, incluso con avidez, a abandonar la lucha a la primera señal de derrota. (Lo que se basa en uno, o en varios, de los seis temores básicos.)

11. Falta de PLANES ORGANIZADOS; no ponerlos por escrito para poder analizarlos.

12. El hábito de no actuar motivado por ideas, y de no aprovechar la oportunidad cuando se presenta.

13. DESEAR en lugar de tener la VOLUNTAD de hacer algo.

14. El hábito de ceder ante la POBREZA, en lugar de aspirar a la riqueza. Ausencia general de ambición de *ser,* de *hacer* y de *tener.*

15. Buscar todos los atajos hacia la riqueza, tratando de RECIBIR sin DAR algo justo y equivalente, lo que suele verse reflejado en el hábito de las apuestas, y la tendencia a buscar buenas gangas.

16. TEMOR A LA CRÍTICA, lo que lleva a la incapacidad para crear planes y ponerlos en práctica debido a lo que otros piensen, hagan o digan. Este enemigo debería estar al principio de la lista, porque, por lo general, existe en la mente subconsciente, donde su presencia no se reconoce. (Ver los seis miedos básicos en la página 304)".

Al analizar estos adversarios a la persistencia, pregúntate si alguno de ellos ha ejercido influencia en tu vida. Aunque es difícil vernos en el espejo y hacer un inventario de nuestras acciones y decisiones, el hacerlo hace posible que sepamos qué cambios necesitan hacerse para que podamos tener éxito. Una mujer que puede identificar con honestidad un obstáculo que ella ha permitido que cause un impacto en su vida, es mucho más valiente que una mujer que teme lo que podría descubrir o permite que el orgullo se interponga, permitiendo así que el obstáculo le impida avanzar.

"Es posible que no exista ninguna connotación heroica en la palabra 'persistencia', pero esa cualidad es para el carácter de una persona lo que el carbón es para el acero".

Hill ofrece este consejo para actuar con más rapidez al desarrollar la PERSISTENCIA: "Tal vez le sea necesario librarse de su inercia mental mediante un procedimiento similar, con movimientos lentos al principio, para luego aumentar poco a poco su velocidad, hasta recuperar un control completo sobre su voluntad. Sea PERSISTENTE, sin importar con cuánta lentitud se mueva al principio. CON LA PERSISTENCIA LLEGARÁ EL ÉXITO".

Date cuenta de que Hill habla de comenzar lentamente y luego aumentar la velocidad. Esto significa dar un paso para comenzar, luego otro paso para progresar y luego otro, sin esperar que la vida cree las circunstancias que se necesitan para el éxito.

Muchas personas creen que el éxito material es el resultado de un "golpe de suerte" favorable. Los únicos "golpes de suerte" en los que cualquier persona puede confiar son creados por ella misma. Esos "golpes de suerte" son el resultado de aplicar la PERSISTENCIA. El punto de partida es tener un PROPÓSITO DEFINIDO.

Tracey Trottenberg es la fundadora de Amazing Woman International [Mujer Maravillosa Internacional] y compartió la importancia que la persistencia y la perseverancia tuvieron en su éxito: "Tuve muchos altibajos durante mi carrera y en mi negocio, y el hecho de realmente llegar a lo más profundo y perseverar ha sido fenomenal. El libro [*Piense y hágase rico*] me recordó que no solo se trata de mantenerse en marcha por mantenerse en marcha, sino de lo que en realidad pasa con esa parte de ti misma... con esa parte que realmente afloró cuando llegué a niveles más profundos y no me detuve; eso es lo primero, y lo segundo tiene que ver con la fe.

Al llegar realmente a lo profundo, al permitir que penetrara y al creerlo mientras leía y trabajaba con el libro, mi negocio creció a nivel exponencial, con facilidad y elegancia.

Paula Fellingham, fundadora de Women's Information Network [Red de Información para Mujeres], comparte cómo la persistencia no solo le ayudó a construir una red global de mujeres. También dice que ha visto cómo las mujeres alrededor del mundo utilizan la persistencia para alcanzar el éxito para sí mismas y para sus familias.

Creo que esta es la época más maravillosa de la historia para ser mujer. Actualmente, las mujeres del mundo se están levantando y están despertando. Esto tiene un alcance más grande y un movimiento más rápido que ninguna otra experiencia que se haya tenido en la historia.

En efecto, las mujeres de todo el mundo están venciendo el miedo, están levantando la cabeza al comprender, como nunca antes, que esta es nuestra época. La humanidad está observando este fenómeno global y algunas personas están preocupadas. La mayoría están gozosas.

He observado que uno de los componentes más poderosos que han contribuido al incremento del progreso de las mujeres es su persistencia. De hecho, muchas mujeres que son parte de los avances femeninos a nivel global, encarnan este valor. Entienden que la persistencia es un factor crítico para el éxito en su vida personal y en sus negocios.

Como fundadora de la Women's Information Network [Red de Información para Mujeres], he sido testigo de la profunda persistencia de las mujeres al reunirme con ellas en muchos países. Edel Quinn es ejemplar en este sentido. Ella trabaja incansablemente en los barrios bajos de Kibera, en Nairobi, Kenia, donde casi un millón de personas viven en un área de 2.5 kilómetros cuadrados. Edel les enseña a las mujeres a iniciar pequeños negocios para que a la larga puedan salir de los barrios bajos y darles una mejor vida a sus hijos.

Una tarde lluviosa, caminando con Edel por los barrios bajos y hablando con las mujeres que vivían ahí, me impactaron profundamente sus actitudes positivas y su fortaleza emocional. Las mujeres que conocí eran alegres, llenas de esperanza, tenaces y persistentes en sus esfuerzos por liberarse, y liberar a sus familias, de sus terribles circunstancias. Nuestras hermanas de Kibera realmente encarnan la definición de persistencia, que es: "continuar incesantemente a pesar de los problemas u obstáculos".

Napoleón Hill declaró: "¡No hay sustituto para la PERSISTENCIA! ¡No puede ser suplantada por ninguna otra cualidad!". El Sr. Hill afirmaba que la persistencia es un estado mental, al igual que un rasgo del carácter. Estoy totalmente de acuerdo.

Las mujeres que persisten son las que creen en sus metas con tanta fuerza que siguen esforzándose y trabajando durante épocas difíciles. Todas las mujeres conocemos el impacto de los tiempos difíciles, pues todas hemos experimentado el "fuego purificador" en nuestra vida en cierta medida. Cuando el "calor" aumenta, algunas mujeres se quejan, culpan a otros y se dan por vencidas. Otras resplandecen, trabajan y persisten.

Hoy en día, las mujeres reconocen que somos las herederas de mujeres heroicas que a lo largo de la historia han sido un ejemplo de persistencia. Amelia Earhart es una de mis favoritas. Después de lograr numerosos éxitos internacionales como aviadora, murió en 1937 mientras intentaba ser la primera mujer en volar sola alrededor del mundo. En su última carta, Amelia respondió la pregunta de su angustiado esposo. Él le preguntó por qué persistía en su intento de alcanzar metas tan altas. Amelia escribió: "Quiero hacerlo porque quiero hacerlo. Las mujeres deben tratar de hacer cosas que los hombres han intentado. Si fracasan, su fracaso debe ser un reto para otras personas".

Como mujeres que viajamos por la vida juntas en este siglo XXI, celebremos gozosas nuestro progreso y sirvamos con entusiasmo a nuestras hermanas necesitadas. Debemos persistir y hacer el bien, todos los días, pase lo que pase.

Les dejo mi amor a todas las mujeres y las invito a conectarse "de corazón a corazón" con nuestras hermanas durante este emocionante despertar global de las mujeres del mundo.

ESTE CAPÍTULO EN LA PRÁCTICA – EN MI VIDA

¿Alguna vez te han dicho que eres terca, obstinada, tenaz o decidida? Todos estos adjetivos son sinónimos de ser persistente.

Debo admitir que siempre he sido muy persistente. Cuando era niña, tenía que encontrar la respuesta correcta y completa, para cada tarea que se me asignaba. Cuando estaba en preparatoria y en la universidad, pasé muchas noches en vela para estar segura de que un trabajo de investigación estuviera tan perfecto como fuera posible (¡Gracias a Dios por el corrector líquido!).

Esto ha continuado durante mi vida en el mundo de los negocios, a veces al extremo. Me cuesta trabajo desprenderme de cada libro que escribo porque cada vez que reviso el manuscrito se me ocurren cosas que quiero añadir. He aprendido a fijarme fechas límite para obligarme a terminar cada libro.

Y en cuanto el libro está completo, se necesita mucha persistencia para promoverlo. Muchos autores tienen la actitud de "escríbelo y se va a vender" y tristemente se decepcionan cuando las ventas de su libro no se dan. Los escritores exitosos saben que ellos son sus mejores expertos en mercadotecnia. Debes promover con tenacidad, debes recurrir constantemente a los medios y a eventos programados, capitalizar los medios sociales para difundir la noticia, y comprometerte con promover tu libro con persistencia para lograr su éxito.

Tal vez sepas que *Padre rico padre pobre* estuvo en la lista de *best sellers* del *New York Times* durante más de siete años. Lo que tal vez no sabes es que tardamos tres años en llevarlo ahí. Yo mandaba libros desde la mesa de mi comedor e iba a la oficina de correos todos los días para responder a los pedidos. Cuando en la oficina de correos me dijeron que ya no podía llevar ahí esa gran cantidad de paquetes, me puse en acción y encontré una empresa de distribución y entregas para manejar los embarques.

Tres años más tarde, después de una promoción constante e interminable, y después de hacer todo lo necesario para dar a conocer nuestro mensaje, llegamos a las listas. Entonces fue cuando las casas editoriales importantes nos buscaron. No se habían interesado en el libro cuando se los ofrecimos originalmente, pero cuando tuvimos éxito, tocaron a nuestra puerta.

En sintonía con mis esfuerzos editoriales, a lo largo de los últimos veinte años mi pasión ha sido introducir la educación financiera en los planes de estudio de las escuelas. Ha sido una batalla difícil, llena de burocracia, de personas que se resisten abiertamente al cambio, y de administradores que están tan sobrecargados de trabajo con sus tareas cotidianas que apenas si tienen tiempo para escuchar nuestra iniciativa. En junio, sin embargo, logramos nuestro mayor triunfo cuando el gobernador de Arizona aprobó una ley que representa el primer paso importante para garantizar que los estudiantes de preparatoria de Arizona sean competentes en el manejo de sus finanzas personales cuando se gradúen.

Acabo de terminar un programa universitario llamado "Tu Control Financiero, Educación Financiera para el Mundo Real" [Your Financial Mastery, Financial Literacy for the Real World], que estaremos promoviendo con persistencia en las universidades y que abarca todos los aspectos de las finanzas personales. Tenemos la esperanza de que ayudará a los estudiantes universitarios a evitar grandes deudas y a prepararse mejor para el futuro financiero que enfrentan. Nuestra tarea será convencer a los administradores de las universidades de que ese curso es tan importante y necesario que lo tienen que adoptar y luego animar a sus estudiantes a tomarlo. Se va a requerir una gran persistencia.

Hoy en día, cuando alguien me dice que soy terca, simplemente sonrío y digo: "Gracias, sí lo soy".

LA HERMANDAD DEL EQUIPO *MASTERMIND*

La sabiduría de mujeres de éxito y valía personal sobre la PERSISTENCIA:

ESTÉE LAUDER (1908-2004)
COFUNDADORA DE LAS EMPRESAS ESTÉE LAUDER

"Cuando pensé que no podía seguir adelante, me obligué a hacerlo. Mi éxito se basa en la persistencia, no en la suerte".

ROSA PARKS (1913-2005)
ACTIVISTA DE DERECHOS HUMANOS AFROAMERICANA

"Si tengo que enfrentar algo, lo hago sin importar las consecuencias. Nunca tuve el deseo de darme por vencida. No sentí que darme por vencida fuera una forma de llegar a ser libre".

DOLLY PARTON
CANTAUTORA DE MÚSICA *COUNTRY*, ACTRIZ, ESCRITORA Y ACTIVISTA EN PRO DEL ALFABETISMO

"Como yo lo veo, si quieres un arcoíris, tienes que soportar la lluvia. No podemos dirigir el viento, pero podemos ajustar las velas. Las tormentas hacen que los árboles tengan raíces más profundas".

HELEN KELLER (1880-1968)
AUTORA Y ACTIVISTA POLÍTICA ESTADUNIDENSE

"El carácter no puede desarrollarse con facilidad y tranquilidad. Solo experimentando pruebas y sufrimientos se puede fortalecer el alma, se puede inspirar la ambición y se puede alcanzar el éxito".

MARIAN WRIGHT EDELMAN
PRESIDENTA Y FUNDADORA DEL FONDO PARA LA DEFENSA DE LOS NIÑOS [CHILDREN'S DEFENSE FUND]

"No estás obligada a triunfar. Estás obligada a seguir intentando hacer lo mejor que puedes todos los días".

CHIN-NING CHU (1947-2009)
CONSULTORA DE NEGOCIOS ESTADUNIDENSE DE ORIGEN CHINO Y AUTORA DE *BEST SELLERS* EN ASIA Y EN LOS PAÍSES DE LA COSTA DEL PACÍFICO

"Si uno no tiene fuerzas para soportar las crisis, no verá las oportunidades que hay en ellas; las oportunidades se revelan en el proceso de soportar las crisis".

MARILYN MONROE (1926-1962)
ACTRIZ, MODELO Y CANTANTE ESTADUNIDENSE

"El hecho de que fracases una vez no significa que vas a fracasar en todo".

ELEANOR ROOSEVELT (1884-1962)
PRIMERA DAMA DE ESTADOS UNIDOS DURANTE LOS CUATRO PERIODOS DE SU ESPOSO, FRANKLIN D. ROOSEVELT, EN LA PRESIDENCIA DEL PAÍS. MÁS TARDE, EL PRESIDENTE HARRY S. TRUMAN LA LLAMÓ "LA PRIMERA DAMA DEL MUNDO" COMO TRIBUTO A SUS LOGROS EN EL CAMPO DE LOS DERECHOS HUMANOS

"Obtenemos fuerza, valor y confianza en cada experiencia en la que realmente nos detenemos para mirar al miedo directo a la cara... debemos hacer lo que creemos que no podemos hacer".

MARY PICKFORD (1892-1979)
ACTRIZ DE PELÍCULAS MUDAS CONOCIDA COMO "LA NOVIA DE AMÉRICA" Y COFUNDADORA DE UNITED ARTISTS

"Puedes comenzar de nuevo en cualquier momento que lo desees, porque eso que llamamos 'fracaso' no es el hecho de caerse, sino el de permanecer caídos".

RICHELLE E. GOODRICH
AUTORA CONTEMPORÁNEA ESTADUNIDENSE

"¿Realmente es posible cualquier cosa? ¿O es que el camino hacia nuestras metas parece demasiado oscuro como para seguirlo? Me parece que si buscas con suficiente energía, si oras con suficiente fuerza, por lo general te topas con un sendero de migas de pan que marcan la ruta que lleva a la meta que antes pensaste que no podías alcanzar".

GISELA RICHTER (1882-1972)
ARQUEÓLOGA CLÁSICA E HISTORIADORA EN EL CAMPO DEL ARTE

"Una serie de fracasos podría culminar en el mejor resultado posible".

PREGÚNTATE

¡Usa tu diario al trabajar en esta sección con el fin de identificar tus pasos de acción, activar los momentos en que descubres algo y crear tu plan para alcanzar el éxito!
     ¿Soy persistente?
     Si no estás segura de la respuesta, revisa los ocho factores esenciales para la PERSISTENCIA y los síntomas de falta de persistencia que señala Hill, y sé honesta al hacer un inventario de aquellos que se pueden aplicar a ti.
     Para ayudarte más a determinar tu nivel de PERSISTENCIA, hazte las siguientes preguntas:

1. ¿Alguna vez alguien dijo que tenías 'la voluntad de una guerrera'?
2. ¿Te fortaleces cuando estás bajo presión o tiendes a sentirte abrumada?
3. ¿Tienes herramientas para superar las emociones que brotan de la negatividad?
4. Cuando hablas contigo misma, ¿te infundes fortaleza y te animas, asegurándote que puedes tener éxito, o tiendes a decirte cosas negativas?
5. ¿Esperas que las oportunidades lleguen a ti o buscas tus propias oportunidades?

     Si descubres que no estás hecha para los retos o que quisieras tener más fortaleza emocional, ¡puedes estar segura de que estas cosas están totalmente bajo tu control! Tienes el poder de cambiar.
     Recuerda una ocasión en que se te pidió que eligieras entre dos situaciones, ninguna de las cuales era atractiva para ti. Ahí estabas, insegura de lo que debías hacer y sin embargo tenías que tomar una decisión. No importa si tomaste o no la decisión correcta. Lo importante es que hayas persistido a pesar de la adversidad para seguir adelante y

superar ese momento... y aquí estás hoy; eres mejor gracias a esa experiencia.

¿Cómo te sentiste al triunfar sobre la adversidad? Recuerda el alivio, el gozo o cualquier otra emoción positiva que hayas sentido. ¡Que esta sea tu luz cuando desarrolles el fuego de tu persistencia!

Hill enriquece nuestro entrenamiento para desarrollar la persistencia con estos cuatro pasos:

Hay cuatro pasos sencillos que conducen al hábito de la PERSISTENCIA. No exigen demasiada inteligencia, ni educación, sino un poco de tiempo y esfuerzo. Los pasos necesarios son:

1. UN PROPÓSITO DEFINIDO APOYADO POR UN DESEO ARDIENTE DE HACERLO REALIDAD.
2. UN PLAN DEFINIDO, EXPRESADO EN UNA ACCIÓN CONTINUA.
3. UNA MENTE CERRADA A TODA INFLUENCIA DESALENTADORA Y NEGATIVA, incluyendo las sugerencias desfavorables de parientes, amigos y conocidos.
4. UNA ALIANZA AMISTOSA CON UNA O MÁS PERSONAS CAPACES DE ANIMARNOS A SEGUIR ADELANTE CON EL PLAN Y CON EL PROPÓSITO.

¿Ya identificaste tu propósito definido y tu deseo ardiente? Si ya lo hiciste, tómate unos minutos para revisarlos ahora. Si no los has identificado para cuando termines de leer este libro, vuelve a leer el tema del PROPÓSITO DEFINIDO para explorar las cosas que te apasionan y determinar definitivamente tu propósito.

¿Tienes un plan para realizar tu propósito definido? Ha llegado el momento de empezar a revisar tu plan para estar segura de que tienes acciones definidas y específicas para mantenerte en marcha.

¿Es la negatividad una molestia que impregna todo en tu vida, o has dado pasos para proteger a tu mente de ella? Controla tu entorno y las cosas que permites que ejerzan su influencia sobre ti con el fin de eliminar el efecto que la negatividad tiene sobre ti.

¿Quién es la persona que más te anima en la vida? Encuentra formas de nutrir la persistencia rodeándote de gente que te de su apoyo y te ayude a seguir adelante hasta que hayas logrado tu propósito.

9

El poder de los equipos
mastermind

Rodéate de un equipo *mastermind*.
Es la fuerza que te impulsa.

Solas podemos hacer muy poco;
juntas podemos hacer mucho.

—HELEN KELLER

¿HAS ESCUCHADO LA FRASE: "DOS CABEZAS SON MEJOR QUE una"? Esto nunca ha sido más cierto que en nuestros días. El mundo de los negocios está cambiando. Durante muchos años los negocios se basaron en una competencia intensa y se creó un entorno de ganar o perder; afortunadamente, ahora estamos viviendo una transformación en la que la colaboración y la cooperación crean una plataforma de "ganar-ganar" para los negocios.

¿Alguna vez participaste en deportes que se juegan en equipo? ¿Recuerdas los proyectos de grupo que eran muy divertidos cuando estabas en la escuela? O tal vez recuerdas otros proyectos en los que querías sacar del juego a uno o dos miembros del equipo. ¿Perteneces a una organización que apoya los estudios de sus miembros o el logro de sus metas personales o de negocios? Piensa en lo bien que te sientes cuando sales de una reunión en la que tuviste un momento en que comprendiste algo.

Napoleón Hill escribió por primera vez sobre el PODER DE LOS EQUIPOS *MASTERMIND* en los primeros años del siglo XX. Su descripción de la *MASTERMIND* empieza con la explicación del poder que se genera a partir de los beneficios del pensamiento colectivo de un grupo de personas.

¡EL PODER ES NECESARIO PARA ACUMULAR DINERO! ¡EL PODER ES NECESARIO PARA CONSERVAR EL DINERO UNA VEZ QUE SE HA ACUMULADO!

El poder al que se refiere no es dictatorial, sino más bien el poder que se adquiere con el conocimiento. Afirma que hay tres fuentes de conocimiento organizado:

1. Inteligencia Infinita: podemos ponernos en contacto con esta fuente del conocimiento con la ayuda de la Imaginación Creativa y a través del procedimiento que se describe en el capítulo 5.
2. Experiencia acumulada: aquí es donde Hill incluye la educación formal y todo el conocimiento que se ha registrado y está disponible en una biblioteca pública. Hoy en día podrías incluir la información a la que se tiene acceso en Internet, con la advertencia de que necesitas confirmar la fuente de información.
3. Experimentación e investigación: aunque Hill se refirió a los científicos que buscan conocimientos nuevos a través de la experimentación y la investigación, yo creo que esto también se refiere a cualquier persona que busque territorios por explorar, que desarrolle negocios de vanguardia, y que tome el camino menos transitado, donde hay que utilizar la Imaginación Creativa.

Si el poder se obtiene al acumular los tres tipos de conocimiento, Hill señala que sería difícil que una persona lograra esta tarea ella sola. Para alcanzar el éxito debes encontrar un equipo de personas que trabajen contigo para que puedas adquirir conocimientos con mayor rapidez y así lograr tu propósito definido.

Esta es la esencia del PODER del equipo *MASTERMIND*. Hill la define así:

El equipo *mastermind* podría definirse una como coordinación de conocimiento y esfuerzo, en un espíritu de armonía, entre dos o más personas, para el logro de un propósito definido.

Después explica que el EQUIPO *MASTERMIND* tiene dos ventajas. En primer lugar, la obvia ventaja económica de los resultados que se obtienen a través del esfuerzo colectivo. Tienes la ventaja de la experiencia, la educación, la capacidad innata y la imaginación de las personas que forman tu EQUIPO *MASTERMIND*. Este tipo de alianza de cooperación genera el fundamento de casi cualquier gran fortuna.

En segundo lugar, Hill describe el beneficio espiritual del esfuerzo de grupo: "Nunca se unen dos mentes sin crear, al hacerlo, nace una tercera fuerza invisible e intangible que se puede comparar con una tercera mente". Este ESPÍRITU DE ARMONÍA crea una mayor energía que está al alcance de cada persona del grupo. Hill describe esto como la fase "psíquica" del equipo *MASTERMIND*.

La frase: "El todo es mayor que la suma de sus partes" se refiere a este elemento espiritual. ¿Puedes recordar una ocasión en la que estabas involucrada en un proyecto con un equipo, donde la interacción produjo este incremento de energía y además añadió un elemento de diversión al proyecto en sí?

Pero también puede ocurrir lo opuesto. Cuando te involucras en una iniciativa de grupo donde no hay armonía, la energía negativa se incrementa y puede expresarse a través de conflictos o de una gran frustración. Eso puede hacer que sea mucho más difícil lograr el propósito definido del grupo. Esto ocurre ante todo cuando el "líder" asume un papel dictatorial sobre el equipo *Mastermind*, lo cual causa un impacto dramáticamente negativo en la capacidad del grupo para poner sus ideas en común mediante una "lluvia de ideas".

Al parecer, las mujeres son más sensibles que los hombres cuando trabajan en grupo. Katherine Crowley, que es psicoterapeuta graduada en Harvard, y Kathi Elster, asesora de gestión empresarial, escribieron el libro: *Mean Girls at Work: How to Stay Professional When Things Get Personal* [*Chicas malas en el trabajo: cómo seguir siendo profesional cuando las cosas se vuelven personales*] que se concentra en las mujeres que son agresivas en el área del trabajo y en el hecho de que muchas mujeres líderes no ayudan a otras mujeres a tener éxito.

También comparten sus percepciones sobre las diferencias entre los hombres y las mujeres en el entorno del trabajo. Esta es una breve sinopsis de su trabajo: "Los hombres son de la zona de combate, las mujeres son del círculo de apoyo". En una entrevista dijeron:

> La mayoría de las mujeres entran a las empresas con el deseo de ser parte del equipo, de estar en contacto con otros jugadores y de obtener resultados sobresalientes. Los hombres se muestran amigables con sus colegas, y las mujeres se relacionan con sus compañeros de trabajo, con sus clientes y con sus proveedores como si fueran sus amigos. Los hombres, por otra parte, parecen suponer y aceptar que el área de trabajo es un entorno competitivo.

Al parecer, el periódico *Los Angeles Times*, apoya estos conceptos, pues dio a conocer que una encuesta reciente llevada a cabo por Ernst & Young reveló que el 90% de las mujeres de negocios que son ejecutivas y que participaron en la encuesta indicaron que usar equipos era su primera opción para resolver problemas de negocios. Además, 82% de las mujeres encuestadas indicaron que una organización formada por grupos funcionales era crucial para alcanzar las metas en el mundo de los negocios.[28]

Sin embargo, esa encuesta se realizó con mujeres ejecutivas en grandes corporaciones con ingresos anuales de más de 250 millones de dólares. ¿Pero cómo encuentran las mujeres un equipo de personas o grupos de apoyo cuando trabajan en organizaciones más pequeñas, cuando son dueñas de sus propios negocios o cuando tienen un problema en su vida personal? Cuando se trata de problemas personales, las mujeres tienden a recurrir a su círculo de amistades o a buscar grupos de apoyo locales. Estas dos opciones podrían considerarse EQUIPOS *MASTERMIND*. Para responder a la necesidad de este tipo de apoyo en problemas de negocios, se han creado organizaciones alrededor del mundo que proporcionan educación, asesoría y oportunidades para recibir ayuda por parte de personas afines, y también para establecer modelos de responsabilidad para las mujeres de negocios.

Una de esas organizaciones para mujeres que son dueñas de negocios es la Organización de Mujeres Presidentas [Women Presidents' Organization (WPO)], fundada por su presidenta, Marsha Firestone, Ph.D., para proporcionar apoyo por parte de grupos afines y oportunidades para que las mujeres que son presidentas de empresas se reúnan con regularidad.

Cuando alguien le pidió que explicara el propósito y el éxito de su organización, ella compartió lo siguiente:

El equipo mastermind *hace que aflore la genialidad del grupo*

El concepto del equipo *mastermind* que está en el centro del modelo de negocios de la Organización de Mujeres Presidentas (WPO), es el grupo asesor de personas afines. El objetivo es que las mujeres que son dueñas de sus negocios compartan los beneficios de su pericia, de su experiencia y de su educación; que compartan lo que está funcionando y lo que no; que se les proporcione tiempo real y retroalimentación acertada. La organización está diseñada en especial para líderes de empresas de segunda etapa que han superado la fase inicial y están enfocadas en un crecimiento constante y sustentable. La premisa fundamental de la herramienta de aprendizaje con la ayuda de personas afines que tenemos en la WPO se concentra en compartir experiencias, no en dar consejos.

En grupos de aproximadamente veinte mujeres que son empresarias talentosas, las afiliadas a WPO abordan sus problemas de negocios, reuniéndose en un formato de mesa redonda y actuando como una mesa directiva informal para sus negocios. Cada grupo se rige por las cuatro C de la WPO: colaboración, confidencialidad, compromiso y conexiones. No existe un programa fijo. Se trata de dar y también de recibir.

La meta es acelerar el crecimiento, implementar los pasos siguientes y promover la seguridad económica. Las afiliadas se comprometen a apoyarse mutuamente y compartir su pericia. El grupo se compone de mujeres que dirigen negocios no competitivos, con un nivel mínimo de ingresos de un millón de dólares. Todas son colegas. Se reúnen con un grupo de personas que conocen su situación, que enfrentan los mismos problemas, y reciben beneficios de otras personas que "han estado donde ellas están y han actuado como ellas actúan". Las presidentas de estos grupos son dueñas de negocios que conocen el proceso de manejar una mesa redonda y trabajan para hacer que aflore la genialidad del grupo.

El proceso proporciona resultados tanto prácticos como intangibles. Las mujeres tienden a ser desconfiadas. Las investigaciones muestran que desde los once años de edad, las niñas empiezan a actuar con base en los pensamientos más críticos sobre sí mismas que pueden usar. Los grupos de la WPO trabajan para remediar esta falta de confianza y para validar las estrategias de negocios de sus afiliadas.

Los grupos asesores de personas afines de la WPO proporcionan la validación necesaria para confirmar que los pasos y las estrategias que siguen las mujeres empresarias son valiosos. Uno de los resultados más importantes es que se reduce el estrés, pues se ofrece la oportunidad de hablar sobre los problemas que estas dueñas de negocios no pueden tratar con su familia ni con sus colegas en el trabajo.

Entendemos el valor de interactuar con colegas que enfrentan problemas similares de liderazgo en el mundo de los negocios. Las afiliadas a la WPO abordan temas relacionados con sus preocupaciones financieras, con el desarrollo de sus empresas, con contrataciones y despidos de personal, y otros.

Las mujeres que son presidentas de organizaciones multimillonarias enfrentan los retos cotidianos de dirigir un negocio. Pueden sentirse solas al estar en puestos de alto nivel. En las reuniones mensuales de sus grupos, que son íntimas y poderosas, las afiliadas a WPO abordan una multitud de temas que tienen un impacto importante en su éxito profesional y personal. En esas reuniones, ellas se conectan, aprenden y se transforman.

Existen muchas organizaciones que proporcionan educación, asesoría y oportunidades de formar redes de negocios a las mujeres profesionales y a las dueñas de negocios. Tu meta debería ser localizar un grupo que responda a tus necesidades y te ofrezca la posibilidad de conectarte con otras mujeres que podrían llegar a ser parte de tu EQUIPO *MASTERMIND*. A continuación menciono algunas de estas organizaciones con una breve descripción de sus propósitos básicos.

La **Asociación Nacional de Mujeres Dueñas de Negocios [National Association of Women Business Owners** (NAWBO)] impulsa a las mujeres empresarias hacia esferas económicas, sociales y políticas de poder alrededor del mundo, mediante:

- Fortalecer la capacidad de sus afiliadas para crear riqueza y promover el desarrollo económico dentro de la comunidad empresarial.
- Crear un cambio innovador y eficaz en la cultura de los negocios.
- Construir alianzas, coaliciones y afiliaciones estratégicas.
- Transformar la política pública e influir en las personas que expresan opiniones.

En 1975, un grupo de doce mujeres de negocios con ideas afines en la zona de Washington, D. C. se reunió para compartir información y crear una atmósfera de comunidad profesional con el fin de impulsar y fortalecer sus intereses como empresarias. A partir de entonces, NAWBO se ha elevado y ha llegado a ser la voz fuerte y unida de más de 10 millones de negocios de todo el país cuyas propietarias son mujeres.

NAWBO creó una afiliación con **La Asociación Mundial de Mujeres Empresarias (Les Femmes Chefs d'Enterprises Mondiales)** que Yvonne Foinant fundó en Francia, en 1945, después de la Segunda Guerra Mundial. Ofrece solidaridad y amistad, reúne a mujeres de ideas afines que comparten un interés común: el espíritu emprendedor. Hoy en día, Laura Frati Gucci es la presidenta de la red de FCEM, que incluye a más de ochenta países de los cinco continentes.

85 Broads es una red global de treinta mil mujeres pioneras que han inspirado, fortalecido y conectado a grupos alrededor del mundo. Las "fundadoras" de 85 Broads fueron mujeres que trabajaron para Goldman Sachs en la Calle 85, la dirección anterior de esta empresa de inversiones en Nueva York. A lo largo de la última década, 85 Broads se expandió para incluir mujeres que son exalumnas y estudiantes de las facultades y universidades más importantes del país. Tiene afiliadas en más de 130 países alrededor del mundo y trabajan para miles de empresas lucrativas y organizaciones sin fines de lucro. Sallie Krawcheck, que fue presidenta de Bank of America Wealth Management, compró 85 Broads de su fundadora, la empresaria Janet Hanson, que fue ejecutiva de Goldman Sachs. En una entrevista de *HuffPost Live,* Sallie compartió sus sentimientos sobre el éxito, diciendo: "La regla número uno del éxito es crear redes de contactos. Tener una red de personas del mismo sexo es bueno para todos. Debes formar redes con toda la gente, pero es más cómodo para las personas hacer preguntas si se está entre personas del mismo sexo".

Women's Information Network (WIN) proporciona a las mujeres alrededor del mundo (en 152 países) educación en línea y en el país, y la oportunidad de alcanzar poder en su vida personal y en sus negocios. La WIN invita a mujeres de todas las edades, de todas las culturas y de todas las religiones a participar. Paula Fellingham, CEO de WIN, comparte la declaración de su misión: "La misión de WIN es fortalecer a las mujeres y a las familias alrededor del mundo a través de la educación, la comprensión y el espíritu empresarial, en un esfuerzo por erradicar el analfabetismo, la pobreza y el hambre, e incrementar los niveles de amor, prosperidad y paz en la tierra. El lema de WIN es: 'Somos mujeres que ayudan a las mujeres a tener vidas mejores'".

eWomenNetwork fue fundada por Sandra Yancey en el año 2000, en una habitación construida arriba de la cochera de su casa en un suburbio de Dallas, Texas. A pesar de tener una experiencia empresarial muy limitada, Sandra avanzó por sí misma y creó uno de los negocios de redes de contactos más grandes y más galardonados en América del Norte. Actualmente, eWomenNetwork es una empresa multimillonaria que tiene 118 grupos en seis países y ayuda a miles de mujeres a desarrollar sus negocios. Cada año, la organización produce más de mil eventos para negocios dirigidos por mujeres, incluyendo uno de los más grandes, la Conferencia Internacional de Negocios de Mujeres en América del Norte. Sandra creó la Fundación eWomenNetwork, que ha otorgado sumas en efectivo a 94 organizaciones sin fines de lucro y ha otorgado becas a 132 mujeres que serán líderes en el futuro.

La Asociación Nacional de Mujeres Ejecutivas [National Association for Female Executives (NAFE)] es una de las organizaciones más grandes del país para mujeres profesionales y dueñas de negocios, y proporciona recursos para dar a sus afiliadas el poder de alcanzar el éxito a nivel personal y en sus carreras, a través de la educación, las redes de contacto y la incidencia política. La Dra. Betty Spence ha sido su presidenta desde 2001.

Existen muchas otras organizaciones, demasiadas para incluirlas aquí, que están a tu alcance. Varias se relacionan con industrias específicas, pero otras, como la WPO, se esfuerzan por diversificarse y tener afiliadas en diferentes industrias y crear un entorno de colaboración que no es competitivo.

Además de estas grandes organizaciones, hay mujeres profesionales que ofrecen asesoría y oportunidades para guiar a las mujeres empresarias para que lleven a sus negocios al siguiente nivel. Cuando asistí a la Conferencia de Mujeres en California, tuve la oportunidad de escuchar a las siguientes mujeres que compartieron sus pensamientos sobre la importancia de tener un equipo *MASTERMIND*.

Ali Brown, fundadora y CEO de Ali International LLC, ha creado una empresa dinámica que se dedica a fortalecer a las mujeres alrededor del mundo, y actualmente tiene más de sesenta y cinco mil afiliadas en sus programas en línea y de otro tipo. Cuando le preguntaron sobre el poder de los equipos *mastermind*, Ali de inmediato reconoció el poder de la obra de Napoleón Hill y el papel que ha tenido en la creación de su éxito.

Ella compartió: "Alguien me dio un ejemplar de *Piense y hágase rico* cuando yo tenía veintitantos años de edad. Recuerdo que tomé el libro, lo miré y dije: '¿Por qué tengo que escuchar a este viejo que ya murió?'. Eso fue lo que pensé en realidad. Recuerdo que guardé el libro. Varios años después, cuando estaba sola y organicé mi primer negocio, me estaba cambiando de casa y al desempacar encontré el libro. Pensé: 'Ah, ¿qué tal si simplemente me deshago de él?'. En lugar de hacerlo, lo abrí y tuvo un significado completamente nuevo para mí. El capítulo que más influenció mi vida fue el que habla sobre los equipos *mastermind* porque he estado trabajando sola durante tanto tiempo que entendí que tenía que rodearme de personas exitosas. Podríamos compartir nuestros retos, nuestras estrategias para el éxito. Yo podría recibir los consejos que necesitaba. Ese principio cambió mi vida".

"Dos cabezas son mejor que una", y trabajar con otras personas exitosas que son dueñas de negocios te ayudará a enfrentar retos y a poner ideas en común mediante "lluvias de ideas" en tu negocio. Esto te ayudará a desarrollar conceptos y a encontrar respuestas más rápido.

Mari Smith es considerada una de las más importantes expertas en las redes sociales y como evangelista en Facebook. *Forbes* la nombró una de las diez personas que más influencia tienen en las redes sociales. Mari ayuda a profesionistas independientes, a mujeres empresarias y a dueñas de negocios a incrementar las ganancias de sus negocios utilizando una estrategia de *marketing* social integrada que se concentra especialmente en Facebook y Twitter.

En una entrevista dijo: "Lo que Napoleón Hill enseña en *Piense y hágase rico* sobre las personas que te rodean y te apoyan como parte de un grupo muy bien integrado donde absolutamente cuentas con el respaldo de todas, marcó en mí una profunda diferencia. Han pasado trece años y ahora me gusta bromear diciendo: "Tuve éxito de la noche a la mañana… tardé diez años en lograrlo". Ahora tengo mis propios equipos *mastermind* y pongo en vigor muchas de las ideas de Napoleón Hill.

"La importancia del punto de vista de los millonarios, de que realmente podemos controlar nuestra mente, de que nuestros pensamientos pueden hacerse realidad y de que las personas con quienes nos asociamos ejercen una gran influencia en nosotros, marca una enorme diferencia en nuestro éxito".

Novalena Betancourt, autora de *Total Female Package [Paquete total femenino]*, es una joven que se dedica a ayudar a otras mujeres a tener éxito. Novalena también ha leído *Piense y hágase rico* muchas veces y acepta el mensaje de Hill sobre la necesidad de crear tu propio equipo *mastermind.*

Ella dice: "Necesitas tener cerca a tus asociados. Es fundamental organizar un equipo y no cualquier equipo. Deben ser personas específicas que sean capaces de llevar a cabo tu visión y tengan la fortaleza para hacerlo. Por tanto, observa tus herramientas de comunicación, tus estrategias y conócete completamente, para que puedas conectarte con personas con las que te involucres, con las que puedas intercambiar servicios y recursos, con las que puedas hacer negocios; personas que puedas promover y que puedan promoverte. Si tu visión cuenta con el respaldo de un equipo fuerte, todo es posible".

Wake Up Women [Despierten, Mujeres]. Karen Mayfield, fundadora de Wake Up Women, compartió: "Cada experiencia que he tenido me ha preparado para mi tarea universal en Wake Up Women. Dar poder a las mujeres alrededor del mundo se volvió una posibilidad cuando vi esas palabras por primera vez y supe que si despertamos a una mujer, ¡ella podrá despertar a todo el mundo que la rodea! Cuando te elevas por encima de tus problemas, fluyes con tus posibilidades".

ESTE CAPÍTULO EN LA PRÁCTICA – EN MI VIDA

No hay nada mejor que estar en un equipo en el que todas trabajan para una misma meta común. La química de la pasión y el compromiso que se comparten llena el aire de energía, y las ideas empiezan a fluir sin esfuerzo.

No hay nada peor que trabajar con un equipo cuyos miembros tienen planes ocultos y no comparten la misma meta común. El resultado es un entorno cargado de energía negativa, y a menudo muchos esfuerzos desperdiciados.

He tenido la fortuna de trabajar en equipos maravillosos la mayor parte de mi vida, pero también tuve la experiencia desafortunada de estar en varios equipos que no fueron tan positivos.

Unirme a la WPO (Organización de Mujeres Presidentas [Women Presidents' Organization]) a finales de la década de 1990 fue uno de los mayores regalos que me he dado a mí misma. Es muy valioso encontrar un grupo cuya meta común es compartir consejos, celebrar los éxitos mutuos y actuar como comunicadoras sociales, proporcionando el apoyo necesario durante los momentos difíciles en nuestra carrera, y en esta forma crear un entorno seguro y confidencial.

Muchas de mis mejores amigas hoy en día han sido miembros de mi grupo de la WPO. Literalmente hemos crecido juntas tanto en nuestros negocios como en nuestra vida personal. Compartimos un elemento común de responsabilidad. El vínculo que hemos formado es profundo y muy valioso para cada una de nosotras.

Al viajar por el mundo para hablar con grupos de mujeres, puedo basarme en las experiencias comunes que compartimos en nuestro grupo para asegurarme de que mi mensaje es oportuno, relevante y significativo. Cuando hablo sobre el poder de los equipos *mastermind*, a menudo uso la ecuación 1 + 1 = 2. Tomando en cuenta los resultados del poder de los equipos *mastermind* y de la capacidad de poner nuestras ideas en común mediante una "lluvia de ideas" en un grupo de mujeres unidas por un compromiso, escribí de nuevo esta ecuación:

$$1 + 1 = ¡11!$$

Esta es la mejor manera de describir el beneficio de un poderoso equipo *mastermind*.

Natalie Ledwell inició su propia empresa, Mind Movies, y de inmediato aprendió el poder positivo y exponencial de usar un equipo *mastermind*. Dijo: "El poder de una persona es una cosa... pero cuando lo elevas a la décima potencia, creas un remolino y un maremoto que es imposible detener. Existen muchas redes diferentes a las que puedes unirte; te ayudarán para que tus ideas maravillosas que podrían cambiar al mundo tengan ese poder a la décima potencia y puedas crear un maremoto de cambios".

Napoleón Hill también escribe sobre el poderoso equipo *mastermind* formado por un hombre y una mujer... y dice que el equipo *mastermind* más importante es el que forma una pareja de marido y mujer; eso ciertamente ha sido una gran verdad en mi vida.

Soy muy afortunada de contar con mi esposo Michael. Somos muy diferentes en nuestros procesos de pensamiento, pero cuando nos unimos para resolver un problema de negocios, sucede algo mágico. De hecho, tenemos muchos amigos y clientes que nos llaman y simplemente dicen: "Necesitamos sentarnos con ustedes a la mesa". Nuestra mesa del comedor ha generado muchos negocios y ha ayudado a muchos otros negocios a superar momentos difíciles en su camino a grandes éxitos.

Michael y yo también creemos que dar asesoría a otros es una parte importante de usar un equipo *mastermind*. No solo buscamos consejos en relación con nuestros problemas de negocios, sino que nos esforzamos por servir a otros con consejos sobre sus problemas de negocios. Además, involucramos a los jóvenes que son miembros de nuestro equipo para que puedan aprender del proceso del equipo *mastermind* y compartir su valiosa perspectiva en nuestra mesa.

Un negocio es como un equipo deportivo. El equipo *mastemind* ofrece la oportunidad de tener nuevas perspectivas y aprovechar la pericia de otras personas aparte de la que nosotros tenemos a nivel individual. ¡Pero asegúrate de tener a las personas adecuadas en tu equipo!

LA HERMANDAD DEL EQUIPO *MASTERMIND*

La sabiduría de mujeres de éxito y valía personal sobre el PODER DEL EQUIPO *MASTERMIND*:

MARGARET MEAD (1901-1978)
ANTROPÓLOGA CULTURAL ESTADUNIDENSE
"La relación entre hermanas es la más competitiva en la familia, pero cuando las hermanas crecen, esa relación llega a ser la más fuerte".

"Nunca dudes de que un grupo pequeño de ciudadanos atentos y comprometidos puede cambiar al mundo. De hecho, es lo único que alguna vez ha logrado cambiarlo".

MIA HAMM
JUGADORA PROFESIONAL RETIRADA DE FUTBOL SOCCER ESTADUNIDENSE. MIEMBRO DEL SALÓN DE LA FAMA NACIONAL DE SOCCER

"Soy parte de un equipo y confío en el equipo. Lo respeto y me sacrifico por él, ya que el equipo, no el individuo, es el que llegará a ser campeón".

EMILY KIMBROUGH (1899-1989)
AUTORA Y PERIODISTA ESTADUNIDENSE

"Recuerda que todos tropezamos, todos. Por eso es un consuelo ir de la mano".

MELISSA ROSENBERG
GUIONISTA ESTADUNIDENSE Y COFUNDADORA DE LA LIGA DE ESCRITORAS DE HOLLYWOOD [LEAGUE OF HOLLYWOOD WOMEN WRITERS]

"No importa que seas la persona más inteligente de la sala: si no eres una persona cerca de la cual quiere estar la gente, no llegarás muy lejos. También es importante ayudar a quienes vienen detrás de ti. Yo tomo en serio mi papel como mentora de las jóvenes que trabajan en la industria cinematográfica; me aseguro de dedicarles tiempo".

PHYLICIA RASHAD
ACTRIZ, CANTANTE Y DIRECTORA DE TEATRO ESTADUNIDENSE, GANADORA DEL PREMIO TONY

"Siempre que las mujeres se reúnen con una intención colectiva, es algo muy poderoso. Ya sea que se sienten a coser una colcha, que se reúnan en la cocina para preparar un menú, que se junten en un club para leer un libro o se reúnan alrededor de una mesa a jugar cartas o a hacer planes para una fiesta de cumpleaños, cuando las mujeres se juntan con una intención colectiva, sucede algo mágico".

DEBORAH BATEMAN
VICEPRESIDENTA EJECUTIVA, DIRECTORA DE WEALTH STRATEGIES, BANCO NACIONAL DE ARIZONA

"La belleza de que las mujeres ayuden a las mujeres es un círculo completo. Las mujeres dan de una manera abierta y amorosa; y como recompensa, sus dones son muchos, incluyendo la comprensión de los valores que aportamos y descubrir nuestro propósito".

PREGÚNTATE

¡Usa tu diario al trabajar en esta sección con el fin de identificar tus pasos de acción, activar los momentos en que descubres algo y crear tu plan para alcanzar el éxito!

En tu diario, responde las siguientes preguntas:

¿Estás involucrada en un equipo *mastermind* actualmente?

¿Está estructurado para alcanzar cierta meta?

¿Cuándo fue la última vez que se reunieron?

¿A qué otros grupos perteneces?

¿Considerarías la posibilidad de unirte a una nueva organización que te ayude a subir al siguiente nivel de éxito? ¿Qué organización te parece más atractiva?

¿Podrías comprometerte a asistir a una reunión el próximo mes?

Tal vez has decidido crear tu propio equipo *mastermind*.

Haz una lista de las personas que crees serían maravillosas como miembros de tu equipo *mastermind*.

Ahora que has identificado quiénes están o deberían estar en tu equipo *mastermind*, reconoce las pericias que tiene cada una de ellas.

¿Tu equipo *mastermind* representa a mujeres que están ahora donde a ti te gustaría estar? ¿Son personas que representan una variedad de destrezas?

Pasos para crear un nuevo equipo *mastermind*

1. Entiende que eres como todas las demás personas. Muchas tienen miedo de admitir que necesitan ayuda.
2. Sé específica en cuanto a lo que quieres lograr.
3. Dale un nombre a tu grupo. Eso hace que sea más real.
4. Fija las fechas para las reuniones.

5. ¿Se van a reunir en persona, por teléfono o en línea?
6. ¿Se van a pagar cuotas?
7. Invita al grupo a personas que se comprometan a ayudarte a lograr tu meta.
8. Respeta sus compromisos. ¿Cómo puedes corresponderles?
9. Para mostrar tu gratitud, incluye algo de diversión.
10. Escucha pero dirige. Actúa como líder recordándoles a las personas de tu equipo las fechas de las reuniones y preparándote para ellas, pero permite que ellas contribuyan con sus ideas, mientras tú las escuchas.
11. Disfruta la sinergia de la energía, el compromiso y la emoción que las participantes llevan al equipo *mastermind*.

LA HERMANDAD DEL EQUIPO *MASTERMIND*
MUJERES QUE SON JEFAS DE ESTADO

REINA ISABEL II
MONARCA DEL REINO UNIDO Y DE OTROS QUINCE REINOS DE LA COMMONWEALTH

"No conozco una fórmula única para el éxito. Pero a lo largo de los años he observado que algunos atributos del liderazgo son universales y a menudo se relacionan con encontrar formas de animar a la gente a combinar sus esfuerzos, sus talentos, sus percepciones, su entusiasmo y su inspiración para trabajar juntos".

"Hay que verlo para creerlo".

CRISTINA FERNÁNDEZ DE KIRCHNER
PRESIDENTA DE ARGENTINA

"Nuestra sociedad necesita que haya más mujeres en puestos de toma de decisiones y en áreas empresariales. Siempre debemos pasar una doble prueba: en primer lugar, demostrar que aunque somos mujeres no somos idiotas, y en segundo lugar, presentar la prueba que todos deben aprobar".

REINA MARGRETHE II
REINA DE DINAMARCA

"Por supuesto, puedo pensar lo que yo quiera, como todas las personas. Simplemente tengo que contenerme y no decir todo lo que pienso".

ÁNGELA MERKEL
CANCILLER DE ALEMANIA

"El problema no es si somos capaces de cambiar, sino si estamos cambiando con suficiente rapidez".

"No estoy aquí solo para las mujeres, estoy aquí también para las mujeres".

ELLEN JOHNSON-SIRLEAF
PRESIDENTA DE LIBERIA

"Siempre que me metí en problemas fue un reto para mí sobrevivir a esa situación, y cada reto se convirtió en una oportunidad para llegar más alto, tener una posición mejor y aceptar papeles de liderazgo… Esa ha sido la historia de una larga vida".

DILMA VANA ROUSSEFF
PRESIDENTA DE BRASIL

"Espero que los padres y las madres de niñas pequeñas las vean y digan: 'Sí, las mujeres pueden'".

"Creo que Brasil estaba preparado para elegir a una mujer. ¿Por qué? Porque las mujeres brasileñas lo han logrado. No llegué aquí por mí misma, por mis propios méritos. Somos una mayoría en este país".

YINGLUCK SHINAWATRA
PRIMERA MINISTRA DE TAILANDIA

"Tal vez puedo usar algo del toque femenino para abordar este enfrentamiento [entre las partes en conflicto, en la disputa del Mar del Sur de China], y concentrarme más en lo que podemos hacer juntos y no en lo que nos divide".

PARK GEUN-HYE
PRESIDENTA DE COREA DEL SUR

"El hecho de que la sociedad de Corea del Sur acepte a una mujer presidenta podría ser el inicio de un gran cambio".

DALIA GRYBAUSKAITĖ
PRESIDENTA DE LITUANIA

Cuando fue electa como la primera mujer presidenta dijo lo siguiente: "El sabor de la victoria es la carga de la responsabilidad".

KAMLA PERSAD-BISSESSAR
PRIMERA MINISTRA DE LA REPÚBLICA DE TRINIDAD Y TOBAGO

"Estoy agradecida por el inmenso apoyo de las mujeres y de los grupos de mujeres en todo el país, y porque esto va a ayudar a derribar las barreras que enfrentan tantas mujeres competentes. Celebro esta victoria en su nombre. Pero el panorama es mucho más amplio que el de cualquier grupo y esas mujeres serían las primeras en reconocer ese hecho".

SHEIKH HASINA
PRIMERA MINISTRA DE BANGLADESH

"Como mujer, obviamente me interesa la buena salud de las mujeres. Creo que las mujeres sanas tienen y educan hijos sanos, contribuyendo así a tener una nación sana".

ATIFETE JAHJAGA
PRESIDENTA DE KOSOVO

"Mi elección como una mujer jefe de estado muestra la buena disposición de la sociedad y las instituciones de Kosovo para ampliar y desarrollar un estado basado en los principios de una verdadera democracia. La democracia no estará completa hasta que la mitad de la población esté representada con igualdad en todos los niveles de la sociedad. No me detendré hasta que este principio sea una realidad".

HELLE THORNING-SCHMIDT
PRIMERA MINISTRA DE DINAMARCA

"Trato de pensar como una hermana a lo largo de todo el día. Cuanto más poder e influencia tengo, mayor es la responsabilidad que llevo sobre los hombros".

NKOSAZANA DLAMINI-ZUMA
PRESIDENTA DE LA COMISIÓN DE LA UNIÓN AFRICANA (SUDÁFRICA)

"La necesidad de incubadoras de empresas surgió para hacer posible que las mujeres y los jóvenes estuvieran mejor preparados y equipados con las destrezas necesarias para pasar de las microempresas a empresas medianas y grandes con la visión de satisfacer las demandas nacionales y las demandas relacionadas con exportaciones y contribuir a las economías de sus respectivos países".

HELEN CLARK
ADMINISTRADORA DEL PROGRAMA DE DESARROLLO DE LAS NACIONES UNIDAS; FUE LA PRIMERA MINISTRA DE NUEVA ZELANDA

"Es cierto que como mujer en el área de liderazgo podrías atraer una cantidad desproporcionada de influencia; esto se debe a que somos pocas las mujeres líderes. Piensa en el futuro. Ten un plan. Ten espacio para ti misma. Reevalúa. Vuelve a establecer tus metas… Creo que es importante tener metas, pero cambiarán al paso del tiempo, a medida que se modifiquen las circunstancias".

GOLDA MEIR (1898-1978)
PRIMERA MINISTRA DE ISRAEL (1969-1974)

"Confía en ti misma. Crea la clase de personalidad con la que te gustará vivir toda tu vida. Logra tu mayor potencial haciendo que las pequeñas chispas internas de posibilidad se conviertan en flamas de logro".

"No sé si las mujeres son mejores que los hombres; pero sé que ciertamente no son peores".

MARGARET THATCHER (1925-2013)
PRIMERA MINISTRA DEL REINO UNIDO (1979-1990)

"Si quieres que algo se diga, pídeselo a un hombre. Si quieres que algo se haga, pídeselo a una mujer".

"Tal vez el que canta es el gallo, pero la que pone los huevos es la gallina".

LA HERMANDAD DEL EQUIPO *MASTERMIND*
MUJERES EN LOS MEDIOS

JILL ABRAMSON
EDITORA EJECUTIVA, *NEW YORK TIMES*

"No creo poder lograr que todas las mujeres tengan éxito, pero intento esforzarme al máximo por lograrlo, sin excluir a los hombres, pero tengo un interés especial en las carreras y en el trabajo de muchas de las jóvenes en el Times... y tengo una actitud abierta al respecto. Si eso le molesta a alguien, ni modo".

ARIANNA HUFFINGTON
PRESIDENTA Y EDITORA EN JEFE, GRUPO EDITORIAL HUFFINGTON POST

"La primera revolución fue que las mujeres pudieran votar, la segunda fue lograr que tuvieran el mismo lugar en todos los niveles de la sociedad... la tercera revolución es cambiar el mundo que los hombres han diseñado. No es sustentable. La sustentabilidad no se relaciona con el entorno, es sustentabilidad personal. Aunque parezca irónico, cuando logremos estos cambios, no solo contaremos con la gratitud de los hombres porque estarán pagando un precio muy alto, sino que vamos a tener muchas más mujeres en puestos de alto nivel. Actualmente, muchas mujeres dejan el área de trabajo porque no quieren pagar el precio".

CHRISTIANE AMANPOUR
PRESENTADORA DE NOTICIAS EN ABC Y CNN

"Hay más de siete mil millones de habitantes en el mundo. La mitad son mujeres.

"Simplemente imagina que todo el mundo se elevara a otro nivel, pues lo hará, cuando a todas las mujeres y a las niñas se les haya otorgado poder.

"Esto debe empezar con la educación. Todas las personas que manejan cifras saben esto: educación = empoderamiento, desde aquí en Estados Unidos hasta Uruguay y hasta Ulán Bator... Ha llegado el momento de que el resto del mundo entienda esto. ¡Adelante, chicas! ¡Démosle poder al mundo! ¡Podemos hacerlo!".

MOIRA FORBES
EDITORA DE *FORBESWOMAN*

"Más allá de nuestras fronteras, lograr que las sociedades otorguen poder a las mujeres y liberen el poder cerebral de más de la mitad de la población mundial, nos beneficia a todos".

"Los líderes deben usar el poder de la fuerza y el poder tenue, pero ahora más que nunca, deben ser capaces de conectarse con las personas que los rodean. Ahora, sus seguidores son sus depositarios, así que los líderes de hoy deben fomentar la colaboración cuando toman decisiones que apoyan su visión y sus prioridades en el escenario mundial".

DIANE SAWYER
PRESENTADORA DE NOTICIAS, ABC WORLD NEWS

"Pero en el Capitolio, un hito de la historia, una tras otra, las mujeres han hecho el juramento como senadoras. Por primera vez, son veinte, y eran abogadas, dueñas de ranchos, y una había sido gobernadora. También son madres… y dijeron que lucharon y compitieron en carreras difíciles y que ahora no van a detenerse. Ellas están viviendo, respirando la historia, ascendiendo por escalinatas y mandando una señal. Son veinte senadoras. Republicanas y Demócratas, que dicen que están hartas del estancamiento y de la forma en que trabaja el Congreso".

ELLEN DEGENERES
COMEDIANTE DE MONÓLOGOS HUMORÍSTICOS Y PRESENTADORA DE TELEVISIÓN

"Lo peor que pueden hacer las mujeres es abrir una revista y ver a una chica de dieciséis o diecisiete años con un maquillaje exagerado. ¡No es justo! En mi opinión, ser hermosa es sentirte cómoda tal como eres".

ANNA WINTOUR
EDITORA EN JEFE, *VOGUE*

"Cuando las mujeres están en posiciones de poder y aparecen en revistas femeninas como Vogue… tienden a ser el blanco de críticas injustas. Es un enfoque muy anticuado. Solo porque estás en una posición de poder y te ves bien y disfrutas de la moda, eso no significa que seas una idiota… ¿Qué no parece decoroso aparecer en una revista femenina? Si un hombre aparece en la revista GQ, no se le critica de esa manera".

GRETA VAN SUSTEREN
PRESENTADORA EN EL NOTICIERO FOX

"Este es un 'secretito subido de tono' y un consejo para las mujeres que trabajan: algunas mujeres son muy generosas con otras en el área del trabajo, otras quieren cortarte el cuello y tratan de debilitarte. Las jóvenes deben encontrar a mujeres que disfrutan el éxito de otras mujeres y deben seguir sus consejos, deben permitir que las guíen, etc. Es divertido trabajar juntas y disfrutar nuestros éxitos".

MEGYN KELLY
PRESENTADORA EN EL NOTICIERO FOX

"Puedes tenerlo todo pero vas a estar muy cansada".

"Realmente quiero que la gente sepa que yo rechazo este concepto, esta sugerencia de que uno tiene que elegir entre una carrera profesional de alto nivel y tener una familia amorosa y apreciada. Porque yo lo estoy viviendo… Actualmente tengo un esposo maravilloso, fantástico, cariñoso y cuento con su apoyo. Sé que eso no siempre es el caso. ¡Pero para mí sí es posible!".

GAYLE KING
PRESENTADORA EN EL NOTICIERO DE CBS "THIS MORNING" Y EDITORA GENERAL DE LA *REVISTA O* (REVISTA DE OPRAH)

"El fracaso no significa que no seas competente. Por el contrario, podría ser una poderosa oportunidad para examinar y reevaluar metas más grandes. Fracasas por una razón. Usa eso para trazar tu siguiente camino. Muy a menudo, cuando se cierra una puerta, otra se abre. Y aunque en ese momento no lo creas, todo resulta como se supone que debe ser, lo bueno y lo malo".

LESLEY JANE SEYMOUR
EDITORA EN JEFE, REVISTA *MORE*

"Ser madre significa que puedo llevar a cabo cualquier trabajo de alto nivel. Sin el sistema de apoyo de mi familia (aunque mi hija constantemente me esté reclamando como una típica niña de doce años), yo no estaría donde estoy ahora, pues me apoyo en mi familia y recibo de ella amor y cuidado. El trabajo es una ocupación, es maravilloso, pero contar con los grandes amores de mi vida en casa, mis hijos y mi esposo, significa que puedo ubicar el trabajo en el lugar que le corresponde".

ALISON ADLER MATZ
EDITORA DE LA REVISTA *MORE*

"Debes tener una pasión; debes tener fe, pues si no lo haces, se va a notar. Yo trabajo con personas muy inteligentes... Podría atribuir gran parte de mi éxito a eso, a ser simplemente una esponja, a aprender todo lo que puedo (de ellas) todos los días".

PAT MITCHELL
FUE PRESIDENTA Y CEO DE PBS

"Un mundo donde se valora a las mujeres porque debe ser así; porque tienen mucho que dar y porque representan la oportunidad económica que le falta al mundo. Y luego un mundo donde la voz de una mujer realmente marque una diferencia. Porque tenemos un conjunto de valores distintos, y si los expresamos y los vivimos, el mundo lo va a reflejar. Y eso definitivamente hará que sea un lugar más equitativo y justo".

KATIE COURIC
PERIODISTA Y PRESENTADORA DE PROGRAMAS DE ENTREVISTAS

"Sé intrépida. Ten el valor de correr riesgos. Ve a lugares donde no hay garantías. Sal de tu zona de confort aunque eso signifique que te sientas incómoda. El camino menos transitado a veces está lleno de barricadas, baches y terreno inexplorado. Pero es en ese camino donde tu carácter realmente se pondrá a prueba y donde tendrás el valor de aceptar que no eres perfecta, nada ni nadie es perfecto... y eso está bien".

KATHIE LEE GIFFORD
PRESENTADORA DE TELEVISIÓN, CANTANTE Y ACTRIZ

"Mi papá solía decir: 'Chiquita, encuentra algo que te guste mucho hacer y luego encuentra la manera en que te paguen por hacerlo'. Él entendía que donde está tu pasión verdadera, también está tu alegría. Y una vida alegre es una vida verdaderamente exitosa. Tal vez no de acuerdo con los estándares del mundo, ¿pero de quién es tu vida a final de cuentas?".

TINA BROWN
FUNDADORA DE TINA BROWN LIVE MEDIA

"¿Qué es muy peligroso para las mujeres a los ojos del público? Cuando el tema es una mujer, el vórtice de veneno llega a un clímax que no deja de girar".

MIKKI TAYLOR
EDITORA GENERAL, *ESSENCE*

"Muchas mujeres viven como si estuvieran en el ensayo de una obra de teatro. Señoras, el telón ya se abrió y ustedes están en el escenario".

LISA GERSH
CEO DE LA EMPRESA "MARTHA STEWART LIVING OMNIMEDIA"

"Cuando las cosas van muy mal, asegúrate de pintarte los labios. La gente te está observando y quiere ver que tienes confianza... en especial cuando hay problemas".

CATHIE BLACK
PRESIDENTA DE LAS REVISTAS *HEARST*
"Tal vez adores tu trabajo, pero tu trabajo no te adora a ti".
"Las mujeres siempre se preocupan por las cosas. Los hombres no lo hacen".

BARBARA WALTERS
PERIODISTA DE RADIO Y TELEVISIÓN; PRESENTADORA DE TELEVISIÓN
"Si es mujer, es mordaz; si es hombre, es autoritario".
"El éxito puede hacer que tomes dos rumbos. Puede hacerte una *prima donna*, o puede pulirte, eliminar tus inseguridades, permitir que afloren tus cualidades".

DRA. JOSEPHINE GROSS
COFUNDADORA Y EDITORA EN JEFE DE *NETWORKING TIMES*
"Hay un lugar especial en el cielo para las mujeres que ayudan a otras mujeres. Este 'cielo' es un lugar donde se comparten los sueños, la colaboración, la asesoría y la celebración de nuestra hermandad a nivel global".

"Cuando las mujeres se apoyan unas a otras, las recompensas rebasan los límites de las generaciones. El que las mujeres den poder a otras mujeres hace que las familias prosperen, que las aldeas progresen y que el mundo sea un lugar mejor".

MONICA SMILEY
EDITORA DE LA REVISTA *ENTERPRISING WOMEN*
"Es vital que las mujeres tengan un lugar en la mesa cuando se debaten decisiones importantes sobre las políticas de la empresa que causan un impacto en nuestros negocios y en nuestra vida".

SUSAN KANE
EDITORA EN JEFE DE LA REVISTA *SUCCESS* (EN UNA ENTRE-VISTA EN CBS)
"A veces le das prioridad a tu trabajo. A veces les das prioridad a tus hijos".

"Si somos felices, tenemos un impacto mucho mayor en nuestros hijos que cuando no somos felices. Si estamos felices cuando trabajamos, vamos a ser mejores madres".

LA HERMANDAD DEL EQUIPO MASTERMIND
MUJERES EJECUTIVAS

DENISE MORRISON
CEO, CAMPBELL SOUP COMPANY

"Las mujeres necesitan encargarse de las cosas, tienen que reconocer que no pueden quedarse solas. Van a necesitar mentores y patrocinadores, y tienen que crear relaciones y también cultivarlas. Yo he dicho: 'trabajar en red es trabajar…' Ha llegado el momento en que las mujeres deben usar estrategias en relación con ellas mismas".

VIRGINIA "GINNI" ROMETTY
CEO, IBM

"No seas 'la primera o la peor' en criticarte".
"No permitas que otros te definan. ¡Tú defínete!".

MARILLYN A. HEWSON
CEO Y PRESIDENTA DE LOCKHEED MARTIN CORPORATION

"Las mujeres deben estar preparadas para asumir tareas nuevas y más desafiantes… y para buscar mentores… para formar redes con otras personas y así aprender de ellas. Y lo más importante es que debemos desempeñar mejor nuestro trabajo y concentrarnos en un aprendizaje constante".

DRA. JANNIE CHAN
COFUNDADORA Y VICEPRESIDENTA EJECUTIVA, HOUR GLASS LTD.

"La vida de una mujer es como hacer juegos malabares. Constantemente estamos tratando de equilibrar diferentes roles".

PATRICIA A. WOERTZ
PRESIDENTA Y CEO, ARCHER DANIELS MIDLAND

"Recibí una educación muy pragmática. No soy la clase de persona que se queda atorada en la duda y no acostumbro reflexionar largamente sobre un dilema. En lugar de eso hago elecciones inteligentes. Corre riesgos razonables. Calibra, decide y comprométete a seguir adelante".

ELLEN J. KULLMAN
PRESIDENTA Y CEO, DUPONT

"No se trata de tener un horario definido; la vida personal y la vida profesional consta de 24 horas al día, siete días a la semana. Se trata de distribuir bien el tiempo entre lo personal y lo profesional y de reconocer que cada día va a ser diferente. Pero no podrás desempeñar estas tareas a menos que realmente te encante lo que haces".

MARISSA MAYER
CEO Y PRESIDENTA, YAHOO

"Siempre hice cosas que en cierta forma no estaba preparada para hacer. Creo que así es como uno crece. Cuando hay un momento en que dices: 'Vaya, en realidad no estoy segura de poder hacer esto', pero sigues adelante, es entonces cuando logras un avance sensacional".

ROSALIND BREWER
PRESIDENTA Y CEO, SAM'S CLUB

"En verdad creo en tratar a las personas como quiero que ellas me traten: con respeto y con intenciones honestas. Siempre que lo hago, tengo éxito, el negocio y la empresa tienen éxito".

HEATHER BRESCH
CEO, MYLAN, INC.

"Necesitamos abordar los problemas que impiden que las mujeres tengan puestos de liderazgo. Es cierto que parte de la ecuación se relaciona con la sociedad. Sin embargo, la otra parte es lo que yo llamo 'la brecha de la ambición'. Las mujeres no necesariamente entienden que ellas pueden tener el mismo nivel de ambición que tienen los hombres. Ellas permiten que los obstáculos las detengan, y las posibilidades no las fortalecen. Empezando en la infancia y en la escuela, necesitamos asegurarnos de que las mujeres desarrollen la confianza y las capacidades necesarias para trabajar en equipo. Esto les permitirá llegar a niveles altos de liderazgo".

ÚRSULA M. BURNS
PRESIDENTA Y CEO, XEROX

"Casi todos los días, incluso en la época en que Xerox era víctima de ataques, esperaba con ansia el momento de llegar a la oficina. Adoro mi trabajo. Y tú también deberías hacerlo".

"Resuelvo los asuntos de cada día paso a paso. Es cierto que estoy orgullosa del lugar en el que estoy, pero todavía tengo mucho que hacer para incrementar el valor de nuestra empresa, de nuestra gente, de nuestros clientes y de nuestros accionistas".

IRENE ROSENFELD
CEO Y PRESIDENTA, MONDELĒZ INTERNATIONAL (ANTES KRAFT)

"Nuestro equipo de trabajo no se interesa en un tipo de liderazgo que da órdenes y controla. No quieren hacer las cosas porque yo lo digo; quieren hacerlas porque ellos así lo desean".

PHEBE NOVAKOVIC
PRESIDENTA Y CEO, GENERAL DYNAMICS

"En el fondo, estamos en el mundo de los negocios para generar un rendimiento justo para nuestros accionistas. Al hacerlo, debemos usar los activos de la empresa con sabiduría y debemos entregar a nuestros clientes, a nuestros socios y a nuestra gente, el servicio que prometemos. Esta es la ética que guía nuestra conducta y nuestras decisiones".

DONNA KARAN
FUE PRESIDENTA DE DONNA KARAN INTERNATIONAL, INC.

"Elimina lo negativo; ¡acentúa lo positivo!".

ILENE LANG
FUE PRESIDENTA Y CEO DE CATALYST

"Los patrocinadores influyentes que tienen posiciones de alto nivel pueden fortalecer la carrera de un hombre o una mujer, pues les proporcionan acceso a puestos que ayudarán a impulsarlos hacia los primeros lugares de la lista de promociones".

MARY BARRA
CEO, GENERAL MOTORS

"Tengo el orgullo de representar a los hombres y a las mujeres de General Motors y de tener el puesto en el que estoy; es un honor que me hace sentir humildad. Solo quiero concentrarme en dirigir al equipo".

ALEXA VON TOBEL
CEO, LEARNVEST

"Cuando todos zigzaguean, arriésgate. Dejé la Universidad de Harvard en medio de la recesión para lanzar LearnVest. ¿Fue una idea loca? Es probable. Pero mi misión me apasionaba y tenía un plan de negocios muy sólido. Lanzarse un clavado causa miedo, pero las recompensas hacen que valga la pena".

"Levántate, vístete, preséntate. Es importante que estés lista para actuar, sin importar lo que tengas que enfrentar ese día. Preséntate con una sonrisa y con una gran actitud".

MARGERY KRAUS

FUNDADORA Y CEO, APCO WORLDWIDE

"Creo que la clave del éxito en cualquier profesión es conocerse muy bien y aprovechar tus puntos fuertes. Confía en tus propias capacidades y en tus contribuciones únicas, y rodéate de personas fuertes y experimentadas. No seas tímida. No temas intentar cosas nuevas. El trabajo debería ser una experiencia de aprendizaje constante. Independientemente del puesto que se te asigne, hazlo con entusiasmo, con inteligencia y con energía… nunca sabes hasta dónde te va a llevar".

LA HERMANDAD DEL EQUIPO *MASTERMIND* MUJERES EDUCADORAS

ANA MONNAR

FUNDADORA Y PRESIDENTA DE *READERS ARE LEADERS USA* [*LAS PERSONAS QUE LEEN SON LÍDERES*]

"Para algunas personas la educación es aburrida; para la mayoría la educación es alimento para el cerebro y riqueza para el presente y para el futuro".

SHIRLEY TILGHMAN

PRESIDENTA DE LA UNIVERSIDAD DE PRINCETON

"Mi meta siempre ha sido hacer el trabajo lo mejor que yo pueda, en el lugar donde me encuentro en ese momento. Es una gran práctica para seguir adelante".

JULIET V. GARCÍA

LA PRIMERA MUJER HISPANA QUE LLEGÓ A SER PRESIDENTA DE UNA UNIVERSIDAD, DE LA UNIVERSIDAD DE TEXAS EN BROWNSVILLE

"Estamos tratando de mandar una señal muy clara de que el capital humano que representan los latinos para esta país sencillamente necesita tener acceso a las mismas oportunidades que han tenido otros grupos".

LAURA BUSH
FUE PRIMERA DAMA DE ESTADOS UNIDOS
"El amor a los libros, a sostener un ejemplar en tus manos, a pasar sus páginas, a mirar sus ilustraciones y a vivir sus fascinantes historias, va de la mano con el amor al aprendizaje".

BEVERLY DANIEL TATUM
PRESIDENTA, SPELMAN COLLEGE
"Todo el tiempo estamos cambiando al mundo, a veces para mejorarlo, a veces para empeorarlo. No siempre estamos conscientes de la forma en que estamos cambiando al mundo, pero cada una de nosotras, en nuestras interacciones diarias, está causando un impacto".

DONNA HENRY
RECTORA, UNIVERSIDAD DE VIRGINIA EN WISE
"Cuando recuerdo mi vida, estoy convencida de que mi educación tuvo una enorme influencia en mi carrera profesional. Fui una estudiante universitaria de primera generación, y los profesores que me enseñaron y las amistades que cultivé, me ayudaron a visualizar un futuro inimaginable. Mis mentores me animaron a ver mis puntos fuertes y mis capacidades, lo que a la larga me llevó al puesto de rectora en la Universidad de Virginia en Wise".

JANET NAPOLITANO
PRESIDENTA DE LA UNIVERSIDAD DE CALIFORNIA, Y ANTERIORMENTE SECRETARIA DE SEGURIDAD NACIONAL DE ESTADOS UNIDOS
"Al ir avanzando en el siglo XXI, la necesidad de un sistema de escuelas públicas de calidad llegará a ser un tema relacionado con la economía y con los derechos civiles. A medida que nuestra economía se basa más en la inteligencia y menos en la fuerza, la única forma en que todos podremos contar con las bendiciones de la libertad es recibiendo una educación de calidad".

CONDOLEEZZA RICE
RECTORA DE LA UNIVERSIDAD STANFORD, Y FUE SECRETA-
RIA DE ESTADO EN ESTADOS UNIDOS

"La esencia de Estados Unidos, lo que en realidad nos une, no son las etnias, la nacionalidad o la religión, es una idea, y es una idea maravillosa: puedes tener orígenes humildes, pero puedes lograr cosas grandes. No importa de dónde vengas sino a dónde vas".

SUN-UK KIM
PRESIDENTA, UNIVERSIDAD FEMENINA EWHA, REPÚBLICA
DE COREA

"Ewha se encuentra en un punto crucial y enfrenta nuevos retos. Estamos decididas a transformar estos retos en oportunidades que abrirán las puertas a cambios nuevos y emocionantes, para construir una institución que permita impartir una educación y realizar investigaciones de categoría mundial; una institución que busque paradigmas futuros cuyas raíces estén en los valores de la feminidad; que avance sin miedo hacia un futuro aventurado de experimentación y de desafíos; que se esfuerce por definir y llevar a cabo las nuevas responsabilidades sociales de una universidad de nuestros tiempos".

DREW FAUST
PRESIDENTA, UNIVERSIDAD DE HARVARD

"Educamos mujeres, en primer lugar, porque es justo; la educación es un campo de igualdad, pues aspiramos a incluir a las mujeres como personas que participan plenamente en la sociedad y lo hacen en los mismos términos. También educamos mujeres porque es una medida inteligente; ellas representan la mitad de nuestros recursos humanos, y cada vez son más visibles los efectos benéficos de las mujeres cultas en todos los aspectos de la vida y en todas partes del mundo. Finalmente, educamos mujeres porque es una medida de transformación. La educación no solo impulsa los ingresos y las economías; la educación nos eleva, acaba con las diferencias, abre terrenos comunes y aprovecha al máximo nuestras capacidades humanas".

DAWN DEKLE
PRESIDENTA, UNIVERSIDAD AMERICANA EN IRAK

"El día que pude ver mujeres estudiantes en el escenario en una graduación, sabiendo lo que los talibanes habían hecho con la educación de las mujeres, fue uno de los mejores días de mi vida profesional".

LA HERMANDAD DEL EQUIPO *MASTERMIND* MUJERES LÍDERES EN REDES DE MERCADO

Estas mujeres han creado el éxito financiero para sí mismas y para sus familias y se han convertido en líderes y mentoras de millones de otras mujeres dentro de la industria de las redes de mercado. Pertenecen a casi treinta empresas distintas y viven en diferentes partes del mundo. La industria de redes de mercado ofrece una forma de iniciar tu propio negocio a bajo costo, con sistemas comprobados y mentores experimentados. Al considerar la opción de las redes de mercado, es importante investigar la compañía, su modelo de ingresos y su preparación profesional, para así decidir qué empresa es la adecuada para ti.

CAMILITA P. NUTTALL

"Comenzar después o a la larga es demasiado tarde. No hay un mejor momento que el presente".

JANINE ÁVILA

"No puedo imaginar dónde estaría yo hoy si no hubiera leído *Piense y hágase rico* y no hubiera integrado sus principios a mi negocio y a mi vida. Al ser una madre soltera con siete hijos, siempre estaba muy ocupada. Me esforzaba mucho y lograba poco. Era decidida y apasionada, pero sin la 'Planificación Organizada' que se describe en el libro, estaba perdiendo tiempo y recursos, hasta que estudié y entendí el valor de "Ser decidida". *Piense y hágase rico* es un regalo y sigo atesorándolo y dándoselo a otras personas".

YOUNGHEE CHUNG

"Puedo sentirme al 110% cuando estoy en ventas. Puedo ver el crecimiento, no solo en lo financiero sino también en lo mental. Es difícil tener éxito en la sociedad, pero yo tengo la oportunidad de ayudar a personas que tienen una gran dedicación".

MEGAN WOLFENDEN

"Las mujeres tienen más opciones que nunca antes, y las opciones implican responsabilidad. Para seguir adelante con nuestra vida necesitamos seguir aprendiendo, seguir desarrollándonos y seguir haciendo las preguntas correctas. Todos los obstáculos pueden vencerse y con el tiempo, con paciencia y actuando de acuerdo con los principios del éxito, se pueden alcanzar grandes logros".

MARJORIE FINE

"Cosecharás lo que siembres. Creo que las mujeres están descubriendo que eso es verdad. En esta industria hay mujeres líderes que son fenomenales; vas a ver cómo avanzan y asumen roles de liderazgo".

SHARON WEINSTEIN

"La oportunidad de compartir con otros lo que uno ha recibido, ayudándoles a ayudarse a sí mismos y a mejorar su salud y su vida, es un privilegio".

TAUREA AVANT

"No se trata de ti. Se trata de esa joven que te está observando".

SYLVIA CHUKWUEMEKA

"Me encanta mostrarle a la gente cómo salirse de esa carrera de locos y entrar a una autopista rápida; cómo trabajar con inteligencia en lugar de simplemente trabajar mucho sin tener un compromiso con una meta ya existente".

LISA M. WILBER

"Pasé de vivir en un tráiler park, de conducir un Yugo y comer macarrones, a tener un ingreso anual de seis dígitos. Todo comenzó el día en que asumí la responsabilidad al cien por ciento por mis acciones y mis resultados".

SHELBY FORD

"Cuando tengo una experiencia positiva con un producto, es natural que lo comparta con mi familia, mis amistades y mis vecinos. Pero cuando un producto realmente cambia tu vida, no puedes evitar compartirlo con todas las personas que conoces".

BELYNDA LEE

"El éxito es una acción creativa. También es la mejor ruta hacia la plenitud y la totalidad. Por lo tanto, cuando estés buscando el éxito, empieza haciendo cosas que te hagan sentir completa, aunque no sean acciones usuales. No tiene nada de malo ser una persona productiva, única y extraordinaria. Quizás en tu camino al éxito escuches opiniones, ignóralas y satisface tu hambre. Conserva tu enfoque y dale vida a lo que consideras tu mayor don. Ya que cuando alcances el éxito, te producirá gozo, y eso en sí es significativo, pues tendrás las dos cosas: el éxito y el gozo".

DANETTE KROLL

"Nunca he dudado de mi capacidad para alcanzar el éxito, pero otras personas sí lo han hecho. Gracias a Dios pude controlar mis pensamientos y por lo tanto mis acciones. Pasé de desear ganar un poco de dinero a esforzarme por marcar una gran diferencia. Es muy bello que estas dos cosas vayan de la mano. Como me dijo una amiga muy querida en una ocasión: 'No necesitas ser perfecta para ser poderosa', y no tienes que ser perfecta para marcar una diferencia".

SUSAN SLY

"Al final del día, no hay nada más satisfactorio que saber que en cierta forma hemos elevado la vida de una hermana, una madre, una hija, una sobrina, una amiga. Cuando unimos nuestros brazos con los de nuestras hermanas, amplificamos nuestro poder y no hay nada que no podamos lograr. Si ayudas a suficientes mujeres a obtener lo que desean, finalmente alcanzarás lo que tú deseas. Solo se necesita un grupo pequeño de mujeres comprometidas para crear resultados extraordinarios".

GAYLE NORTHINGTON

"Mi pasión en la vida es ayudar a las mujeres de todas las edades a adquirir el poder necesario para alcanzar mayores logros, para llegar a ser algo más, y para tener abundancia y prosperidad. Asesorar a mujeres de todas las edades a ser capaces de llevar a cabo este negocio es mi misión. Las redes de mercado es el campo de juego de más alto nivel".

ONYX COALE

"Yo quería que mis chicas vieran que si uno trabaja constante y persistentemente en algo que se desea, puedes llegar a tenerlo en esta vida. No importa dónde estén en este mundo, las mujeres anhelan algo mejor para sus familias".

SARAH FAIRLESS ROBBINS

"Si se trata de ser, ¡está en mis manos lograrlo! Puedo hacer cualquier cosa en poco tiempo con el fin de producir recompensas a largo plazo para mi familia y para nuestro futuro. Tú también puedes hacerlo. Sé implacable, y ten la actitud de 'hacer todo lo que sea necesario'".

GLORIA MAYFIELD BANKS

"Tu actitud es todo. Encuentra alegría en lo que estás haciendo y trabaja arduamente para tener éxito en ello".

EVA CHENG

"Nunca creas que la gente va a entender tu modelo de negocios. Necesitas tener una comunicación agresiva todo el tiempo".

CAROLYNE RODRIGUES

"Me apasiona la salud y me apasiona dar a las mujeres el poder de tener control sobre su futuro y sobre su familia. La profesión de trabajar en redes de mercado no tiene 'techos de cristal' y les permite a las mujeres soñar, ser lo que ellas saben que pueden ser, y construir un legado para ellas mismas y para sus familias. A través de acciones diarias y constantes e invirtiendo en mi desarrollo personal, he llegado a ganar millones de dólares en mi compañía y ahora les enseño a otras personas a hacer lo mismo".

JULES PRICE

"Uno de los aspectos más satisfactorios de esta profesión es que puedes marcar una diferencia verdaderamente positiva ayudando a las mujeres a cambiar su actitud mental y su forma de interpretar los retos, a enfrentar los contratiempos e incluso a redefinir su fe en sus propios talentos y habilidades".

KIMMY EVERETT

"Te reto a ser parte de la solución. Pregúntate qué puedes dar y no qué puedes recibir, pregúntate a cuántas personas puedes ayudar, y recibirás una abundancia de riquezas".

STACY JAMES

"El éxito en la vida de una mujer no es el resultado de una clase específica de educación. Muy a menudo es el resultado de un alma que se ha inspirado, de un corazón que está preparado para creer, de una mente dispuesta a captar una visión de lo que es posible, y de un cuerpo que está ansioso por levantar el vuelo".

EILEEN WILLIAMS

"Yo quería tenerlo todo. Quería tener hijos y quería una carrera emocionante. Aprender a desarrollar redes de mercado me liberó. Ahora mi pasión es darles a otras mujeres el poder de crear una vida para sí mismas y sus familias. ¡Las mujeres pueden cambiar al mundo y lo van a hacer!".

JUNO WANG

"Las empresarias exitosas deberían estar orgullosas de las características que son únicas de las mujeres y deberían darlas a conocer a otros. Debemos ser cálidas y agradables; debemos optimizar nuestra visión clara y nuestras extraordinarias destrezas para hacer planes. Nuestras características maternales nos dan fuerza y perspectiva. Podemos perseverar y adaptarnos. Somos sobresalientes cuando se trata de guiar a las personas y también cuando se trata de ayudarles a crecer".

DANA COLLINS

"Las cosas que puedes afirmar y a las que puedes dar energía son a las cosas que creas. El éxito se concibe con intención, se hace a través de los pensamientos, las palabras y las acciones".

ANN FEINSTEIN

"Es importante encontrar un propósito en nuestra vida apoyando a otros, aunque literalmente nos estemos sosteniendo con la punta de los dedos. Comienza poco a poco, pero comienza. Porque cuando estamos dispuestas a enriquecer la vida de otros, nos enriquecemos y nos volvemos parte de la trayectoria de la transformación".

LOREN ROBIN

"SUEÑA EN GRANDE... ¡me refiero a MUY GRANDE y con un propósito! Las mujeres mueven montañas cuando se alinean con algo más grande que ellas. Aparecen las personas más maravillosas y empiezan a surgir cosas increíbles en todas direcciones para apoyarnos en nuestro camino. Lo mejor es que nosotros llegamos a ser las personas maravillosas que aparecen para otros en esa misma forma. Es entonces cuando surge la magia".

KATHY COOVER

"Lo que me encanta de esta profesión es que permite que las mujeres brillen y crezcan desarrollando todo su potencial. Las mujeres tienen la habilidad de nutrir y ayudar a otras a alcanzar el éxito, y en el proceso tienen más éxito. En realidad todo se relaciona con la libertad y con la habilidad de vivir la vida sirviendo a otros. Recuerda, lo que piensas se vuelve una realidad, así que ten fe en ti misma y logra tus deseos".

TARA WILSON

"He trabajado desde que tenía doce años, y me encanta trabajar arduamente. Es una bendición para mí haber descubierto la forma de enfocar el trabajo hacia algo significativo que me apasiona. ¡Lo que más me gusta es poder inspirar, motivar y enseñar a otras mujeres a ponerse en acción masiva para lograr lo que les apasiona y vivir la vida que merecen!".

JANINE FINNEY Y LORY MUIRHEAD, MADRE E HIJA

"Esta industria nos ha dado el don de una vida: la posibilidad de planificar nuestro trabajo con base en nuestra vida, en lugar de planificar nuestra vida con base en nuestro trabajo. Y ahora queremos compartir ese don".

FAINA BALK

"Los logros de los hombres brotan de su individualidad, mientras que lo que impulsa a las mujeres es su preocupación por otros. Lo hacen por naturaleza. Para tener éxito en un negocio, una mujer debe seguir su naturaleza en lugar de luchar contra ella. Este es mi lema como mujer de negocios: el dinero llegará a quienes hacen todo apasionadamente por el bienestar de sus seres amados".

HILDE RISMYHR SAELE

"Si quieres estremecer al mundo y hacer historia, lo mejor es darles poder a las mujeres para que piensen y se hagan ricas".

PAIGE RIFFLE

"Estar en el lugar correcto en el momento justo no es suficiente. Estar en el lugar correcto, en el momento justo y ponerte en acción es la clave".

MARION CULHANE

"Debes tener muy claras tus metas y tu sueño. Comprométete con ellos al cien por ciento. Hazte preguntas poderosas en tu interior, que dirijan y enfoquen tu mente y tu subconsciente para que hagas realidad tu sueño. Conserva tu enfoque y da pasos cada día que te acerquen cada vez más a realizar lo que deseas. Permite que la magia se desenvuelva en formas que a lo mejor nunca te has imaginado. Aprecia y agradece a cada paso y a cada persona que encuentres a lo largo del camino".

SARA MARBLE

"Es mi esperanza y mi sueño que las mujeres alrededor del mundo vean la asombrosa oportunidad que ofrecen las redes de mercado. Se abrirán puertas hacia su futuro y ellas tendrán la vida de sus sueños como mujeres empresarias; serán exitosas, poderosas, inspiradoras y marcarán una diferencia en la vida de todos los que las rodean".

JACKIE ULMER

"Uno de mis principios favoritos de *Piense y hágase rico* es el de los equipos *mastermind*. Las mujeres somos poderosas como colaboradoras y cuando nos reunimos para apoyarnos mutuamente y trabajar por una meta común, ¡cuidado! Sabemos escuchar, hacemos preguntas interesantes, ofrecemos ideas cuando es necesario (y cuando es deseable) y nos apoyamos y nos damos ánimo. ¡Este paso importante hacia el éxito es muy evidente cuando las mujeres se reúnen!".

10

El misterio de la transmutación sexual

La emoción del sexo crea un estado mental

Los hombres llegan a su apogeo sexual a los dieciocho años. Las mujeres llegan a su apogeo sexual a los treinta y cinco años. ¿No crees que Dios nos está jugando una broma?

—RITA RUDNER

ESTE CAPÍTULO LLAMA MUCHO LA ATENCIÓN. PARA ALGUNAS personas, el tema de la transmutación sexual es un poco confuso. ¿Qué significa? Otras mujeres lo ven como algo muy chovinista y por lo tanto cuestionan cómo lo podría yo abordar para incluirlo en *Piense y hágase rico para mujeres*. A estas mujeres yo les pregunto:

- ¿Alguna vez has elegido cierto traje o vestido porque hace que te veas más atractiva?
- ¿Alguna vez has visto a alguien de reojo?
- ¿Alguna vez has coqueteado con alguien?
- Cuando estrechas la mano de alguien, ¿tocas suavemente su hombro o su mano con tu otra mano para crear más intimidad?
- ¿Alguna vez has dicho "no" pero con una sonrisa?
- ¿Cuando pasas cerca de un espejo te miras en él?

Si respondiste "sí" a cualquiera de estas preguntas, es que entiendes el poder del atractivo sexual. Hill señala: "El deseo sexual es el más poderoso de todos los deseos humanos". Transmutación del sexo simplemente significa transferir la energía sexual de una expresión sexual a una expresión diferente, como mayor imaginación, más valor y más agudeza del pensamiento. Hill comparte los siguientes ejemplos sencillos de la forma en que el magnetismo personal de alguien es una expresión de energía sexual:

1. El apretón de manos. El contacto de la mano indica al instante la presencia o la falta de magnetismo.
2. El tono de voz. El magnetismo, o la energía sexual, es el factor que puede dar color a la voz, o hacerla musical y encantadora.
3. Postura y porte. Las personas de elevada naturaleza sexual se mueven con energía, gracia y comodidad.
4. Las vibraciones de pensamiento. Las personas de elevada naturaleza sexual, tal vez de manera inconsciente, mezclan la emoción del sexo con sus pensamientos, o pueden hacerlo a voluntad, y en esa forma, influyen sobre quienes les rodean.
5. Adornos del cuerpo. Las personas de elevada naturaleza sexual suelen ser muy cuidadosas en cuanto a su apariencia física. Les gusta seleccionar ropa de un estilo conveniente a su personalidad, su figura, su complexión, etcétera.

Estos, ciertamente, son ejemplos que se aplican de igual manera a hombres y a mujeres. ¿Cómo te sientes cuando estrechas la mano de otra mujer y ella te ofrece una mano de dedos flácidos en lugar de un apretón de manos firme? ¿Tu voz cambia dependiendo de si te estás dirigiendo a un niño o una niña, a tu esposo o a un asociado de negocios?

¿Alguna vez has estado en una reunión de trabajo o en una fiesta donde haya llegado alguien que exuda un sentido palpable de confianza en sí misma y de energía positiva? Su carisma, o su personalidad magnética, instintivamente atraen a la gente hacia ella. Algunas personas simplemente parecen "tener" esa personalidad magnética, mientras que otras no la tienen. Sin embargo, Hill cree que uno puede mejorar, revisando la lista de los veintiún elementos que son importantes para tener una Personalidad Magnética.

1. Maestría escénica: entender y aplicar el arte de responder a las necesidades de las masas.
2. Armonía interna: estar al control de tu propia mente.
3. Tener un propósito definido: ser claro al desarrollar relaciones armónicas con otras personas.
4. Vestir de manera apropiada: la primera impresión es duradera.
5. Postura y porte: una postura alerta indica un cerebro alerta.
6. Voz: el tono, volumen, timbre, y el color emocional de la voz son factores importantes de una personalidad agradable.
7. Sinceridad de propósito: fortalece la confianza de otras personas.
8. Elección de lenguaje: evita expresiones informales y malas palabras.
9. Aplomo: el aplomo viene de la confianza y del control de uno mismo.
10. Un sentido del humor agudo: esta es una de las cualidades esenciales.
11. Generosidad: nadie se siente atraído por una persona egoísta.
12. Expresión facial: muestra tu estado de ánimo y tus pensamientos.
13. Pensamientos positivos: las vibraciones de los pensamientos que otras personas captan, mantienen los pensamientos positivos.
14. Entusiasmo: es esencial en todas las actividades de ventas.
15. Un cuerpo sano: la mala salud no atrae a las personas.
16. Imaginación: una imaginación alerta es esencial.
17. Tacto: la falta de tacto por lo general se expresa en las conversaciones indecorosas y en expresiones atrevidas.

18. Versatilidad: conocimientos generales sobre los temas importantes de interés en la actualidad y sobre los problemas profundos de la vida.
19. El arte de saber escuchar: escuchar con atención, no interrumpir ni monopolizar la conversación.
20. El arte del discurso enérgico: tener algo que comentar y que vale la pena escuchar, y decirlo con todo el entusiasmo posible.
21. Magnetismo personal: energía sexual controlada. Este es un recurso importante para todos los grandes líderes y los grandes vendedores.

Desarrollar y emplear una personalidad magnética ciertamente te ayudará en tus esfuerzos por tener éxito en la vida. La reverenda Karen Russo, quien tiene una Maestría en Administración de Empresas de la Universidad de Columbia y se ordenó como ministra en los Centros de Vida Espiritual, ha trabajado con miles de personas ayudándoles a integrar principios espirituales universales con estrategias financieras prácticas, y ha analizado la filosofía de Hill sobre la energía sexual y el papel que tiene en la creación del éxito. Ella comparte lo siguiente:

EL MISTERIO DE LA TRANSMUTACIÓN DEL SEXO

Napoleón Hill planteó el problema de que el impulso sexual es tan fuerte en los hombres que están dispuestos a arriesgar la vida y la reputación con tal de satisfacer sus deseos físicos de sexo, corriendo el riesgo de perder su carácter, su familia, su profesión y más. Hill declara que cuando esta poderosa energía se redirige, el éxito profesional y financiero aumentan. Napoleón Hill estudió a miles de hombres privilegiados, casados y de raza blanca a principios del siglo xx.

Aunque los principios del éxito son universales, algunas de las dinámicas de la expresión sexual pueden expandirse de modo que incluyan los problemas que las mujeres enfrentan en la actualidad. Un enfoque transformado de la energía sexual puede incluir a los hombres y a las mujeres, a homosexuales y heterosexuales, solteros y casados, célibes o activos sexualmente, ¡y más!

LA ENERGÍA SEXUAL IMPULSA AL ÉXITO

Hill identificó los impulsos incontrolables del sexo como una "fuerza irresistible" que pone en riesgo el poder de un hombre. Sugirió una solución poderosa, y en ese tiempo provocativa, a este problema. Señala que el deseo de sexo, de amor y de romance es innato y natural, y que ese deseo de sexo tiene una relación con los impulsos espirituales. La intensidad, el poder y la primacía del sexo, del amor y del romance, son energías. Cuando valoramos esos impulsos naturales e innatos, prosperamos.

En el mundo actual, aplicar, dirigir y darle un carácter sagrado a nuestra naturaleza sexual, romántica y apasionada es una estrategia de éxito que engrandece a la mente, el cuerpo y el espíritu, además de enriquecer nuestro salario, nuestra cartera y nuestro portafolio.

La energía sexual puede crear un combustible financiero tanto para las mujeres como para los hombres. Madonna es famosa porque continuamente reinventa su música y su imagen como un ícono filantrópico, y ha sido aclamada en los medios como un ejemplo que las mujeres de negocios podrían seguir. Ella ha podido crear una marca a nivel global que ha superado la prueba del tiempo. También se le ha criticado por la forma en que expresa abiertamente su sexualidad, pero es una mujer que, mucho antes de ser famosa, pudo apreciar, valorar y expresar su energía sexual, y obviamente su pasión y su juego como mujer.

Cuando se le preguntó sobre su energía sexual, Madonna respondió: "Es probable que todos piensen que soy una ninfomaníaca demente, que tengo un apetito sexual insaciable, cuando en realidad prefiero leer libros".

LAS PASIONES NO SATISFECHAS
DRENAN NUESTROS RECURSOS

Como mentora espiritual para miles de mujeres de todo el mundo y de todos los niveles socioeconómicos, de diferentes ámbitos en el mundo profesional y de los negocios, a lo largo de las últimas décadas, he descubierto que una mujer corre el riesgo de reducir su valía cuando se siente insatisfecha en las áreas del sexo, del amor y del romance. Las consecuencias de la baja autoestima que resulta de esto son numerosas: trastornos alimenticios, abuso del alcohol, gastar incontroladamente, promiscuidad sexual y aislamiento social. Las mujeres que tienen una experiencia ambivalente de su sexualidad no se sienten bien consigo mismas.

Se estima que el 90% de las mujeres quieren cambiar al menos un aspecto de su apariencia física, y solo el 2% creen que son hermosas. [http://www.confidencecoalition.org/statistics-women]

Para muchas mujeres, el amor, el romance y la pasión sexual son un reto relacionado con la falta de satisfacción o de expresión. El hecho de que una mujer anhele lo que no tiene, drena su energía vital. Ella pierde recursos mentales, emocionales y psíquicos cuando se hace este tipo de preguntas: "¿Por qué no me ha llamado?" y "¿me ama?". Ignora sus propias necesidades y pierde el tiempo y la energía que pudo haber invertido en actividades más provechosas y satisfactorias.

Hill afirma que los hombres necesitan descubrir su fuerza de voluntad para que sus necesidades no los controlen. En el caso de las mujeres, esto es muy diferente, casi opuesto. Una mujer necesita aprender a cuidar de sí misma y prestar a su yo interior y exterior la atención que tanto anhela. La energía del sexo, del amor y del romance se transforma en una vida saludable y vital en lo físico, lo mental y lo espiritual; en una vida de riqueza financiera.

DEDICAR TIEMPO, ENERGÍA Y ATENCIÓN A ESTAR EN BUENAS CONDICIONES FINANCIERAS Y FÍSICAS

La práctica espiritual es la forma primordial en que las mujeres sienten que tienen valía y que tienen conexiones con otras personas. Aunque parezca irónico, una mujer que está desarrollando una vida rica en lo espiritual y en lo financiero, debe hacer más que simplemente involucrarse en prácticas espirituales. También necesita ponerse en acción en lo financiero. Debe invertir tiempo, energía y atención para desarrollar hábitos ordenados y eficaces en relación con el dinero.

El amor al dinero empieza con una educación financiera básica. Todas las mujeres necesitan entender la forma en que el dinero circula hacia dentro y hacia fuera en su familia, su profesión y su vida. Seas o no la persona que aporta ingresos a la familia, debes entender la forma en que fluyen el dinero, los impuestos y las inversiones, y la forma en que te afectan a ti y a tu pareja.

Ser capaz de sostenerse, cuidarse y respetarse siendo autosuficiente, es de vital importancia para una mujer. Esto incluye tener un cuerpo sano y vibrante para poder disfrutar del placer, de juegos y de satisfacciones en la vida. Esto aumenta la capacidad de una mujer para ganar, apreciar, recibir, conservar y manejar el dinero.

LAS ENERGÍAS CREATIVAS TRABAJAN JUNTAS

Napoleón Hill habla de la imaginación creativa y de la forma en que los genios crean utilizando la energía del sexo, del amor y de la música para estimular la mente y abrirla, de modo que puedan recibir inspiración de la inteligencia infinita. Este es un ejemplo muy hermoso de la forma en que crean los seres humanos y de la manera en que se unen las energías masculinas y femeninas.

Cuando se trata de entender la forma en que las energías creativas trabajan juntas, debemos saber que todas las personas tienen en su interior cualidades masculinas y femeninas para crear la riqueza. Las cualidades masculinas se basan en la acción, y gran parte de eso es el fundamento de *Piense y hágase rico:* me refiero al propósito, el enfoque y la claridad. Los aspectos femeninos son la gracia, la receptividad, la satisfacción, y lo que es más importante, una capacidad infinita de gratitud.

La Madre Teresa es famosa como una humilde religiosa católica y como maestra y guía espiritual. Ella posee los valiosos atributos femeninos de gracia, receptividad, piedad y modestia. Amaba a Cristo profundamente y tenía una gran espiritualidad. Tenía un corazón compasivo para ayudar, sanar y trabajar con los pobres. La Madre Teresa también era extraordinaria para recaudar fondos. Recibió miles de millones para financiar sus obras de caridad en la India con una pericia y eficacia que se reconoce a nivel mundial. Ella tomó la energía del amor y la pasión, y las energías creativas de los aspectos masculinos y femeninos y las unió en una vida hermosa e inspiradora.

Es vital que las mujeres nutran y cultiven la riqueza a través de su capacidad consciente femenina, y también deben tener acceso a la riqueza, según sea conveniente, a través de las acciones prácticas de la energía masculina. Tanto con la capacidad consciente como con la acción, las mujeres se sienten bien y se dan cuenta de su valía. Si eres soltera, comprométete con crear para ti una vida de placer, de valía y de riqueza. Si tienes una pareja, una familia o si trabajas con otras personas en un negocio, incluye la pasión y las conexiones de esas relaciones para crear riqueza.

Entre más pasión y placer haya en tu vida, más productiva será.

Karen Russo nos recuerda que todos tenemos características masculinas y femeninas que se relacionan con la creación de riqueza financiera y espiritual. Las mujeres están equipadas con atributos como el propósito, el enfoque y la claridad; y también tienen gracia, receptividad, satisfacción y gratitud. Las mujeres no solo crean riqueza para sí mismas, sino que debido a su gratitud, llevan la riqueza espiritual y financiera a sus familias, a sus asociados y a sus comunidades.

ESTE CAPÍTULO EN LA PRÁCTICA – EN MI VIDA

Comencé mi carrera a finales de la década de 1970, cuando muy pocas mujeres tenían puestos ejecutivos o a nivel dirección. Como mis padres me habían enseñado que podía lograr todo aquello que mi mente deseara, me sorprendió encontrar en el área del trabajo una actitud poco acogedora hacia las mujeres. El término "discriminación sexual" todavía no se había identificado, y mis compañeras de trabajo y yo descubrimos que a menudo teníamos que trabajar más y ser más inteligentes que nuestros colegas hombres para poder competir con ellos y conseguir promociones. Simplemente, esa era la realidad de nuestra carrera profesional. Muchas de nosotras incluso usábamos trajes sastres con pantalones y corbatas, y nos recogíamos el cabello con un moño para ocultar nuestra feminidad. Realmente era absurdo.

Así que cuando pienso en la transmutación sexual, recuerdo la época en que nos esforzábamos tanto por "vernos" como hombres y por sonreír. Un día, vivimos un momento decisivo. Cuatro de nosotras estábamos celebrando porque habíamos aprobado el examen como Contadoras Públicas Certificadas, y decidimos que había llegado el momento de salir de nuestro capullo y transformarnos en lo que realmente éramos. Fuimos al salón de belleza y compramos trajes "con falda" para ir a trabajar. Hicimos una fiesta para celebrar nuestro "debut" y fue lo máximo.

Cualquier mujer que tenga menos de cincuenta años podría pensar que esta historia es absurda, pero fue muy real. Fue un momento decisivo para nosotras, y para las mujeres para quienes fuimos mentoras y que vinieron después de nosotras. Debían ser auténticas, ser contadoras y ser *mujeres*.

Aunque Hill publicó *Piense y hágase rico* en 1937, durante una época en la que los hombres dominaban el mundo de los negocios, reconoció el poder de la emoción del sexo. Advirtió: "La emoción del sexo SOLO es una virtud cuando se utiliza con inteligencia y con criterio. Puede emplearse mal, y a menudo se usa erróneamente, a tal grado que empobrece, en lugar de enriquecer, tanto al cuerpo como a la mente".

Hay incontables ejemplos en el mundo de los negocios, en los medios y en el cine, donde el sexo se emplea de manera equivocada y crea resultados desastrosos. Muchas personas se sienten intimidadas e incómodas cuando se ven en la necesidad de hablar sobre el tema del sexo y la energía sexual.

Pero Hill señaló otra distinción que considero muy importante para el futuro de los negocios. Señaló: "El amor es espiritual, mientras que el sexo es biológico. No cabe duda de que el amor es la experiencia más grande de la vida. Pone a la persona en contacto con la Inteligencia Infinita. Cuando se mezcla con las emociones del romanticismo y del sexo, puede conducirla a niveles muy altos en la escala del esfuerzo creativo. Las emociones del amor, el sexo y el romanticismo son los lados del eterno triángulo de la genialidad que tiene la capacidad de lograr y construir. La naturaleza solo crea genialidad a través de esta fuerza".

Creo que los hombres ven el amor como algo espiritual y el sexo como algo biológico, y para ellos es más fácil separarlos que para las mujeres. Por lo tanto, estoy segura de que fue un hombre el que acuñó la frase "conquistas sexuales". Los hombres tienen una naturaleza intensamente competitiva, que les fue muy útil durante la Era Industrial.

Las mujeres, por otra parte, ven el amor y el sexo como entretejidos y unidos en forma compleja, y constantemente crean el componente del romance para completar el triángulo. Cuando unimos los tres aspectos: el amor, el sexo y el romance, tenemos el triángulo eterno de la genialidad que crea logros, que menciona Hill. Cuando estos tres aspectos nos motivan, el trabajo no es una carga, sino una labor de amor.

A medida que el entorno de los negocios pasa de la competitividad intensa a un entorno de cooperación y colaboración, la habilidad y la capacidad de amor que tienen las mujeres les ayudarán a elevarse, respondiendo a las circunstancias, y a florecer.

Me alegra ver que estamos experimentando otro punto crítico para las mujeres hoy en día, pues más del 50% de quienes se gradúan en las universidades son mujeres. Actualmente, las mujeres abren dos de cada tres negocios nuevos y representan más de la mitad de las personas en la fuerza laboral.

Esta es la Era de la Mujer y nuestra influencia seguirá creciendo. No soy feminista, pero estoy de acuerdo en que las mujeres deben alcanzar el éxito que merecen.

Si el mundo de los negocios estuviera dirigido por mujeres, estaría en buenas manos.

LA HERMANDAD DEL EQUIPO *MASTERMIND*

La sabiduría de mujeres de éxito y valía personal sobre el MISTERIO DE LA TRANSMUTACIÓN SEXUAL:

MAYA ANGELOU
SU NOMBRE AL NACER FUE MARGUERITE ANN JOHNSON, ESCRITORA Y POETISA ESTADUNIDENSE

"He aprendido que las personas olvidan lo que dices, olvidan lo que haces, pero nunca olvidan cómo hiciste que se sintieran".

COCO CHANEL (1883-1971)
DISEÑADORA DE MODA FRANCESA Y FUNDADORA DE LA MARCA CHANEL

"Si te vistes mal, la gente notará el vestido. Si te vistes bien la gente te notará a ti".

AUDREY HEPBURN (1929-1993)
ACTRIZ, ÍCONO DE LA MODA Y HUMANITARIA INGLESA

"El atractivo sexual no solo tiene que ver con medidas. No necesito una recámara para probar mi feminidad. Puedo transmitir el mismo atractivo sexual cortando manzanas o estando de pie bajo la lluvia".

SOPHIA LOREN
LA ACTRIZ ITALIANA MÁS FAMOSA Y HONRADA

"Creo que la cualidad de la sexualidad viene de adentro. Es algo que hay en ti o que no hay en ti, y en realidad no tiene mucho que ver con los senos, los muslos o el gesto de tus labios".

ROSEANNE BARR
ACTRIZ, COMEDIANTE, ESCRITORA, PRODUCTORA DE TELEVISIÓN Y DIRECTORA ESTADUNIDENSE

"Lo que las mujeres tienen que aprender es que nadie te da el poder. Tú simplemente lo tomas".

ELIZABETH GILBERT
AUTORA DE *COMER, REZAR, AMAR*

"En una ocasión conocí a una anciana, de casi cien años de edad, y ella me dijo: 'Solo hay dos preguntas acerca de las cuales han luchado los hombres a lo largo de la historia: ¿cuánto me amas? y ¿quién está a cargo?' ".

KRISTIN CASHORE
AUTORA ESTADUNIDENSE DE RELATOS DE FANTASÍA

"Era muy absurdo que en los siete reinos, las personas más débiles y vulnerables, las niñas y las mujeres, no estaban armadas y no se les enseñaba a luchar, mientras que la gente fuerte recibía un entrenamiento que desarrollaba los niveles más altos de su destreza".

PREGÚNTATE

¡Usa tu diario al trabajar en esta sección con el fin de identificar tus pasos de acción, activar los momentos en que descubres algo y crear tu plan para alcanzar el éxito!

Lograr cambios o hacer una transición de una posición inconsciente o insegura a una en la que se controla la energía del sexo, podría ser incómodo para algunas personas. Si después de leer este capítulo todavía estás insegura y no sabes cómo comenzar, considera la posibilidad de encontrar una persona que podría ser tu modelo o de crear un equipo *mastermind* específicamente para este propósito. ¿A quién conoces en tu vida que haya logrado la TRANSMUTACIÓN SEXUAL y haya alcanzado el éxito en su vida?

**Repasa los veintiún pasos de Hill
para mejorar tu personalidad magnética:**

1. Maestría escénica: entender y aplicar el arte de responder a las necesidades de las masas.
2. Armonía interna: estar al control de tu propia mente.
3. Tener un propósito definido: ser claro al desarrollar relaciones armónicas con otras personas.
4. Vestir de manera apropiada: la primera impresión es duradera.
5. Postura y porte: una postura alerta indica un cerebro alerta.
6. Voz: el tono, volumen, timbre, y el color emocional de la voz son factores importantes de una personalidad agradable.
7. Sinceridad de propósito: fortalece la confianza de otras personas.
8. Elección de lenguaje: evita expresiones informales y malas palabras.

9. Aplomo: el aplomo viene de la confianza y del control de uno mismo.
10. Un sentido del humor agudo: esta es una de las cualidades esenciales.
11. Generosidad: nadie se siente atraído por una persona egoísta.
12. Expresión facial: muestra tu estado de ánimo y tus pensamientos.
13. Pensamientos positivos: las vibraciones de los pensamientos que otras personas captan, mantienen los pensamientos positivos.
14. Entusiasmo: es esencial en todas las actividades de ventas.
15. Un cuerpo sano: la mala salud no atrae a las personas.
16. Imaginación: una imaginación alerta es esencial.
17. Tacto: la falta de tacto por lo general se expresa en las conversaciones indecorosas y en expresiones atrevidas.
18. Versatilidad: conocimientos generales sobre los temas importantes de interés en la actualidad y sobre los problemas profundos de la vida.
19. El arte de saber escuchar: escuchar con atención, no interrumpir ni monopolizar la conversación.
20. El arte del discurso enérgico: tener algo que comentar y que vale la pena escuchar, y decirlo con todo el entusiasmo posible.
21. Magnetismo personal: energía sexual controlada. Este es un recurso importante para todos los grandes líderes y los grandes vendedores.

Selecciona tres de los veintiún pasos en los que quieras mejorar durante los próximos treinta días y comprométete a trabajar en ellos.

Si no estás segura de cómo comenzar a hacer cambios, pregúntale a tu mentor. Asegúrate de darte la oportunidad de "practicar" ajustes personales. Aunque hay aspectos mentales y emocionales significativos en la transmutación sexual, nosotros transmitimos nuestra energía sexual a través de nuestras acciones.

Dedica más tiempo a reflexionar sobre tu vida.

¿Cuándo te has sentido más confiada? Describe ese momento.

¿Cuándo te has sentido menos confiada? Describe ese momento.

Ahora vuelve a pensar en esos dos momentos y reflexiona en los demás aspectos de tu vida en esa época.

¿Tenías trabajo?

¿Tenías seguridad financiera?

¿Tu salud física era buena?

¿Cómo era tu vida amorosa?

¿Cuál de los veintiún elementos estaban ausentes cuando te sentías menos confiada?

Identifica las áreas de tu vida hoy en día que tienen cierto parecido con lo que estaba sucediendo cuando te sentías menos confiada.

¿Qué cambios puedes hacer a partir de hoy para mejorar esas áreas de tu vida?

Ahora reflexiona sobre tus conocimientos financieros y tu salud.

Fija una fecha para hacer una revisión financiera de tu familia, tu negocio o tu cartera financiera.

Crea un plan para mejorar tu salud financiera y úsalo.

TAMBIÉN programa una experiencia de placer y de juego para ti misma en las próximas semanas.

11

La mente subconsciente

El vínculo de conexión

No siempre podemos controlar nuestros pensamientos,
pero podemos controlar nuestras palabras, y la repetición
causa un impacto en el subconsciente; entonces
dominamos la situación.

—JANE FONDA

¿ALGUNA VEZ HAS SOBREACTUADO ANTE ALGO O ANTE ALGUIEN, y luego te has preguntado: "¿de dónde vino esa reacción?, ¿por qué dije, o hice, lo que hice?".

¿Alguna vez has llegado a un lugar sin recordar cómo condujiste tu coche hasta allá?

¿Alguna vez has despertado en medio de la noche con una gran idea, o recordando algo que no recordabas la noche anterior?

Todos estos son ejemplos de ocasiones en que tu subconsciente estaba al mando, y tu mente consciente estaba descansando. El subconsciente siempre está trabajando, 24 horas al día, 7 días a la semana, de día y de noche, pero funciona mejor cuando no estás alerta; por ejemplo, cuando estás durmiendo, conduciendo un auto o meditando. No puedes ejercer un control total sobre tu subconsciente, pero puedes influir en él con los planes, los deseos o las metas con los que lo alimentas. Si esos planes, deseos o metas son emocionales, su influencia es mayor.

Tu mente consciente puede actuar como portero, controlando los pensamientos que entrega al subconsciente. Por eso los capítulos sobre la AUTOSUGESTIÓN y sobre crear la declaración de tu misión personal son tan críticos e importantes. Los trece principios de Hill proporcionan los métodos con los cuales puedes llegar a tu mente subconsciente, y por lo tanto, ejercer influencia sobre ella.

Por ejemplo, si constantemente estás preocupada por el dinero y tus pensamientos son de miedo y pobreza, esos pensamientos negativos dominarán tu mente subconsciente. Sin embargo, si al practicar estos trece principios transformas tus pensamientos en ideas de abundancia y de crear el éxito, el subconsciente concentrará su atención en resultados positivos. Por lo tanto, tenemos la frase: "Produces aquello en lo que piensas", y la frase clave de Hill: "Tu mente puede lograr todo lo que puede concebir y creer".

Hill también nos advierte que las emociones positivas y negativas no pueden ocupar tu mente al mismo tiempo. Unas o las otras tomarán el control y dominarán. A ti te corresponde asegurarte de que las emociones positivas dominen y ejerzan influencia en tu subconsciente.

Al crear el hábito de rechazar las emociones y los pensamientos negativos, y concentrarte solo en emociones y pensamientos positivos, verás una transformación positiva en tu vida. Poco después, notarás que los pensamientos negativos literalmente rebotan y se alejan de tu mente consciente y subconsciente que están cargadas de energía positiva. Cuando las dos mentes se alienan, tienes control sobre tu mente subconsciente.

Veamos las siete emociones positivas y negativas más importantes que menciona Napoleón Hill:

LAS SIETE EMOCIONES POSITIVAS MÁS IMPORTANTES

La emoción de DESEO
La emoción de FE
La emoción de AMOR

La emoción de SEXO
La emoción de ENTUSIASMO
La emoción de ROMANCE
La emoción de ESPERANZA

LAS SIETE EMOCIONES NEGATIVAS MÁS IMPORTANTES

La emoción de MIEDO
La emoción de CELOS
La emoción de ODIO
La emoción de VENGANZA
La emoción de CODICIA
La emoción de SUPERSTICIÓN
La emoción de ENOJO

Concentrarte solo en emociones y pensamientos positivos para poder ver una transformación positiva en tu vida es el fundamento de la Ley de la Atracción, un principio fundamental que Napoleón Hill enseñó muchos años antes de que Rhonda Byrne lo popularizara en su libro y en su película, *El secreto*. Ella se puso en contacto con un grupo de líderes de pensamiento y gurús del desarrollo personal pidiéndoles que compartieran sus reflexiones sobre la importancia del pensamiento positivo. Tanto la película como el libro tuvieron un éxito espectacular en todo el mundo.

Ella afirma que el secreto es: "pensamiento = creación. Si estos pensamientos están unidos a emociones poderosas (buenas o malas) se acelera la creación… Tu vida está en tus manos. No importa dónde estés ahora ni lo que te haya sucedido; puedes empezar a elegir conscientemente tus pensamientos y a cambiar tu vida. No hay situaciones sin esperanza. ¡Todas las circunstancias de tu vida pueden cambiar!".

Lisa Nichols fue una de las estrellas de *El secreto* y compartió su punto de vista: "Piensa en tus pensamientos. Tienes sentimientos buenos y malos. Y sabes la diferencia que hay entre ellos porque algunos te hacen sentir bien y otros te hacen sentir mal, como la depresión, la culpa, el resentimiento, el enojo. Esos sentimientos no hacen que te sientas poderosa; son sentimientos negativos.

"La contraparte de eso es que tienes buenas emociones, buenos sentimientos. Y sabes cuándo llegan porque hacen que te sientas bien. El entusiasmo, la alegría, la gratitud, el amor…, imagina qué pasaría si pudiéramos sentirnos así todos los días. Cuando celebras los buenos sentimientos, atraes hacia ti más pensamientos y cosas buenas que hacen que te sientas bien. Tus pensamientos y tus sentimientos crean tu vida. Siempre lo harán, te lo garantizo".

Marci Shimoff, que también fue parte de *El secreto*, simplifica su mensaje diciendo: "Busca el sentido del gozo interno, de la paz interna, de la visión interna, y todo lo demás aparecerá en el exterior".

¿Pero qué pasa cuando reconoces que necesitas hacer un cambio, pero no sabes cómo hacerlo?

Donna Root es consultora corporativa en el área cultural y administrativa para ejecutivos de alto nivel y ha dedicado los últimos quince años a comprender los mecanismos que hacen que las personas, los líderes y las organizaciones sean más eficaces y poderosos. Su cuidadoso análisis de la mente subconsciente nos ofrece un plan único de seis pasos que te permitirá dominar tu mente subconsciente, controlar tu futuro y crear el éxito que mereces.

La mente subconsciente es como una computadora cuyos múltiples componentes están siempre en funcionamiento. Recibe información a través de los cinco sentidos, y también recibe los datos que múltiples corrientes de conciencia, que son invisibles pero son reales, envían al campo de la conciencia. La mente subconsciente almacena todo lo que recibe y lo organiza.

Tu subconsciente de hecho crea "por defecto", no basándose en un diseño que le permita operar sin guía o sin que le aportes nada. Gran parte de lo que creamos en la vida viene de pautas, creencias, programas y hábitos que no hemos examinado sino que manejamos a partir de la mente subconsciente.

La mente subconsciente usa lo que está almacenado y lo que ha experimentado en situaciones anteriores, lo que la persona cree que es real en su vida, para *crear* la realidad tridimensional. Si tienes un deseo que difiere de lo que crees, siempre harás realidad lo que crees, no lo que deseas. Esto es lo que yo llamo una paradoja de fuerzas opuestas, ya que tu mente subconsciente toma lo que conoce y eso brota de lo que cree.

Creamos paradojas de fuerzas opuestas y luego reconciliamos la diferencia entre lo que creemos y lo que deseamos en las historias que contamos.

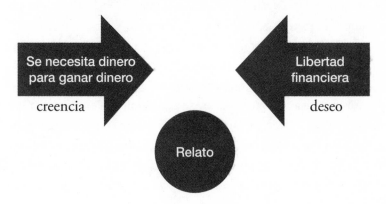

Paradoja de fuerzas opuestas

Siempre creamos lo que pensamos que sabemos y eso lo tomamos de la unidad de almacenaje de nuestra mente subconsciente. Nótese que la mente y la capacidad consciente no son la misma cosa. La mente es una computadora que acepta, almacena y recupera archivos, mientras que la capacidad consciente es el aspecto de nuestro ser que todo lo sabe y que conecta a cada individuo con el universo y con la Inteligencia Universal.

Cuando estos patrones y creencias se presentan ante la mente consciente para que los examine, pueden *reciclarse y descartarse*. Es de vital importancia que estemos conscientes de las pautas de pensamiento subconsciente que pasan por nuestra mente. Existen dos tipos de pensamientos que tienen un impacto profundo en nuestra capacidad de tener un propósito en la vida. Hay pensamientos que pasan por nuestra mente a toda velocidad, como alguien que corre desnudo por la calle; solo pasan por nuestra mente, pero no los "cambiamos" con emociones. Únicamente los notamos cuando pasan.

También hay pensamientos que se vuelven creativos en nuestra vida. Cualquier pensamiento que podamos cambiar con emociones, se expande. Todos los pensamientos que tienen carga se expanden, ya sean positivos o negativos, buenos o malos, útiles o dañinos. La expansión es algo que siempre está ocurriendo en nuestra mente.

Todos los pensamientos que están cargados tienen el potencial de crear. Esa es la razón por la cual tantos textos religiosos nos piden que cuidemos nuestros pensamientos y que no incluyamos repeticiones vanas en nuestras oraciones o en nuestra meditación. Es también la razón por la cual siempre necesitamos analizar qué emoción estamos uniendo a nuestros pensamientos.

No podemos servir a dos amos, ni siquiera en nuestra mente. Cuando no se tiene la "oferta" de los pensamientos que tienen carga, no habrá en nuestra vida una "demanda" de reflexión.

Nuestros pensamientos deben restringirse.
No podemos servir a dos amos.

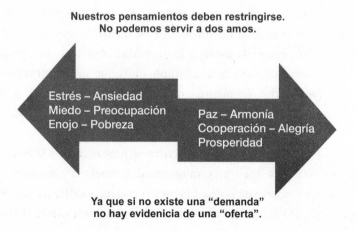

Estrés – Ansiedad
Miedo – Preocupación
Enojo – Pobreza

Paz – Armonía
Cooperación – Alegría
Prosperidad

Ya que si no existe una "demanda"
no hay evidenicia de una "oferta".

La mente subconsciente sacará de su base de datos todo aquello que te atrevas a almacenar, presentándolo como lo que tú consideras que es verdad y después creará tu realidad.

Existe un proceso de seis pasos para transformar y programar los pensamientos de tu mente subconsciente. El Paso 1 es simplemente estar consciente de los pensamientos en los que pones carga y reconocerlos. El Paso 2 es redefinir la realidad de esos pensamientos. Si no son pensamientos que te den buen servicio, deberían dejarse ir. Esta acción de dejarlos ir es lo que se describe en las Sagradas Escrituras, en la Primera Carta de San Juan 4:18: "En el amor no hay temor, sino que el perfecto amor echa fuera el temor; porque el temor lleva en sí castigo. De donde, el que teme, no ha sido perfeccionado en el amor". El uso de la frase "echa fuera" es una maravillosa imagen visual. Indica que tenemos la capacidad y la responsabilidad de "atrapar y dejar ir" los pensamientos que tienen carga y que no fomentan nuestro crecimiento y nuestro desarrollo hacia niveles más altos. El Paso 4 es la comprensión y el uso de la imaginación el entendimiento en lo que realmente deseamos crear. El Paso 5 es remplazar el pensamiento anterior con *pensamientos y emociones cargados con un propósito*, y el Paso 6 es *practicar el pensamiento que tiene una carga de propósito.*

Al practicar el pensamiento que tiene carga intencional, nuevas creaciones y nuevas realidades toman forma en nuestra vida como por arte de magia.

Paso 1:	Reconocer
Paso 2:	Redefinir la realidad
Paso 3:	Dejar ir
Paso 4:	Recrear
Paso 5:	Reemplazar
Paso 6:	Ensayar

Cuando practicamos los seis pasos de la transformación y creamos archivos intencionales para que nuestra mente subconsciente los utilice, empezamos a tener una integridad personal auténtica. La integridad personal auténtica ocurre cuando se alinean nuestros pensamientos, creencias, emociones, deseos y comportamientos. Esta alineación puede almacenarse como algo real en nuestra mente subconsciente para que sea una fuerza creativa a partir de la cual se dé vida a nuestras realidades.

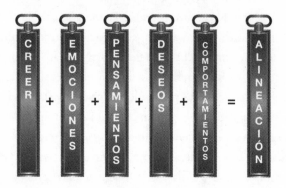

Con un pensamiento disciplinado tenemos la capacidad de decidir la programación a partir de la cual nuestra mente subconsciente toma datos, les da vida y los lleva a nuestra realidad individual.

Muchas personas son incapaces de crear riqueza, salud, abundancia y prosperidad en su vida porque no usan la imaginación como una fuente de realidad, o porque sueñan cosas muy lejanas a su momento actual.

Es aconsejable que empieces a almacenar en tu subconsciente algo que puedas aceptar como verdadero, aunque parezca que estás dando pasos diminutos hacia una imaginación grandiosa. Mediante este proceso, crearás la evidencia de esas pequeñas verdades aceptadas, y a medida que refines y perfecciones este proceso, tu mente lógica será capaz de descartar por completo todo límite lógico en la creación de cualquier cosa en tu mundo.

Repitamos las últimas palabras de Donna: "¡La creación de cualquier cosa en tu mundo!". Te reto a verificar lo que está pasando en tu mente en este momento. ¿Dudas de que eres capaz de crear cualquier cosa en tu mundo y permites que los pensamientos negativos causen un impacto en tu subconsciente? ¿O aplaudes la idea y tienes fe en que podrás crear cualquier cosa en tu mundo, permitiendo que tu subconsciente apoye la realización de tus metas y tu éxito en ellas? Si no sabes cuáles son los "pasos diminutos" que puedes dar, intenta hacer afirmaciones diarias. Son una forma maravillosa de iniciar el hábito de tener pensamientos positivos y de alimentar tu subconsciente con positividad.

¿Puedes pensar en personas cuya negatividad haya producido actitudes negativas o en personas que parecen tener "muy buena suerte" y siempre están felices y tienen éxito? El relato que aparece a continuación te dice cómo puedes transformar tu vida concentrándote siempre en creencias y pensamientos positivos.

D. C. Córdova es CEO de las Excellerated Business Schools y de Money & You, que son organizaciones globales que tienen más de noventa y cinco mil graduados alrededor del mundo. Ella nos dice cómo al descubrir el poder de sus pensamientos y de que realmente podía controlarlos, su vida cambió al instante y eso determinó el curso de su carrera.

Cuando yo tenía veintitantos años alguien me recomendó el libro *Piense y hágase rico*.

Recuerdo que pensé: "¡Vaya! Quizá haya una esperanza de que yo pueda tener una vida de plenitud, de éxito y de contribución". Estaba avanzando en el campo legal: empecé como secretaria legal asistente, después fui intérprete y luego llegue a ser reportera oficial en los tribunales. Mi plan definitivo era llegar a ser abogada. Estaba siguiendo la ruta de una carrera tradicional, pero en mi corazón sabía lo que yo estaba llamada a hacer.

El destino quiso que mi vida tomara un rumbo diferente cuando entendí la importancia de tener la preparación académica "adecuada". Yo soy una mujer latina que logró el Sueño Americano, y sé que mi éxito tuvo mucho que ver con los valores que me enseñaron mi madre, mi tía, mi abuela y los maravillosos miembros de mi familia. Pero antes de poder realmente alcanzar el éxito, tenía que aprender a superar otras creencias y pensamientos firmes que estaban en mi subconsciente y limitaban mi capacidad para ver la posibilidad de alcanzar un éxito verdadero en mi vida. Aprendí estas creencias y pensamientos en escuelas tradicionales; de hecho, creo que literalmente me lavaron el cerebro en las escuelas tradicionales. Además, había experimentado muchas pérdidas en mi vida: perdí seres queridos, tuve abortos espontáneos, perdí a algunos de mis amigos, y eso tuvo un impacto negativo en mis pensamientos y en mi comportamiento.

Piense y hágase rico me enseñó que nuestra mente subconsciente ¡afecta nuestros pensamientos, comportamiento, sentimientos y acciones! Este libro me fortaleció. Si no había controlado mis circunstancias en el pasado, al menos podía ejercer control sobre mi capacidad consciente. Pude ver que podría tener una vida que funcionara para mí; una con menos miedo, ansiedad y estrés.

Cuando leí libros como *Piense y hágase rico,* concentrándome en mi propio desarrollo personal y uniéndome a grupos *mastermind* que me apoyaron, pude comenzar a poner mi atención en eliminar de mi subconsciente las creencias dañinas.

En el proceso, descubrí que el lado derecho y el lado izquierdo del cerebro funcionan de manera diferente. Aprendí que el uso de juegos vivenciales puede revelar lo que realmente está pasando en nuestro subconsciente y en qué medida afecta las decisiones (grandes y pequeñas) que dan forma a nuestra vida. A través de estas herramientas vivenciales, puedes encontrar, descubrir y reexaminar las antiguas lecciones y crear nuevas oportunidades de aprendizaje que son positivas.

Como CEO de Excellerated Business Schools y de Money & You he podido compartir estos conocimientos con muchas personas alrededor del mundo.

Al liberar el poder de tu subconsciente, puedes redirigirlo mediante pensamientos y acciones positivos de modo que te ayude a alcanzar tus metas.

ESTE CAPÍTULO EN LA PRÁCTICA – EN MI VIDA

A lo largo de casi toda mi vida he tenido una relación de amor y odio con mi mente subconsciente. Al haber sido educada por un padre que era militar y siendo una estudiante excelente, llegué a creer firmemente que podía controlar conscientemente los resultados de mi vida si solo era suficientemente inteligente. Cualquier problema podía resolverse mediante la lógica y el trabajo arduo. Las lágrimas definitivamente eran una señal de debilidad, así que entrené a mi subconsciente a creer que las emociones eran malas.

Tal vez este entrenamiento me ayudó a tener éxito en un mundo masculino a nivel profesional, pero también me llevó a vivir muchos años castigándome, tratando de controlar conscientemente cualquier señal de debilidad o de emoción. Mi fachada exterior de fuerza y control ocultaba años de emociones reprimidas y de enojo contra mí misma por tener sentimientos que, según lo que yo me había enseñado, mostraban debilidad.

Hoy en día, sé que esto tenía muy poco que ver con mi padre y tenía mucho que ver con el hecho de que yo quería complacerlo. Quería ser perfecta para que él estuviera orgulloso de mí.

Y como estaba muy lejos de ser perfecta, esto me llevó a un perpetuo estado de culpa y vergüenza. Mi autoestima estaba constantemente bajo ataque… y yo era la que la atacaba. Yo tenía una autoestima muy alta en lo relacionado con mi habilidad de desempeñarme en la escuela o en el área profesional, pero tenía una autoestima muy baja a nivel personal. Esta culpa y vergüenza se intensificaron por una vida de entrenamiento religioso que me proporcionó mensajes diversos sobre Dios. Un ministro me enseñaba a temer a Dios, mientras que otro me enseñaba a tener fe en Dios.

Así que cuando leí *Piense y hágase rico* a los diecinueve años de edad, sentí que la parte más poderosa del capítulo sobre la Mente Subconsciente fue la explicación que da Hill sobre la oración, pues aborda los temas de la Fe y el Temor.

Si usted es observadora, se habrá dado cuenta de que la mayoría de las personas recurren a la oración ¡SOLO DESPUÉS de que todo lo demás ha FALLADO! O bien rezan utilizando un ritual de palabras sin significado. Y, como es un hecho que la mayoría de las personas solo rezan DESPUÉS DE QUE TODO LO DEMÁS HA FALLADO, acuden a orar con la mente llena de TEMOR y DUDAS, *que son las emociones sobre las que la mente subconsciente actúa* y pasa a la Inteligencia Infinita. Del mismo modo, estas son las emociones que la Inteligencia Infinita recibe y SOBRE LAS QUE ACTÚA. De manera similar, la mente subconsciente es el intermediario que traduce las oraciones de la persona a los términos que utiliza la Inteligencia Infinita; presenta el mensaje y recibe la respuesta en forma de un plan o una idea definida, para conseguir lo que se pedía en esa oración. La fe es el único medio que se conoce para dar a sus pensamientos una naturaleza espiritual. La FE y el TEMOR no son buenos compañeros. *Cuando uno de ellos se encuentra en un lugar, el otro no puede existir.*

El libro me ayudó a confirmar que Dios es un Dios de amor y fortaleció mi fe.

Mi fe me ha ayudado a superar los altibajos de la vida, y aunque tal vez no reciba respuestas a todos mis clamores preguntando "¿por qué?" durante momentos difíciles, confío en que Dios tiene un plan más grande para mí.

Sin embargo, todavía estoy librando una batalla entre mi mente consciente y mi mente subconsciente. Encuentro que estoy permitiendo que ese muro separe mi vida profesional de mi vida personal. En lugar de dejar ir mis miedos y preocupaciones, como sugiere

Donna, encuentro que "los atrapo, los dejo ir y luego vuelvo a agarrarlos".

Es usual que esto suceda, incluso cuando tengo poco control o cuando no tengo nada de control sobre lo que está ocurriendo. Yo llamo a esto mi "motocultor" personal, que me devora emocionalmente en mi interior. Ya sea que me esté preocupando porque los adolescentes salen de su casa de noche, o porque una amiga está tomando malas decisiones en su vida, me involucro demasiado y hasta me enfermo.

Cuando encontré esta definición de preocupación: "Preocuparse es orar pidiendo lo que uno NO quiere", sentí que un reflector iluminaba mi vida. Fue mágico. Cuando encuentro que estoy usando mi "motocultor", recuerdo la definición y es como si me mojara la cara con agua helada. Entonces me obligo a reestructurar mis pensamientos para que expresen lo que REALMENTE quiero que suceda.

Sin embargo, creo que mi propia experiencia con este problema me ha dado gran parte de la pasión que tengo para ayudar a la gente, especialmente a los jóvenes, hoy en día.

Muchas personas están buscando la perfección y están experimentando tipos similares de auto-sabotaje, permitiendo que se manifieste en actitudes negativas que interfieren con sus metas a largo plazo. Los problemas relacionados con el perfeccionismo y con triunfar en todo lo que uno hace, es lo que crea una meta imaginaria e inalcanzable. Siempre hay alguien más rápido, mejor o más perfecto.

Por lo tanto, el creer que necesitas ser la mejor debe remplazarse con: "hacer tu mejor esfuerzo".

Mi trabajo se concentra en enseñarles a las personas, jóvenes y adultas, que están en el asiento del conductor en su propia vida; que cada elección que hacen puede llevarlas o no al éxito, pero que mientras hagan su mejor esfuerzo por elegir bien, van por buen camino.

LA HERMANDAD DEL EQUIPO *MASTERMIND*

La sabiduría de mujeres de éxito y valía personal sobre la MENTE SUBCONSCIENTE:

FLORENCE SCOVEL SHINN (1871-1940)
ARTISTA E ILUSTRADORA DE LIBROS ESTADUNIDENSE QUE LLEGÓ A SER MAESTRA ESPIRITUAL Y ES AUTORA DEL LI-BRO, *YOUR WORD IS YOUR WAND [TU PALABRA ES TU VARITA MÁGICA]*

"Serás un fracaso hasta que imprimas en tu subconsciente la con-vicción de que eres un éxito. Esto se logra haciendo una afirmación que hace 'clic'".

FAY WELDON
AUTORA, ENSAYISTA Y DRAMATURGA INGLESA, CUYO TRA-BAJO SE RELACIONA CON EL FEMINISMO

"Lo único que se graba en el subconsciente es la práctica; el persistir una y otra vez. Lo que practicas es lo que manifiestas".

FLORENCE WELCH
CANTAUTORA INGLESA

"Siempre he podido crear una melodía fácilmente; es como un ins-tinto, en realidad. Tienes que canalizar tu subconsciente".

HILARY MANTEL
ESCRITORA INGLESA, EN DOS OCASIONES SE LE HA OTOR-GADO EL PREMIO "BOOKER"

"La imaginación solo entra en acción cuando das privilegios al sub-consciente, cuando logras que la tardanza y el hábito de dejar las cosas para después trabajen a tu favor".

HELEN MIRREN
ACTRIZ INGLESA QUE HA GANADO PREMIOS
DE LA ACADEMIA

"Los pintores aborrecen tener que explicar sus obras. Siempre dicen: 'Es lo que tú quieres que sea'. Yo creo que su intención es hacer que cada persona se ponga en contacto con su subconsciente; no están tratando de imponer ideas".

ELLEN GOODMAN
COLUMNISTA GANADORA DEL PREMIO PULITZER

"Las tradiciones son postes guía que se encuentran en lo profundo de nuestra mente subconsciente. Los más poderosos son los que ni siquiera podemos describir, son aquellos de los que ni siquiera estamos conscientes".

MELISSA AUF DER MAUR
ACTRIZ, CANTAUTORA Y FOTÓGRAFA CANADIENSE

"En cuanto tuve la edad suficiente para hacer que mis sueños se hicieran realidad, empecé a creer firmemente en que el subconsciente y el mundo exterior a nuestra carne y sangre son en esencia la verdad".

MARY GALE HINRICHSEN PH.D.
CONSEJERA CRISTIANA

"En cuanto nuestra mente subconsciente capta una idea, automáticamente hace que sea fácil convertirla en realidad. Así que debemos pensar correctamente en lo que es preciso. Somos hábiles, somos dignas y podemos alcanzar lo que desea nuestro corazón. Podremos lograrlo si pensamos en nuestras metas, si nos emocionan y si avanzamos en dirección a ellas".

"La Biblia nos enseña este principio. Dice que debemos pensar en aquello por lo que sentimos gratitud, en todo lo verdadero, todo lo respetable, todo lo justo, todo lo amable, todo lo digno de admiración. Filipenses 4:8. Siempre que pensamos que no somos lo suficientemente buenas o que no somos dignas, somos deshonestas con nosotras mismas. No debemos ponernos límites debido a nuestro sexo, nuestra edad o nuestra educación".

CANDACE PERT, PH. D (1946-2013)
NEUROCIENTÍFICA Y FARMACÓLOGA ESTADUNIDENSE
"Tu cerebro no está a cargo de las cosas".

NAN AKASHA
CEO, AKASHA INTERNACIONAL
"El éxito, la verdadera transformación y el verdadero impacto nunca parecen fáciles, seguros o cómodos; eso es todo. Lo NUEVO no es familiar, y si permites que tu subconsciente te convenza de que cometiste un error o de que no puedes hacer algo... nada nuevo va a suceder".

La mente subconsciente es una fuerza poderosa pero intangible, como se ha mostrado en este capítulo. En un esfuerzo por explicar más a fondo la forma en que puedes controlar tus pensamientos, Hill dedicó el siguiente capítulo al cerebro, el duodécimo paso hacia la riqueza, que él describe como "una estación que transmite y recibe pensamientos". Nos lleva de la mente subconsciente, que es intangible, al cerebro físico para que podemos entender mejor el proceso del pensamiento.

PREGÚNTATE

¡Usa tu diario al trabajar en esta sección con el fin de identificar tus pasos de acción, activar los momentos en que descubres algo y crear tu plan para alcanzar el éxito!

Este capítulo te pide que entres a lo profundo de tu alma. En tu diario personal, escribe las siete emociones positivas y las siete emociones negativas más importantes. Junto a cada una de ellas, escribe la experiencia de la vida que venga a tu mente en la que hayas experimentado esa emoción. No pienses demasiado al hacer este ejercicio; simplemente podría entrar en tu subconsciente.

LAS SIETE EMOCIONES POSITIVAS MÁS IMPORTANTES

La emoción de DESEO

La emoción de FE

La emoción de AMOR

La emoción de SEXO

La emoción de ENTUSIASMO

La emoción de ROMANCE

La emoción de ESPERANZA

LAS SIETE EMOCIONES NEGATIVAS MÁS IMPORTANTES

La emoción de MIEDO

La emoción de CELOS

La emoción de ODIO

La emoción de VENGANZA

La emoción de CODICIA

La emoción de SUPERSTICIÓN

La emoción de ENOJO

Ahora escribe la filosofía de tus padres sobre:

La religión

El sexo

El dinero

La política

En cada una de ellas, piensa en una "creencia" que podrías tener hoy que vino de tu infancia.

¿Hay una creencia que no te está dando un servicio positivo hoy en día? Escríbela.

Ahora practica el proceso de seis pasos de Donna volviendo a leer lo que ella dice para así poder reemplazar esa creencia que no te está sirviendo con una creencia nueva que pueda crear pensamientos positivos.

Reconocer
Redefinir la realidad
Dejar ir
Recrear
Reemplazar
Ensayar

Muchas personas no se dan cuenta de que se están saboteando, así que tal vez sea bueno hacer este ejercicio con una amiga cercana de modo que puedan ayudarse mutuamente con el primer paso, y "reconocer" la creencia que necesita dejarse ir y reemplazarse.

Algunas cosas que tal vez quieras considerar:

- Date cuenta cuando estás a punto de juzgarte.
- Cambia los pensamientos sobre tu valía personal por pensamientos sobre hacer tu mejor esfuerzo.
- Asegúrate de ver los fracasos o los errores como oportunidades para aprender, y no dejes que te definan.
- Aprende a ser buena contigo misma permitiéndote tener tus propios sentimientos, buenos y malos, sin juzgarte.
- Sé compasiva con otras personas cuando expresan sus emociones.
- Reemplaza "ser la mejor" con "hacer lo mejor que puedas".

12

El cerebro

Una estación que transmite y recibe pensamientos

Cuando tu cerebro está activo, eso significa
que estás captando todo a través de la percepción de
los sentidos. Tu banco de memoria y tus instintos
están activos, por eso tomas decisiones más
rápidas y más inteligentes.

—MARTHA BECK

DESPUÉS DE REFLEXIONAR SOBRE LA IMPORTANCIA DE TU SUB-
consciente, echémosle una mirada a su protector físico, el CERE-
BRO. Gran parte de lo que hemos comentado se relaciona con lo
que está pasando dentro del cerebro, por eso es importante ver al
cerebro en sí.

Hill dedica mucho tiempo a la función de "transmitir y recibir"
del cerebro, que es nuestra mente subconsciente. Después habla de
nuestra Imaginación Creativa y de la autosugestión, que son otras
dos formas de activar la mente, y enfatiza la importancia de comenzar con un DESEO.

Tal vez el mensaje de Hill nos enseña que este "otro yo" es más
poderoso que el ser físico que vemos cuando nos miramos al espejo.
Aunque sabemos poco sobre el mecanismo del pensamiento, quizá
sepamos menos sobre el cerebro físico y "su vasta red de intrincadas
estructuras a través de la cual el poder del pensamiento se convierte

en su equivalente material". Cien años después de que Hill comenzara a investigar los principios del éxito y la forma en que funciona este órgano, la ciencia nos ha proporcionado una mayor comprensión del cerebro, pero hemos aprendido que es incluso más complejo de lo que habíamos imaginado.

LA ANATOMÍA DEL CEREBRO

En 1938, Hill calculó que había de 10 mil millones a 14 mil millones de células nerviosas en la corteza cerebral humana, y que estaban dispuestas en patrones definidos. A lo largo de las últimas décadas, los científicos han creído e informado que el cerebro humano, como un todo, contiene cerca de 100 mil millones de neuronas. La neurocientífica Suzana Herculano-Houzel, de Brasil, sin embargo, recientemente descubrió que el número total se acerca a los 86 mil millones de neuronas y que la corteza cerebral tiene 16.3 mil millones (Hill mencionó 14 mil millones), que el cerebelo tiene 69 mil millones, y las demás están en el resto del cerebro. Veamos el cerebro físico más de cerca:

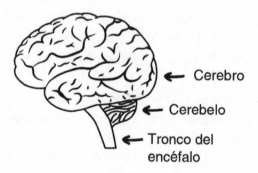

La parte más grande es el **cerebro** y la corteza cerebral es el manto de tejido nervioso que cubre la superficie del cerebro; se le conoce como materia gris. El cerebro también contiene materia blanca, que conecta a la materia gris. El cerebro representa el 85% del peso. Su función es recordar, resolver problemas, pensar y sentir. También controla el movimiento de los músculos voluntarios. Tiene dos hemisferios. El hemisferio de la derecha te ayuda a pensar en cosas abstractas como la música, los colores y las formas; mientras que el hemisferio de la izquierda es más analítico y te ayuda con las matemáticas, la lógica y el habla. El hemisferio de la derecha controla el lado izquierdo del cuerpo, y el hemisferio de la izquierda controla el lado derecho del cuerpo.

El **cerebelo**, que significa "cerebro pequeño" en latín, se encuentra en la parte de atrás, debajo del cerebro. Es mucho más pequeño que el cerebro y solo representa la octava parte de su tamaño, pero contiene más neuronas que el resto del cerebro. Es una parte muy importante, ya que controla el equilibrio, el movimiento y la coordinación. También se cree que el cerebelo está involucrado en funciones cognitivas como la atención y el lenguaje, y es posible que regule tus respuestas de miedo y placer.

El **sistema límbico** conecta las funciones cerebrales altas y bajas. Regula la emoción y la memoria, y también la motivación, el estado de ánimo y las sensaciones de dolor y placer.

El **tronco del encéfalo** conecta al cerebelo con la médula espinal. Está debajo del sistema límbico y es responsable de las funciones básicas de la vida como la respiración, los latidos del corazón y la presión sanguínea.

El **cerebro reptiliano** (o cerebro triuno) incluye al cerebelo y al tronco del encéfalo. Regula funciones vitales como la respiración, el ritmo cardiaco y la respuesta de "huir o luchar".

Las estructuras del cerebro físico trabajan juntas para ayudar a realizar acciones como la cognición o la comprensión. Las células cerebrales se comunican entre sí mediante un proceso electroquímico. Cada vez que piensas, aprendes o te comunicas, una neurona (célula cerebral) en tu cerebro manda un impulso nervioso que se conecta con otra neurona mediante algo que se conoce como sinapsis.

¿Existe entonces una diferencia entre nuestro cerebro y nuestra mente? Se han expresado opiniones diversas sobre este tema, pero la mayoría están de acuerdo en que la mente es invisible pero procesa los datos y la información que recibe, consultando una memoria a largo plazo, creando una memoria a corto plazo y utilizando la atención consciente.

En otras palabras, el cerebro es la parte física de nuestro cuerpo que coordina nuestros movimientos, pensamientos y sentimientos, mientras que la mente representa nuestra comprensión intangible de estas cosas, o nuestro proceso de pensamiento.

EL CEREBRO FEMENINO EN CONTRAPOSICIÓN CON EL CEREBRO MASCULINO

Estudios recientes han descubierto que existen diferencias claras entre los cerebros masculinos y femeninos que podrían tener un impacto directo en nuestra manera de pensar y clarificar por qué pensamos en forma distinta. Esto incluso podría explicar la razón por la cual los hombres y las mujeres tienden a abordar la vida de manera diferente.

Le pedí a la Dra. Pam Peeke que compartiera sus pensamientos sobre las investigaciones modernas relacionadas con nuestro cerebro y sobre las diferencias que existen en las mujeres y los hombres. Pam es doctora en medicina, es miembro del Colegio de Médicos Estadunidenses [American College of Physicians] y tiene una maestría en salud pública. También es autora de los libros: *Body for Life for Women [Un cuerpo para la vida para las mujeres]* y *The Hunger Fix [La solución para el hambre]*, y ha realizado estudios extensos sobre las mujeres y su cerebro. Esto es lo que ella comparte:

> Las mujeres están diseñadas para colaborar, mostrar empatía, crear relaciones duraderas y comunicar las declaraciones sobre su misión que forman la base de un éxito sustentable. Este es un hecho interesante: El cerebro de la mujer normalmente es del 8 al 10% más pequeño que el del hombre, pero tiene la misma capacidad intelectual. Los investigadores han descubierto que la razón

de esto es que el cerebro femenino funciona con mayor eficiencia teniendo menor masa.

Estudios recientes de neuroimágenes del cerebro han demostrado que, en comparación con los cerebros de los hombres, los cerebros de las mujeres están más activos en setenta de las ochenta áreas en que se sometieron a prueba. Esto significa que el cerebro femenino a menudo es más activo que el cerebro masculino. Esto puede hacer que las mujeres tiendan a involucrarse más profundamente en las actividades de la vida.

La razón por la cual las mujeres son extraordinarias cuando se trata de dar atención a otros no es un misterio. La activación sobrecargada del sistema límbico, o emocional, ayuda a las mujeres a establecer vínculos y relaciones fuertes.

Las mujeres tienen un sistema límbico más grande y más profundo que los hombres, lo que hace que estén en contacto con sus propios sentimientos y con los sentimientos de las personas cercanas a ellas. Además, las mujeres identifican las emociones con mayor rapidez al codificar las diferencias faciales y la entonación de la voz. Las secciones del cerebro que se usan para controlar el enojo y la agresividad son más grandes en las mujeres que en los hombres. En otras palabras, es más probable que las mujeres se detengan y no caigan en arrebatos instantáneos de furia.

Si se le compara con el cerebro del hombre, el cerebro de la mujer tiene casi diez veces más materia blanca, que es lo que ayuda a facilitar las conexiones en el cerebro. Cuando los hombres escuchan la lectura de una novela, se activa un hemisferio del cerebro, pero en el caso de las mujeres, se activan ambos hemisferios. El predominio del hemisferio izquierdo de los hombres hace que ellos resuelvan los problemas desde una perspectiva orientada a las tareas, mientras que las mujeres, al usar ambos hemisferios en combinación, se concentran más en los sentimientos al comunicarse y al resolver conflictos. La corteza prefrontal, que alberga la función ejecutiva del cerebro, tiene mayor volumen y capacidad de organización en las mujeres.

Asimismo, las mujeres procesan el lenguaje en ambos hemisferios, mientras que los hombres recurren al hemisferio predominante en ellos. Esto ayuda a explicar por qué las destrezas de las mujeres en el área del lenguaje sobrepasan a las de los hombres a lo largo de la vida. Esta destreza puede usarse para establecer relaciones, para colaborar y también para planear y crear estrategias. La función ejecutiva óptima también fomenta la creatividad y la capacidad de estar alerta y en esa forma controla la impulsividad, la impaciencia y la irritabilidad. Es obvio que esta es una destreza importante en relación con la supervivencia, pues las mujeres tienden a ser amigables, lo que crea los lazos profundos que se requieren para abrirse camino entre las tensiones de la vida.

Mientras que los hombres suelen orientarse más a las tareas, a ser menos comunicativos y a trabajar aislados, las mujeres se concentran en crear soluciones que funcionen para el grupo, lo que amplía la comunicación y muestra empatía.

El análisis de Pam es revelador y tiene una importancia crítica en nuestra comprensión del hecho de que el mundo de los negocios está en un punto crítico para las mujeres, de su influencia en la economía y de la forma en que los negocios se llevarán a cabo en el futuro. Su análisis se confirma por el trabajo de Helen E. Fisher, Ph.D., Bióloga Antropóloga, investigadora en el campo de la conducta humana y profesora en la Universidad Rutgers, que ha declarado que las mujeres usan el "pensamiento en red", mientras que los hombres usan lo que ella llama "pensamiento por pasos". Así es como lo describe:

Las mujeres tienden a generalizar, a sintetizar, a tener una perspectiva más amplia, más holística, más contextual en cualquier situación. Acuñé el término *pensamiento en red*, para describir esta forma amplia y contextual de razonar que tienen las mujeres.

Los hombres suelen concentrar su atención en una cosa a la vez. Tienden a compartimentar (dividir en categorías) el material relevante, a descartar lo que consideran datos ajenos, y a analizar la información siguiendo un camino más lineal y causal. A este patrón masculino de considerar las cosas le he dado el nombre de *pensamiento por pasos.*

Ambos, el pensamiento en red y el pensamiento por pasos son valiosos, pero en la comunidad contemporánea de los negocios, las expresiones en boga incluyen "visión profunda", "amplitud de visión" y "pensamiento sistemático". En este mercado altamente complejo, una visión contextual es claramente una ventaja. Las mujeres están diseñadas para utilizar esta perspectiva.

El pensamiento en red de las mujeres favorece otras cualidades de liderazgo. Según los científicos sociales y los analistas en el campo de los negocios, las mujeres son más capaces de tolerar la ambigüedad; una característica que probablemente brota de su habilidad para pensar en varias cosas a la vez. Si yo tuviera que resumir el entorno de los negocios modernos en una palabra, diría que es un entorno "ambiguo". Las mujeres tienen talento para manejar este clima indefinido en los negocios.

El pensamiento en red de las mujeres también las capacita para tener una mayor intuición; y la intuición tiene un papel productivo, aunque a menudo no se le reconoce. El pensamiento en red también se relaciona con la planificación a largo plazo, con la capacidad de evaluar escenarios múltiples y complejos y trazar un curso de acción a largo plazo para la toma de decisiones de alto nivel gerencial. La arquitectura del cerebro femenino para el pensamiento en red ha dotado a las mujeres con otro talento natural: la flexibilidad mental, que es una característica esencial en nuestra dinámica economía global.[29]

Cuando leí los análisis de Pam y de Helen, tuve grandes esperanzas en el futuro de las mujeres y en las oportunidades que tendrán de asumir roles cada vez más importantes de liderazgo. ¿Por qué? Porque el mundo de los negocios está evolucionando de tal manera que los puntos fuertes de las mujeres tendrán mayor demanda, y como resultado, las mujeres responderán y ejercerán el liderazgo.

La globalización y el mundo de las redes sociales y los medios sociales, seguirán requiriendo mayores destrezas de comunicación. La industria del cuidado de la salud, los problemas relacionados con la pobreza y la visualización a nivel global, tienen cada vez más empuje, y las mujeres están perfectamente dotadas para destacar en estas y en otras áreas que requerirán de liderazgo y de la capacidad de resolver problemas en forma creativa.

EL PODER DE NUESTROS PENSAMIENTOS

El tema de la empatía es de gran importancia, en especial para las mujeres. Aunque puede ser una gran ventaja, como lo menciona Pam, también puede ser nocivo para ellas. Empatía se define como la capacidad de entender y compartir las experiencias y emociones de otras personas; de "sentir" sus sentimientos. Por lo tanto, aunque es importante sentir empatía, también es necesario ser capaz de controlar nuestros propios pensamientos para no abrumarnos u obsesionarnos por los sentimientos de otras personas.

Analicemos nuestros "pensamientos" y nuestra conciencia de esos pensamientos. La Fundación Nacional de Ciencias tiene estadísticas que indican que tenemos entre doce mil y sesenta mil pensamientos al día, dependiendo de factores como la creatividad, las destrezas para resolver problemas y nuestra carrera profesional. Otras investigaciones revelan que del 95% al 98% de esos pensamientos son exactamente los mismos que tuvimos el día anterior, y lo más significativo es que el 80% de nuestros pensamientos son típicamente negativos. Este 98%, al igual que todos los pensamientos negativos, son automáticos y ocurren en nuestro subconsciente. Esto es una prueba positiva de que necesitamos entender el poder de nuestra mente subconsciente como se explicó en el capítulo anterior.

¡Esto hace que la frase "haces realidad aquello en lo que piensas", tenga un impacto mucho mayor!

EL IMPACTO DEL PENSAMIENTO NEGATIVO

El hecho de que el 80 % de nuestros pensamientos sean negativos es asombroso, por no decir algo más. Si combinamos esto con nuestra capacidad de sentir empatía, eso significa que los pensamientos negativos de otras personas se vuelven contagiosos ¡y pueden sumarse a nuestros pensamientos negativos!

Jutta Joormann, Ph.D., profesora asociada en la Universidad de Miami, ha estudiado extensamente este campo y habla de personas que tienen pensamientos negativos de los que no se pueden recuperar. Como ella dice: "Básicamente se atoran en una actitud mental en la que vuelven a vivir, una y otra vez, lo que les pasó. Aunque piensan: 'Esto no me es útil, debo dejar de pensar en ello, debo seguir adelante con mi vida', no pueden dejar de hacerlo".[30]

Este ciclo interminable de pensamientos negativos causa estrés mental y físico y tiene un impacto en el bienestar y en la salud de la persona. De hecho, los Centros para el Control y la Prevención de Enfermedades [Centers for Disease Control and Prevention (CDC)] han establecido un vínculo importante entre el estrés y sus consecuencias físicas. El estrés puede causar sobrepeso, enfermedades y males, e incluso puede llevar a la muerte. El CDC ha mencionado un vínculo entre el estrés y seis de las causas principales de muerte: males cardiacos, cáncer, problemas pulmonares, accidentes, cirrosis hepática y suicidio.

La conexión entre la mente y el cuerpo se define como *psiconeuroinmunología* en términos médicos. Jennifer Hawthorne, coautora de *Sopa de pollo para el alma de la mujer* y *Sopa de pollo para el alma de la madre,* hace esta sencilla comparación: "Si tienes cansancio físico, es difícil pensar con claridad. Por otra parte, si has estado realizando un trabajo mental todo el día, es probable que también sientas sus efectos a nivel físico. Los pensamientos negativos son especialmente agotadores. Los pensamientos que contienen palabras como 'nunca', 'debería' y 'no puedo', que conllevan quejas, gemidos o pensamientos que reducen nuestra sensación de valía personal o los sentimientos de valía personal de otros, agotan al cuerpo, pues producen sustancias químicas que debilitan su fisiología. ¡Con razón estamos agotados al final del día!".[31]

EL IMPACTO DEL DESEQUILIBRIO HORMONAL

Un tratado sobre la conexión entre la mente y el cuerpo, en relación con las mujeres, no podría estar completo si no se dedica tiempo al papel que juegan las hormonas en nuestra vida y en nuestra salud física. Todas reconocemos que a lo largo de nuestra existencia ocurren cambios hormonales y que estos son parte de un proceso natural al avanzar en edad. Sin embargo, las mujeres experimentan cambios hormonales mucho más dramáticos durante la menopausia, a diferencia de los hombres, cuyos cambios hormonales son más graduales. Este es un hecho importante que deben entender ante todo las mujeres profesionistas que están en la cumbre de su carrera y de pronto deben enfrentar el impacto de un desequilibrio hormonal. Estos trastornos, cuya causa puede ser la menopausia, cambios hormonales o fisiológicos, pueden producir "niebla cerebral" y pérdida de memoria, al igual que una depresión extrema, altibajos en el estado de ánimo, ansiedad y agitación.

Desafortunadamente, son pocas las mujeres que en realidad entienden el impacto dramático que los desequilibrios hormonales tienen sobre su calidad de vida. Michelle King Robson experimentó este devastador impacto. Su condición médica fue diagnosticada erróneamente una y otra vez a lo largo del tiempo en que ella estuvo buscando respuestas para recuperar la salud. Ella tuvo que someterse a una devastadora histerectomía siendo muy joven y pasó años de mala salud y angustia mental, antes de descubrir la importancia del equilibrio hormonal adecuado. En sus palabras: "Me enfermaba, me aliviaba y luego enloquecía".

Michelle transformó su enojo en acción. Inició su empresa, EmpowHER, para asegurarse de que ninguna otra mujer sufriera lo que ella había sufrido. Su sitio web ofrece a las mujeres recursos para conservar la salud, contactos comunitarios y apoyo para su bienestar.

Para sentirnos bien en lo emocional y en lo físico, es importante que nuestra química cerebral esté en equilibrio. Analicemos el impacto que tienen en nuestro cerebro las siguientes hormonas y neurotransmisores cerebrales que se encargan de estabilizar nuestro estado de ánimo:

La **serotonina** contribuye a la sensación de bienestar y felicidad.
La **dopamina** es ante todo responsable del estado de alerta.
La **norepinefrina** es la neurona y neurotransmisor que es ante todo responsable de la concentración.

Es importante que estas sustancias químicas del cerebro se mantengan en equilibrio y trabajen juntas. Si lo hacen, te sientes mucho más calmada y con las cosas bajo control.

Este es un ejemplo de la forma en que el ciclo del cambio hormonal puede afectar ese equilibrio y tener resultados desastrosos:

Las fluctuaciones en el **estrógeno** pueden tener un impacto en los niveles de **serotonina**. Si no hay suficiente serotonina en el cerebro, podrías experimentar depresión, ansiedad e irritabilidad. Sin embargo, los niveles bajos de serotonina tendrán un impacto en los ovarios y en su producción de estrógenos. Cuando los niveles de estrógeno están mal, ya sea que estén demasiado bajos o demasiado altos, tu estado de ánimo puede tener cambios terribles. Puedes ir de una ira extrema a una depresión extrema.

¿Esto te parece algo sacado de la novela Trampa-22? Definitivamente. Esta complicación en la química del cerebro puede crear un ciclo constante de depresión que será difícil superar a menos que entiendas lo que la causó en primer lugar. Michelle dice:

ojo

He visto que muchas mujeres empiezan a beber demasiado alcohol pensando que eso les ayudará a sentirse mejor, pero en realidad hace que su depresión sea más profunda. Hace que sean menos productivas en su trabajo. Es una cuesta muy resbalosa. Además, la falta de sueño puede causar niebla cerebral, pues la persona no está durmiendo lo suficiente, y sabemos que muchos de estos problemas se relacionan con cambios hormonales o con el estrés.

Por eso es importante tener recursos como EmpowHER, el sitio web de Michelle. Su misión es introducir innovaciones y cambios en la experiencia de pacientes, en la entrega del cuidado a la salud y en el desarrollo y aprobación de mejoras en el campo de la salud, en una atención médica capaz de cambiar vidas, y en los tratamientos y procedimientos para mujeres alrededor del mundo. Michelle desea que cada mujer se convierta en una defensora de su propia salud y que llegue a tener condiciones óptimas.

Cuando no te sientes bien, es muy difícil hacer las cosas bien.

Podrías lograr resultados positivos dramáticos si encuentras el apoyo médico adecuado para asegurarte de que tus hormonas estén realmente en equilibrio.

Pero no olvidemos el impacto que tu salud física tiene en tu salud mental. Si de hecho tienes problemas físicos de salud, es muy probable que esté aumentando el número de pensamientos negativos que se gestan tanto en tu mente consciente como en tu subconsciente.

Cuando trabajas para mejorar tu salud física, también es importante trabajar en tu salud mental. Tienes la capacidad de llenar tu mente con pensamientos positivos y deshacerte de los pensamientos negativos. Estas son algunas sugerencias que podrían ayudarte a lo largo del camino.

MEJORA TUS PENSAMIENTOS, MEJORA TU SALUD

Un estudio que se publicó recientemente en la revista *Psychological Science [Ciencia psicológica]* comparte una técnica sencilla para deshacerte de los pensamientos negativos:

Simplemente escribe los pensamientos negativos y tíralos.

El estudio, financiado por la Fundación Nacional de Ciencia de Estados Unidos y por el Ministerio de Ciencia e Innovación de España, les pidió a las personas que escribieran un pensamiento sobre sí mismas (por ejemplo, la imagen que percibían de su cuerpo) y luego examinaran el impacto duradero de los pensamientos que habían escrito. Los resultados fueron muy reveladores. Los participantes que de hecho tiraron o eliminaron los pensamientos sobre sí mismos que habían escrito, pudieron superarlos y dejaron de estar bajo su influencia.

Por el contrario, los participantes que guardaron los pensamientos que habían escrito y no los tiraron, siguieron estando bajo la influencia de esos pensamientos negativos.

La conclusión de los científicos fue que el acto físico de deshacerse del pensamiento escrito parece permitir que la mente pase a otras cosas.

¿Podría ser así de fácil?

Algunas personas también podrían necesitar ver más de cerca otras formas de reducir los pensamientos negativos e incrementar los pensamientos positivos. El primer paso es identificar los pensamientos negativos y aprender a "atraparlos". Algunos de los siguientes hábitos podrían fomentar la tendencia a pensar en forma negativa:

Dramatizar demasiado – También se le conoce como pensamiento catastrófico. No puedes encontrar un lugar donde estacionarte en la mañana y crees que todo tu día está arruinado.

Perfeccionismo – Terminas un proyecto en el trabajo y te lo reciben muy bien, pero te das cuenta de que olvidaste incluir una parte del proyecto. En lugar de estar feliz por haber presentado el proyecto y por el hecho de que fue bien recibido, te angustias por la parte que se te olvidó incluir. Amplificas lo negativo en lugar de lo positivo.

Personalizar – Cuando pasa algo malo, automáticamente encuentras la forma de culparte.

Ser moralista – Tiendes a ver las cosas como correctas o incorrectas, negras o blancas. De inmediato las etiquetas, en lugar de estar abierta a otras posibilidades.

Ahora que ya puedes identificar más fácilmente tus pensamientos negativos, concentrémonos en formas de transformarlos en pensamientos positivos. Como cualquier otro hábito, requiere tiempo de práctica, pero producirá resultados positivos para toda una vida. Analiza los siguientes ocho pasos para mejorar la energía positiva en tu vida.

Pregúntate: "¿En qué área tengo pensamientos negativos con frecuencia?". Si eres realmente honesta contigo misma, podrías pensar en varias áreas de tu vida. Podrían relacionarse con el trabajo, con la familia o con la forma en que te percibes. Elije un área y concéntrate primero en ella.

1. Hacer ejercicio al menos tres veces a la semana, o incrementar tu nivel de ejercicio.
2. Tener una dieta saludable y nutritiva para la mente y el cuerpo.
3. Apartar un periodo cada día para recordar los pensamientos negativos que tuviste ese día. Piensa cómo podrías convertir un pensamiento negativo en un pensamiento positivo. Por ejemplo, en lugar de decir: "No, es muy difícil", di: "¡Vamos a intentarlo".
4. Añade humor a tu vida. Los estudios han comprobado que el humor ayuda a reducir el estrés y añade optimismo a la vida.

5. Crear un entorno positivo. Añade frases ligeras, felices, artísticas y positivas al entorno de tu trabajo y de tu hogar.
6. Pasar tiempo con gente positiva. Reduce el tiempo que tienes que pasar con gente negativa.
7. Tener conversaciones internas positivas.

Al empezar a practicar estos métodos, verás resultados tangibles. Vas a sonreír más, tendrás más confianza y serás más optimista sobre el futuro. Además, estarás más en armonía, tendrás más empatía con las personas que te rodean y por lo tanto, crearás un mejor entorno para que tu mente subconsciente esté en armonía con la Inteligencia Infinita.

COMBINAR LOS PENSAMIENTOS POSITIVOS CON LA EMPATÍA

¿Alguna vez supiste quién te llamaba antes de contestar el teléfono?

¿Alguna vez estabas pensando en alguien, levantaste la vista y esa persona estaba frente a ti mirándote? ¿O si no estaba en el mismo lugar, sonó tu teléfono y era esa persona?

Esto es telepatía, y todos la hemos experimentado. Es la habilidad de comunicarse sin palabras o sin lenguaje corporal. A menudo, esta comunicación es entre personas cercanas, pero también puede darse entre personas que están separadas por una gran distancia.

En el libro *Piense y hágase rico*, Napoleón Hill señala la importancia de la telepatía y su papel en la aplicación exitosa del principio de los EQUIPOS MASTERMIND. Menciona la relación de trabajo cercana que tuvo con dos de sus colegas, y la forma en que estimulaban su mente para encontrar soluciones a los problemas que estaban enfrentando.

Así es como él describió el proceso: "El procedimiento es muy sencillo. Nos sentamos frente a una mesa de conferencias, exponemos con claridad la naturaleza del problema que vamos a considerar, y luego empezamos a hablar de él. Cada uno de nosotros contribuye con aquello que se le ocurre. Lo más extraño de este método de estimulación mental es que pone a cada uno de los participantes en comunicación con fuentes de conocimiento desconocidas que definitivamente se encuentran fuera del campo de su propia experiencia".

Al tener acceso a estas fuentes de conocimiento desconocidas, puedes expandir tu propio pensamiento y recibir sabiduría de la Inteligencia Infinita. Hill creía que esto facilitaba el uso del sexto sentido, que se describe en el siguiente capítulo, para ayudarte a crear una realidad material a partir de tu Propósito Definido.

ESTE CAPÍTULO EN LA PRÁCTICA – EN MI VIDA

Al escribir este capítulo, aprendí mucho sobre el cerebro y las diferencias entre los hombres y las mujeres, que ojalá hubiera tenido hace muchos años.

Nuestras habilidades naturales para tener empatía y colaborar como mujeres, nos posicionan bien para alcanzar el éxito en el futuro, a medida que los negocios avanzan de un mundo competitivo y brutal a un entorno de negocios en el que hay mayor colaboración y cooperación.

Existen, sin embargo, un par de problemas adicionales que necesito abordar a partir de mi experiencia a lo largo de los años. Cuando hablamos de la negatividad, esta puede llegar a ti directamente, o puede acercarte a ti a hurtadillas, como en una acción furtiva.

Por ejemplo, consideremos los temas de los chismes, el sarcasmo y de los empleados o empleadas que no están contentos. Los chismes y el sarcasmo pueden empezar como charla inocente entre amigas o colegas, pero se convierten en un veneno dañino. Asimismo, el empleado o empleada que no está feliz puede usar su desdicha para crear un entorno de trabajo tóxico.

Todas hemos participado en chismes o hemos sido sarcásticas, y es muy probable que también hayamos sido víctimas de chismes o de sarcasmo y que nos hayan dañado.

A lo largo de los años, he aprendido algunas tácticas sencillas que me han ayudado a minimizar los chismes y el sarcasmo y a evitar a los empleados o empleadas que no están contentos.

1. Mantenerme ocupada haciendo algo constructivo.
2. Simplemente evitar a las personas que tienden a participar en chismes, a ser sarcásticas o que no están contentas.
3. Tener el hábito de alejarme cuando escucho chismes o comentarios sarcásticos, o cuando estoy ante gente que no es feliz. Siento que aunque solo los esté escuchando, estoy participando en esparcir la negatividad.
4. Tener cuidado de lo que comparto con otros sobre mi propia vida; podría regresar a mí y acosarme.
5. Si me siento incómoda, buscar a alguien que esté capacitado para ayudarme y luego compartir mis sentimientos, en lugar de mantenerlos en mi interior.
6. Contrarrestar la negatividad con algo positivo.

Al practicar estos seis pasos, puedes minimizar tu contacto con la negatividad que está relacionada con los chismes, con el sarcasmo y con los compañeros de trabajo o los empleados que no están contentos.

Mi amiga Donna Root me ayudó a crear un proceso cuando me sentí muy mal por algo que me estaba causando dificultades en la vida. En el capítulo anterior lo llamé mi motocultor personal.

Ella me dijo que cuando me sintiera consumida a causa de un pensamiento negativo, debería hacer lo siguiente:

1. Imaginar que estoy conduciendo un auto.
2. Detenerme lo suficiente para identificar ese pensamiento individual.
3. Visualizar el pensamiento como algo separado y distinto a "mí".
4. Poner el pensamiento en el asiento del pasajero de mi coche.
5. Preguntarle: "¿Qué se supone que debo aprender de ti?".

6. Si hay una lección que pueda aprender, aprenderla.
7. Si no, decirle al pensamiento que no tiene poder.
8. Seguir adelante con la vida, controlando tus pensamientos.

Y cuando todo falla, ¡escucho la música estilo Motown y me pongo a bailar!

LA HERMANDAD DEL
EQUIPO *MASTERMIND*

La sabiduría de mujeres de éxito y valía personal sobre el CEREBRO:

ERMA BOMBECK (1927-1996)
HUMORISTA, COLUMNISTA Y AUTORA ESTADUNIDENSE
"Tengo una teoría sobre la mente humana. Un cerebro es muy similar a una computadora. Solo acepta cierta cantidad de hechos, y luego se sobrecarga y se descompone".

MAYA ANGELOU
AUTORA Y POETISA ESTADUNIDENSE
"La idea es escribirlo para que la gente pueda escucharlo, se deslice por su cerebro y entre directamente al corazón".

ANNIE BESANT (1847-1933)
SOCIALISTA BRITÁNICA, ACTIVISTA A FAVOR DE LOS DERECHOS DE LAS MUJERES
"Así como el calor del carbón es diferente al carbón en sí, la memoria, la percepción, el juicio, la emoción y la voluntad, son diferentes del cerebro, que es el instrumento del pensamiento".

"Aprendemos mucho mientras dormimos, y el conocimiento que obtenemos en esta forma se filtra lentamente hasta el cerebro físico, y en ocasiones se graba en él como un sueño vívido que nos ilumina".

FARRAH FAWCETT (1947-2009)
ACTRIZ Y ARTISTA ESTADUNIDENSE

"Dios les dio a las mujeres intuición y feminidad. Si las usan adecuadamente, esa combinación puede descontrolar el cerebro de cualquier hombre que alguna vez haya yo conocido".

BARBARA DE ANGELIS
ASESORA EN EL ÁREA DE LAS RELACIONES, CONFERENCISTA Y AUTORA ESTADUNIDENSE

"Al cerebro de un hombre le es más difícil cambiar del pensamiento al sentimiento, que al cerebro de una mujer".

SUSAN BLACKMORE
ESCRITORA INDEPENDIENTE, CONFERENCISTA Y PRESENTADORA INGLESA

"En relación con nuestra masa corporal, nuestro cerebro es tres veces más grande que el de nuestros parientes más cercanos. Es peligroso y doloroso darle vida a este enorme órgano, es caro desarrollarlo y en un ser humano que está en descanso, el cerebro utiliza aproximadamente el 20% de la energía del cuerpo, aunque solo represente el 2% de su peso. Seguramente existe una razón para todo este gasto en su evolución".

SUSANNAH CAHALAN
REPORTERA ESTADUNIDENSE; AUTORA DE *BRAIN ON FIRE [CEREBRO EN LLAMAS]*

"La mente es como un circuito de luces en el árbol de Navidad. Cuando el cerebro funciona bien, todas las luces brillan, y es tan adaptable que a menudo aunque un foco se funda, el resto sigue brillando. Pero dependiendo del lugar donde ocurra el daño, a veces el foco que se fundió puede hacer que todo quede en tinieblas".

MARILYN FERGUSON (1938-2008)
AUTORA, EDITORA Y ORADORA ESTADUNIDENSE

"Los cálculos del cerebro no requieren un esfuerzo consciente, solo se requiere nuestra atención y nuestra apertura para permitir que la información entre. Aunque el cerebro absorbe universos de información, es poco lo que se admite en la capacidad consciente normal".

MARIANNE WILLIAMSON
MAESTRA ESPIRITUAL, AUTORA Y CONFERENCISTA

"Tal vez creas que eres responsable de lo que haces, pero no de lo que piensas. La verdad es que eres responsable de lo que piensas, ya que solo en este nivel puedes hacer elecciones. Lo que haces viene de lo que piensas".

KATIE KACVINSKY
AUTORA ESTADUNIDENSE DE OBRAS DE FICCIÓN PARA JÓVENES Y ADULTOS

"Los pensamientos son circulares, no te llevan a ninguna parte. No tienen pies... no pueden ganar terreno. Pero pueden atraparte si no te pones de pie en algún momento y empiezas a actuar".

DREW BARRYMORE
ACTRIZ Y DIRECTORA DE TEATRO ESTADUNIDENSE

"Yo personalmente luché contra mi propia imagen corporal durante años. Solía decirme: 'No puedes usar blusas o vestidos sin mangas o sin tirantes'. De pronto, pensé: '¿Qué tal si no mando esos mensajes negativos a mi cerebro', y dije: '¿Puedo usar esas blusas y vestidos y disfrutarlos?'. Ahora me siento más cómoda que nunca con la ropa".

MARILU HENNER
ACTRIZ, PRODUCTORA Y AUTORA ESTADUNIDENSE
"Las investigaciones han demostrado que incluso cantidades muy pequeñas de alimentos procesados pueden alterar el equilibrio químico de nuestro cerebro y causar cambios negativos en nuestro estado de ánimo y un descenso notorio de energía".

"Los alimentos integrales saludables mejoran nuestra función cerebral también".

En el siguiente capítulo, Hill nos presenta su último principio, o la cima de la filosofía de *Piense y hágase rico:* el sexto sentido, la puerta al templo de la sabiduría. La Imaginación Creativa inspira y activa al Sexto Sentido, cuando todos los demás principios actúan unidos.

PREGÚNTATE

¡Usa tu diario al trabajar en esta sección con el fin de identificar tus pasos de acción, activar los momentos en que descubres algo y crear tu plan para alcanzar el éxito!

Después de leer sobre tu subconsciente, sobre tu cerebro y sobre la forma en que funcionan juntos, dedica algo de tiempo a meditar sobre lo que lees y la forma que se aplica a tu propia vida.

Piensa en algunas de tus características positivas y anótalas en tu diario.

Ahora piensa en algunas cosas que te gustaría cambiar de ti misma y anótalas.

Responde a las siguientes preguntas:

- ¿Tiendes a dramatizar demasiado?
- ¿Eres perfeccionista?
- ¿Tomas todo como algo personal?
- ¿Haces juicios?
- Tiendes a involucrarte en chismes?
- ¿Eres sarcástica?

Elige una característica negativa que te gustaría vencer y convertir en una característica positiva. Anótala en tu diario y comprométete a trabajar en ella en primer lugar. Practica el darte cuenta de cuando empieces a pensar en ella.

Ahora, repasa los siete métodos para mejorar la energía positiva en tu vida. Selecciona al menos uno de ellos y comprométete a utilizarlo durante el próximo mes.

Al final del mes, anota tus experiencias en tu diario personal. Después elige otro para concentrarte en él.

Recuerda que debes pensar en algo positivo cada noche antes de dormir.

¡Que tengas dulces sueños!

13

El sexto sentido

La puerta al templo de la sabiduría

Confía en tus intuiciones... Por lo general,
tus intuiciones se basan en hechos que están
archivados justo debajo del nivel consciente.

—DRA. JOYCE BROTHERS

¿ALGUNA VEZ HAS SENTIDO ANTIPATÍA POR ALGUIEN EN EL MO-
mento en que lo conoces porque simplemente "sabes" que no es
confiable?

¿Alguna vez has sentido escalofríos o has sentido que se te eriza
el cabello de la nuca, y te diste cuenta de que tu intuición te estaba
mandando un llamado de emergencia?

¿Alguna vez has despertado con una "nueva idea genial"?

Es muy probable que estas intuiciones, corazonadas, presenti-
mientos, destellos de "comprensión", palmaditas en el hombro o
inspiraciones, sean manifestaciones de tu SEXTO SENTIDO. El
SEXTO SENTIDO es tu mente subconsciente y en los capítulos anteriores se le dio el nombre de Imaginación Creativa. Hill lo llamó
la puerta al templo de la sabiduría ya que, como él lo describe, te
conecta con la Inteligencia Infinita y se convierte en "el 'aparato
receptor', a través del cual las ideas, los planes y los pensamientos
surgen en la mente".

Solo podrás utilizar totalmente tu SEXTO SENTIDO después de que hayas dominado los primeros doce principios del éxito. Como lo explica Hill, es la combinación del ámbito mental y el ámbito espiritual, y te permite contactar lo que él llama la Mente Universal. A medida que desarrolles tu SEXTO SENTIDO, te darás cuenta de que es como tu "ángel guardián" que te abre la puerta del Templo de la Sabiduría, justo en el momento preciso.

Te ayuda a transformar tus DESEOS ARDIENTES en planes organizados y a modificar esos planes en una realidad concreta o material. Una vez que entiendas este proceso y lo pongas en práctica, convertirás tus conocimientos en COMPRENSIÓN. Esta comprensión recibirá ayuda y apoyo cuando reconozcas y uses tu SEXTO SENTIDO. Te elevará a un nivel más alto de comprensión y conciencia mental.

La palabra "intuición" viene de la palabra latina *intueri* "mirar hacia dentro" o "contemplar".

El *Diccionario Espasa Calpe* define intuición como: "Percepción clara e inmediata de una idea o situación, sin necesidad de razonamiento lógico". El *Diccionario Merriam-Webster's Collegiate,* añade: "Es una habilidad o poder natural para saber algo sin tener pruebas o evidencias; es una sensación que guía a una persona a actuar en cierta forma sin entender por completo la razón".

Donna Root señala que todos tenemos un SEXTO SENTIDO, pero no todos le prestamos atención. Ella plantea: "Aunque todos nacemos con un SEXTO SENTIDO, gran parte de la población le ha dado poco valor al don ilógico de conocer lo incognoscible. Creo que las mujeres, a lo largo de la historia, han sido muy sabias al no tener que explicar lógicamente lo que por "instinto" saben que es real y verdadero, aunque sea ilógico. La 'intuición femenina' es la capacidad de seguir adelante usando un conocimiento intuitivo sin necesidad de tener una explicación lógica. La habilidad de seguir ampliando este sentido es, de hecho, un asunto de disciplina.

"Esta capacidad de crear a partir del SEXTO SENTIDO y de estar totalmente en armonía con él, es una forma consciente de vivir en el mundo, y creo que para las mujeres es más fácil expandir y amplificar estos dones del SEXTO SENTIDO. Vivimos en una época maravillosa en la que la ciencia ha descartado algunos mitos que antes estaban arraigados en nuestra cultura y en nuestro pensamiento. Hoy en día sabemos que estamos viviendo en un universo totalmente conectado y que podemos alcanzar un nivel consciente más alto de lo que nuestro estado de conciencia actual permite".

Es en este estado más alto de conciencia donde recibimos dirección, donde recibimos un nivel mayor de comprensión, y donde nos conectamos con la Inteligencia Infinita.

Tal vez te preguntes: ¿es esta una conexión ocasional? ¿O está a nuestro alcance en cualquier momento?

Hace más de veinticinco años, Shakti Gawain nos enseñó a escuchar a nuestra intuición y a confiar en ella como una luz que guía, en su libro *Living in the Light [Vivir en la luz]*. En una entrevista con B. J. Gallagher, del *Huffington Post,* reiteró su importancia: "Es muy *práctico* conectarse con la fuente de dirección u orientación que nos guía, día tras día y hora tras hora. Tu intuición te dirá hacia dónde necesitas ir; te conectará con personas que debes conocer; te guiará hacia el trabajo que es significativo para ti; un trabajo que te hace feliz, un trabajo que sientes que es adecuado para ti. Escuchar a tu sistema interno de dirección y guía te llevará a una vida rica, plena y feliz. Esa ha sido mi experiencia, y millones de personas pueden dar testimonio de esto en su propia vida".[32]

Además de ser la luz que nos guía, nuestra intuición también nos protege y es nuestra red de seguridad, pues nos envía señales de advertencia cuando algo está mal. De nuevo, necesitamos estar conscientes de esas señales de advertencia y debemos estar preparadas para percibirlas.

La Dra. Judith Orloff, psiquiatra certificada, profesora clínica asistente de psiquiatría en la Universidad de California, en Los Ángeles, y autora de *best sellers*, confirma el papel importante que tiene nuestra intuición en nuestra seguridad. Ella define la intuición como "una forma potente de sabiduría interior en la que el intelecto no participa. Todos tenemos acceso a ella; es una vocecita tranquila en nuestro interior; una voz inquebrantable que revela la verdad y que está comprometida con nuestro bienestar. Podrías experimentar la intuición como algo visceral, como una corazonada, una sensación física, una luz instantánea, o como un sueño. Siempre es amigable, vigila nuestro cuerpo y nos avisa si algo no está en armonía".[33]

¿ES INTUICIÓN O EMOCIÓN?

Es importante reconocer que la emoción a menudo podría parecer intuición, y por lo tanto sería fácil confundirlas. Saber intuitivamente que no deberías hacer algo o ponerte en acción, no es lo mismo que tener miedo de hacerlo. Sin embargo, podría parecer que el miedo es lo que te está diciendo que te alejes.

La diferencia clave entre la emoción y la intuición o SEXTO SENTIDO, es que la intuición se basa en el conocimiento, quizás es un conocimiento sin explicación, pero de todos modos es conocimiento. Las emociones como el resentimiento, el enojo e incluso la felicidad, pueden nublar una situación con falsedades y por lo tanto impedir que la intuición se comunique contigo.

El miedo, en particular, puede bloquear la intuición. Como esta emoción opera en base a la falsa suposición de que el mundo es un lugar peligroso y aterrador, solo puede ofrecer una guía falsa. De hecho, la guía que recibes del miedo hace que gastes más energía en "tener control", en lugar de esforzarte en descubrir formas de apoyar tu propósito definido y tu deseo más importante.

Cuando pensamos en nuestra intuición como una "función de cautela" que nos envía señales de advertencia, es muy importante asegurarnos de que en realidad se trata de nuestra intuición y que no es la emoción del miedo lo que nos está causando una confusión. El miedo provoca una sensación de que no somos capaces de cambiar las circunstancias relacionadas con un problema inminente, mientras que la intuición te da el poder de modificar tus circunstancias para mejorarlas y te impulsa en la dirección correcta. La Dra. Orloff proporciona las siguientes diferencias entre experimentar intuición o un miedo irracional:

- Una intuición confiable transmite información en forma neutral, no emocional.
- Una intuición confiable da una sensación visceral de ser correcta.
- Una intuición confiable tiene un tono compasivo con un tono de afirmación.
- Una intuición confiable da impresiones definidas, claras, que primero se "ven" y luego se sienten.
- Una intuición confiable transmite una sensación distante, similar a la que se produce al estar en el teatro viendo una película.
- Un miedo irracional tiene una gran carga emocional.
- Un miedo irracional tiene un contenido cruel, degradante o engañoso (hacia ti mismo o hacia otros, tal vez ambos).
- Un miedo irracional no transmite una confirmación visceral o una sensación acertada.
- Un miedo irracional refleja heridas psicológicas del pasado que no han sanado. Un miedo irracional reduce la posibilidad de estar centrado y de tener una perspectiva sana.[34]

¿Puedes pensar en una ocasión en que pensaste que estabas respondiendo a tu intuición, solo para darte cuenta más tarde de que estabas reaccionando al miedo? En el futuro, para ayudarte a determinar si te está guiando la intuición o te está controlando el miedo, date tiempo para hacerte las siguientes preguntas:

1. ¿Estoy teniendo una reacción física? De ser así, tu subconsciente podría estarse manifestando físicamente. La intuición se siente "bien" a nivel visceral; el miedo crea sensaciones negativas a nivel visceral.

2. ¿Puedo decir con toda convicción que "simplemente sé" que algo es verdad, que es correcto o que es necesario? Este es tu SEXTO SENTIDO que te está dando palmaditas en el hombro.

La intuición es tu instinto combinado con tu conocimiento y tu capacidad cognitiva.

3. ¿Tu certeza con respecto a un punto de vista dura solo un momento y luego hablas contigo misma y tratas de convencerte de que estás equivocada? Si hay una emoción fuerte vinculada con esta experiencia, podrías estar recibiendo la guía falsa de esa emoción.

4. ¿Estás experimentando una emoción que está vinculada con una experiencia previa? De ser así, tal vez necesites tranquilizar tu mente lógica y sentir la emoción durante el tiempo suficiente para permitir que la intuición pase a través de ella.

5. ¿Permites que tu emoción o tu deseo de estar "al control", influyan en tu toma de decisiones, y luego clasificas esto como intuición? Estás bloqueando tu intuición. Si te desprendes de la necesidad de estar "al control", podrías sentir que la intuición está empezando a fluir con libertad.

6. ¿Tus pensamientos se relacionan con el presente o con el futuro? Normalmente, la intuición se relaciona con lo que está sucediendo en el presente, en este momento, mientras que el miedo se relaciona con posibles resultados negativos en el futuro.

¿TIENES EL CONTROL?

Tener "el control" es un gran problema para muchas mujeres. Cuando te domina el miedo, en realidad estás cediendo el control a algo que tal vez suceda en el futuro. (Aquí estamos hablando del miedo imaginario; no de un miedo real, como el que sentiríamos al escapar de un edificio en llamas.) Sin embargo, en el caso de algunas mujeres, aunque la intuición les está hablando, tienden a ignorarla y no se benefician de ella.

Es muy probable que este capítulo te haya hecho recordar varias ocasiones en que tu intuición, o tu SEXTO SENTIDO, te protegió o te dio un momento de "iluminación". Pero pregúntate si has recibido con sencillez los mensajes que te envía o si has utilizado esta intuición como una herramienta para tener acceso a la Inteligencia Infinita y obtener un nivel más alto de comprensión.

¿Cómo empleas y desarrollas tu intuición o tu SEXTO SENTIDO?

En primer lugar, pregúntate si aceptas la existencia de tu SEXTO SENTIDO. Es absolutamente esencial que tengas apertura y estés dispuesta a recibir su guía; Hill describió la intuición como el ángel guardián que está a las puertas del Templo de la Sabiduría.

Debes crear el mejor entorno para permitir que tu cuerpo y tu mente se tranquilicen y debes eliminar la charla insensata para poder recibir su guía.

¿Son tus pensamientos positivos o negativos? Lo pensamientos positivos abren la mente, pero lo más seguro es que los negativos la cierren.

Aprende a hacer preguntas y a ser receptiva para poder captar la respuesta de la Inteligencia Infinita.

Pide consejo antes de dormirte por la noche y presta atención a tus sueños.

Al escribir este libro, me esforcé por buscar ejemplos que pudiera compartir con mis lectoras, así fue como encontré un *blog post* que lleva el nombre de "The MOST Important Time of Day for Entrepreneurs [La hora más importante del día para las personas emprendedoras], de Ali Brown, que literalmente apareció cinco días antes de que yo empezara a buscar material para el libro. Este es un ejemplo de la forma en que trabaja la intuición. Pedí ayuda y "me topé" con este sitio. Esto es parte de lo que dice Ali:

Permíteme compartir un secreto contigo: YO NUNCA logro tener una verdadera claridad, grandes ideas o respuestas brillantes cuando estoy sentada ante mi escritorio o trabajando en mi computadora. SIEMPRE se generan cuando me doy algo de espacio y silencio.

Para poder recibir lo que yo llamo "Descargas Divinas", respuestas o momentos de "iluminación", necesito disponer de cierto RAM en mi cerebro. Pasa lo mismo que en tu computadora; si tienes veinte aplicaciones abiertas y funcionando, consumen toda tu energía. No obtienes lo que necesitas. ¡Es necesario **reiniciar**! Por tanto, la clave es tener la cabeza clara y abrirse para recibir respuestas.

Cuando estás en este estado meditativo, abres tu corazón y tu mente y de hecho te conectas con tu naturaleza espiritual. No importa cómo lo llames, pero yo siento que es una conexión con el Espíritu. Es entregar tu mente para que se conecte con algo más profundo.

El tiempo de quietud permite que escuches las respuestas. Solo escribes una pregunta, escuchas, y así ves lo que se presenta. Al principio, crees que lo estás inventando. Pero después te das cuenta de que eso llegó a ti como un FLUJO de ideas.

Lo importante es formar el HÁBITO de conectarte con el Espíritu. Cuando dominas el arte de estar en quietud, puedes empezar a escuchar los susurros de la Divinidad, las voces que han estado tratando de llegar a ti desde el principio".[35]

No solo es importante crear el entorno (el momento de quietud que menciona Ali). También es necesario que "pidamos" que se nos guíe.

Y Beverly Sallee dice que aprender a pedir la guía del SEXTO SENTIDO fue una parte esencial de su éxito al desarrollar una red internacional de dueños de empresas. Ella comparte:

Una mujer a menudo dice: "Solo tuve una sensación".

A veces los hombres se ríen y le piden algo que se base en hechos.

Napoleón Hill lo llamó "imaginación creativa" o "corazonadas".

Como un aspecto importante para desarrollar mi sexto sentido, aprendí a practicar la "oración de escucha". En Santiago 1:5, leemos: "Si a alguno de ustedes le falta sabiduría, pídasela a Dios, y él se la dará, pues Dios da a todos generosamente sin menospreciar a nadie".

Al desarrollar mi negocio en la India, a menudo pasé días enteros asesorando a los nuevos dueños de negocios en red. Oraba pidiendo sabiduría antes de cada sesión. Las personas decían: "¿Cómo supiste que era importante hacer esa pregunta?" o "¿quién te dijo eso sobre nosotros?". Yo respondía: "Yo le pido a Dios sabiduría". Gracias a mi oración de escucha, mi negocio en la India creció muy rápido.

Como resultado de este éxito en los negocios, he podido dar educación y atención médica a muchos huérfanos en la India.

Vale la pena pedir guía.

La intuición es el mecanismo mediante el cual el conocimiento implícito está a nuestro alcance en el momento en que debemos tomar una decisión. ¡Confía en tu conocimiento, pide que se te guíe y permite que tu intuición te lleve en la dirección correcta!

ESTE CAPÍTULO EN LA PRÁCTICA – EN MI VIDA

Mi intuición, o sexto sentido, siempre ha sido muy fuerte, pero no siempre me he dejado guiar por él. De hecho, lo he ignorado la mayor parte de mi vida. Recuerdo muchas ocasiones en la escuela cuando la primera respuesta que llegaba a mi mente en un examen era la respuesta correcta, pero yo racionalizaba por qué otra respuesta debería ser la correcta y elegía una respuesta errónea. Es obvio que debería haber aprendido rápido, pero no lo hice.

Como he compartido en capítulos anteriores, mi educación se centró en trabajar arduamente y tener buenos resultados en la escuela. Mi familia era intelectual y racional, y se consideraba que cualquier signo de emoción era una señal de debilidad. Así que aprendí que la mayoría de las cosas son correctas o incorrectas, negras o blancas, y si uno es lógico y racional tiene recompensas. Por lo tanto, mi desempeño escolar fue excelente. Pero en ese tipo de entorno, uno tiende a volverse escéptico en relación con todo lo que no sea negro o blanco. Si algo no se puede comprobar, no existe.

Por consiguiente, me volví muy seria y me concentré en mi futuro. Olvidé "estar presente".

Los niños son intuitivos por naturaleza. Crean todo tipo de entornos y amigos imaginarios, basándose quizás en su imaginación y en su intuición. Cuando los niños están jugando, parecen flotar en el aire y disfrutar de simplemente "ser". Al avanzar en edad, sin embargo, se nos enseña a escuchar instrucciones. Se nos dice que una autoridad (como una maestra, nuestros padres, un adulto bien intencionado) sabe más que nosotros. Por lo tanto, empezamos a observar a nuestro alrededor para ver lo que están haciendo todos los demás; comenzamos a buscar a alguien que nos guie pues dudamos de nuestra propia capacidad de tomar decisiones. Empezamos a desconfiar de nuestra propia sabiduría interna y por lo tanto de nuestra intuición.

Napoleón Hill dice que el "miedo a la crítica" es uno de los fantasmas del temor que se tratarán en el siguiente capítulo. Considero que este es uno de los problemas más serios de nuestra sociedad actual. Las personas se juzgan a través de los ojos de los demás, a través de lo que otras personas piensan sobre ellas, en lugar de desarrollar su confianza en sí mismas y su propia valía. Yo soy muy sensible a este miedo a la crítica porque siempre he luchado contra él. Siempre he querido agradar a los demás, asegurándome de hacer mi mejor esfuerzo, de hacer lo "correcto", aunque no sea lo "correcto" para mí, o aunque yo no quisiera hacerlo en primer lugar.

¿Tienes experiencias similares?

He compartido varios puntos críticos de mi vida en los que pude seguir mi intuición y nunca lo he lamentado. El lema de mi vida: "¿Por qué no?", llegó a mí a través de mi sexto sentido cuando pedí que se me guiara. Hoy en día, soy más consciente que nunca de que un poder superior está actuando, y me esfuerzo por crear el entorno que me ayude a ser más receptiva en todo momento.

Todavía encuentro que en ocasiones no "estoy presente". Trato de atribuirlo a lo agitada que se ha vuelto mi vida y a la gran cantidad de responsabilidades que tengo. Mi vida está llena de oportunidades maravillosas ¡y trato de aprovecharlas todas! Me concentré en "hacer, lograr y asegurarme de que las cosas se llevaran a cabo", pero descubrí que había perdido contacto con el valor de simplemente "ser". De hecho, el "estar tan ocupada y haciendo tantas cosas" era mi excusa para no estar presente. Hoy en día me estoy esforzando por aprender a decir "no" más seguido, por aprender a reducir el "ruido" de mi vida, por concentrarme en mi lista de cosas que "debo dejar de hacer", y así tener más tiempo para simplemente "ser".

Ha sido una bendición contar con ángeles guardianes maravillosos a lo largo de mi vida. Mi intuición me ha guiado hacia experiencias fabulosas y me ha salvado de contratiempos potenciales una y otra vez. Al darme la oportunidad de aprender a "ser" más seguido, estoy experimentando una paz que nunca imaginé fuera posible.

LA HERMANDAD DEL
EQUIPO *MASTERMIND*

La sabiduría de mujeres de éxito y valía personal sobre el SEXTO SENTIDO:

FLORENCE SCOVEL SHINN (1871-1940)
ARTISTA E ILUSTRADORA DE LIBROS ESTADUNIDENSE QUE LLEGÓ A SER MAESTRA ESPIRITUAL

"La intuición es una facultad espiritual que no da explicaciones, simplemente señala el camino".

"Siempre estoy bajo una inspiración directa. Sé qué debo hacer y obedezco al instante las pistas que recibo de mi intuición".

MARILYN MONROE (1926-1962)
NORMA JEAN MORTENSON, ACTRIZ, MODELO Y CANTANTE ESTADUNIDENSE

"Una mujer sabe, por intuición o por instinto, lo que es mejor para ella".

GISELE BÜNDCHEN
MODELO BRASILEÑA, EMBAJADORA DE BUENA VOLUNTAD EN LAS NACIONES UNIDAS

"Cuanto más confíes en tu intuición, más poder tienes, más fuerte eres y más feliz llegarás a ser".

JEAN SHINODA BOLEN
PSIQUIATRA Y AUTORA DE TEXTOS SOBRE ESPIRITUALIDAD

"Las percepciones que tenemos por medio de los mitos, los sueños y las intuiciones; a través de visiones fugaces de una realidad invisible y de la sabiduría humana perenne, nos ofrecen pistas y corazonadas sobre el significado de la vida y la razón por la cual estamos aquí. La oración, la observación, la disciplina, el pensamiento y la acción, son los medios que nos ayudan a crecer y a encontrar el significado de la existencia".

MINNA ANTRIM (1861-1950)
ESCRITORA ESTADUNIDENSE, FAMOSA POR LA FRASE "LA EXPERIENCIA ES UNA GRAN MAESTRA, PERO COBRA MUY CARO"

"La intuición es una cualidad auténticamente femenina, pero las mujeres no deben confundirla con las conclusiones impulsivas".

BETTY WILLIAMS
IRLANDESA, GANADORA DEL PREMIO NOBEL DE LA PAZ EN 1976

"La compasión es más importante que el intelecto para motivar el amor que se necesita para trabajar por la paz; la intuición a menudo puede ser una luz más poderosa que la razón fría".

MADAME DE GIRARDIN (1804-1855)
AUTORA FRANCESA CUYO PSEUDÓNIMO ERA VICOMTE DE-LAUNAY

"El instinto es la nariz de la mente".

ANNE WILSON SCHAEF
AUTORA Y FEMINISTA, TIENE UN DOCTORADO EN PSICO-LOGÍA CLÍNICA

"Confiar en la intuición nos salva de desastres".

PREGÚNTATE

¡Usa tu diario al trabajar en esta sección con el fin de identificar tus pasos de acción, activar los momentos en que descubres algo y crear tu plan para alcanzar el éxito!

En tu diario, anota tres o cuatro ocasiones en tu vida en que tu intuición, o SEXTO SENTIDO, te hizo vivir un "momento de iluminación" o te protegió. Piensa en una ocasión en que se te puso la piel de gallina o sentiste mariposas en el estómago... es muy probable que tu intuición estuviera diciéndote algo.

¿Puedes pensar en ocasiones en que ignoraste tu intuición o tu SEXTO SENTIDO? ¿Cuál fue el resultado?

Revisa los pasos para desarrollar tu intuición o tu SEXTO SENTIDO, que aparecen en este capítulo y se honesta contigo misma. ¿Estás empleando estas técnicas?

- En primer lugar, pregúntate si aceptas la existencia de tu SEXTO SENTIDO. Es absolutamente esencial que tengas apertura y estés dispuesta a recibir su guía; Hill describió la intuición como el ángel guardián que está a las puertas del Templo de la Sabiduría.

- Debes crear el mejor entorno para permitir que tu cuerpo y tu mente se tranquilicen y debes eliminar la charla insensata para poder recibir su guía.

- ¿Son tus pensamientos positivos o negativos? Los pensamientos positivos abren la mente, pero lo más seguro es que los pensamientos negativos la cierren.

- Aprende a hacer preguntas y a ser receptiva para poder captar la respuesta de la Inteligencia Infinita.

- Pide consejo antes de dormirte por la noche y presta atención a tus sueños.

Hazte las siguientes preguntas:

¿Prestas atención cuando tu cuerpo está cansado?

¿Prestas atención al lenguaje corporal de otras personas cuando te reúnes con ellas?

¿Cruzas los brazos cuando enfrentas una situación incómoda?

¿Evitas a la gente negativa?

¿Consideras que eres seria?

¿Consideras que eres espontánea?

¿Pides a un poder superior que te guíe?

¿Prestas atención a tus sueños?

Durante el próximo mes, lleva un diario y anota las ocasiones en que reconoces que tu intuición, o tu SEXTO SENTIDO, está en acción. Estarás más consciente de él, y como resultado estarás más abierta a él.

Conserva tu diario cerca de tu cama. Antes de quedarte dormida, hazle una pregunta a un poder superior o a la Inteligencia Infinita. Por ejemplo: "¿Cómo debo retarme para avanzar al siguiente nivel? Luego presta mucha atención a tus sueños, y ponlos por escrito en cuanto despiertes, aunque no tengan sentido para ti en ese momento.

Tu ángel guardián está trabajando.

14

Cómo vencer a los seis fantasmas del temor

Haz un inventario de ti misma al ir leyendo
este capítulo y averigua cuántos de los
"fantasmas" están obstaculizando tu camino

*Cada experiencia en la que de hecho nos detenemos
para mirar al miedo directamente, nos fortalece,
nos da valor y confianza… debemos hacer las cosas
que creemos que no podemos hacer.*

—ELEANOR ROOSEVELT

NAPOLEÓN HILL DEDICÓ MÁS DE VEINTE AÑOS DE SU VIDA A EStudiar a más de quinientos de los hombres más exitosos de su tiempo, y a miles de personas que consideraban que habían fracasado. A partir de eso, desarrolló la filosofía del éxito que comparte con sus lectores en *Piense y hágase rico*. Cuando estaba a punto de publicar el libro, se dio cuenta de que aunque muchas personas "saben" lo que necesitan hacer para alcanzar el éxito, ¡NO LO HACEN!

¿Puedes pensar en alguien que conoces a quien se podría aplicar esta frase? ¿Alguien que se restringe debido al miedo o a otras creencias limitantes? ¿Puedes pensar en una ocasión en que tu propio miedo te paralizó y te impidió seguir adelante?

Por eso Hill añadió el último capítulo a su libro: "Cómo vencer a los seis fantasmas del temor", para ayudar a las personas a superar creencias que las limitan. Los llamó fantasmas porque solo existen en la mente. Estos fantasmas crean INDECISIÓN, DUDA y MIEDO. Hill sabía que la influencia del miedo causa un gran impacto, de modo que después de terminar *Piense y hágase rico*, Hill escribió *Outwitting the Devil [Ser más listo que el Diablo]*, como una secuela para abordar de manera específica la influencia del miedo y la negatividad y cómo superarla.

Analicemos los seis fantasmas del temor, los síntomas que menciona Hill que podrían ayudarte a reconocerlos y algunos sabios consejos que recibí de mujeres de éxito para poder acabar con ellos.

LOS SEIS MIEDOS BÁSICOS

El miedo a la POBREZA

El miedo a la CRÍTICA que está en el fondo de la mayoría de nuestras preocupaciones

El miedo a la MALA SALUD

El miedo a PERDER EL AMOR DE UNA PERSONA

El miedo a la VEJEZ

El miedo a la MUERTE

EL MIEDO A LA POBREZA

Eres el amo de tu dinero o eres su esclavo.

El miedo a la pobreza es, sin duda, el más destructivo de los seis miedos básicos. Es el más difícil de vencer.

Indudablemente, las mujeres sienten mucho miedo en relación con el dinero. Según el Estudio sobre las Mujeres, el Dinero y el Poder, de 2013, realizado por la aseguradora Allianz Life, casi la mitad de las mujeres estadunidenses temen llegar a ser "vagabundas".

¿Por qué son tantas las mujeres que delegan su seguridad financiera a sus esposos o a su pareja?

¿Por qué son tantas las mujeres que gastan más de lo que ganan y se hunden en deudas?

SÍNTOMAS DEL MIEDO A LA POBREZA

INDIFERENCIA – Falta de ambición.

INDECISIÓN – Estar inseguro o permitir que otros piensen por ti.

DUDA – Por lo general se muestra buscando excusas por tus fracasos.

PREOCUPACIÓN – Normalmente se expresa culpando a otros.

DEMASIADA CAUTELA – El hábito de buscar el lado negativo de cada circunstancia.

APLAZAR LAS COSAS DEJÁNDOLAS PARA DESPUÉS – El hábito de dejar para mañana lo que debes hacer hoy.

El MIEDO A LA POBREZA puede vencerse mediante la educación. Si eres consciente de tu situación financiera, puedes dar el primer paso hacia la salud financiera. Estos son algunos pasos que puedes dar para dominar el miedo a la pobreza:

1. Establece metas financieras… pide ayuda a un asesor financiero.

2. Estudia temas financieros. Teniendo mejor preparación tendrás menos miedo.

3. No confíes tu seguridad financiera a otra persona, aunque sea tu cónyuge o tu socio.

4. Gasta menos de lo que ganas, ¡en realidad es así de sencillo!

5. Desarrolla un fondo para emergencias.

6. Empieza a invertir; empieza con una suma pequeña y auméntala.

7. Presta atención a la forma en que manejas el dinero e involúcrate en ello todos los días, coméntalo con tu cónyuge.

8. Vigila tu crédito y esfuérzate por incrementarlo tanto como sea posible.

9. No gastes dinero solo para sentirte bien.

10. Aprende de los errores que cometas en tu manejo del dinero.

A nivel global, las mujeres van a heredar el 70% de los 41 mil millones de dólares que se predice se transferirán de una generación a otra en los próximos 40 años. Es nuestro deber llegar a ser dueñas de nuestro dinero y no sus esclavas. Piensa en la posibilidad de formar un grupo de estudio con algunas de tus amigas para estudiar y aprender juntas. Sentirás cómo se desarrolla tu fuerza a medida que obtienes conocimientos sobre el dinero y las inversiones... y te divertirás haciéndolo.

LA HERMANDAD DEL EQUIPO *MASTERMIND*

La sabiduría de mujeres de éxito y valía personal sobre EL MIEDO A LA POBREZA:

JEAN CHATZKY
PERIODISTA FINANCIERA ESTADUNIDENSE

"Puedes tener un cambio de imagen a partir de hoy. Pero tienes que superar la sensación de que es demasiado tarde".

J. K. ROWLING
AUTORA DE LA SERIE DE HARRY POTTER

"La pobreza implica miedo y estrés, y en ocasiones depresión. Causa miles de humillaciones y contratiempos mezquinos. Salir de la pobreza por tu propio esfuerzo es algo de lo que puedes estar orgullosa, porque solo los tontos idealizan la pobreza".

JEANE KIRKPATRICK (1926-2006)
EMBAJADORA ESTADUNIDENSE Y ANTICOMUNISTA APASIONADA

"Una doctrina relacionada con una guerra de clases aparentó proporcionar una solución al problema de la pobreza para personas que no sabían nada sobre la forma de crear la riqueza".

DIANA, PRINCESA DE GALES (1961-1997)

"Dicen que es mejor ser pobre y ser feliz, que ser rico y ser desdichado, ¿pero no sería posible ceder un poco y ser moderadamente rico y tener un carácter cambiante?".

MAE WEST (1892-1980)
ACTRIZ Y SÍMBOLO SEXUAL ESTADUNIDENSE

"El amor lo conquista todo, menos la pobreza y el dolor de muelas".

RITA DAVENPORT
ORADORA INTERNACIONAL Y AUTORA DE *FUNNY SIDE UP*

"Para tener éxito, tu deseo tiene que ser más grande que tu miedo".
"El dinero no lo es todo, pero es tan importante como el oxígeno".

EL MIEDO A LA CRÍTICA

El miedo a la crítica es uno de los que más limitan a las mujeres. Tendemos a vernos a través de los ojos de otras personas, en lugar de sentirnos cómodas tal como somos. Si te tomaras el tiempo para ver la mayoría de las críticas sin emoción, verías que en general son insignificantes y triviales. Pero pueden tener resultados devastadores. Pueden robarte tu confianza en ti misma, quitarte tu iniciativa, destruir el poder de tu imaginación y, al hacerlo, crear un entorno de negatividad autoimpuesta que cause estragos en tu vida.

Hill también nos recuerda que a menudo los padres de familia provocan daños irreparables a sus hijos al criticarlos; y con mucha frecuencia nuestros parientes más cercanos pueden causarnos los peores daños.

SÍNTOMAS DEL MIEDO A LA CRÍTICA

INSEGURIDAD – Por lo general se expresa a través del nerviosismo, la timidez, movimientos torpes de las manos y del cuerpo, movimientos de los ojos.

FALTA DE PORTE – Falta de control de la voz, mala postura, mala memoria.

PERSONALIDAD – Falta de firmeza en las decisiones, falta de atractivo personal, incapacidad de expresar opiniones con firmeza, imitar a otros, alardear.

COMPLEJO DE INFERIORIDAD – El hábito de expresar aprobación de uno mismo como un medio para ocultar un sentimiento de inferioridad. Usar "palabras rimbombantes" para impresionar a otros.

EXTRAVAGANCIA – El hábito de tratar de "estar a la altura de los vecinos" y de gastar más de lo que uno gana.

FALTA DE INICIATIVA – No aprovechar las oportunidades, miedo a expresar opiniones, ser evasivo o engañoso al hablar y al actuar.

FALTA DE AMBICIÓN – Pereza mental y física, falta de seguridad personal, lentitud al tomar decisiones; es fácil que otros ejerzan influencia sobre uno, la persona no está dispuesta a aceptar la culpa por los errores que comete.

Hemos escuchado la frase "Los palos y las piedras podrían romperme los huesos, pero los insultos nunca me van a lastimar". Si pudiéramos creer esto internamente a lo largo de nuestra vida, podríamos evitarnos muchas angustias.

Para la mayoría de las personas, la realidad es lo que perciben. Es posible que siempre haya alguien que percibas como una persona más bonita, más delgada, más rica, más sana y que simplemente es más feliz. En lugar de compararte con ella, mírate en el espejo y siéntete agradecida por lo que eres. Di: "Eres fabulosa". Luego piensa en cinco cosas por las que estás agradecida.

LA HERMANDAD DEL EQUIPO *MASTERMIND*

La sabiduría de mujeres de éxito y valía personal sobre EL MIEDO A LA CRÍTICA:

BILLIE JEAN KING
CAMPEONA DE TENIS ESTADUNIDENSE

"Creo que estar consciente de uno mismo podría ser lo más importante para llegar a ser campeona".

ELEANOR ROOSEVELT (1884-1962)
PRIMERA DAMA DE ESTADOS UNIDOS (1933-1945)

"Haz lo que tu corazón te diga que es correcto, ya que de todos modos te van a criticar. Te maldecirán si lo haces, te maldecirán si no lo haces".

"Nadie puede hacerte sentir inferior si tú no lo permites".

DIANA ROSS
CANTANTE, ARTISTA MUSICAL Y ACTRIZ ESTADUNIDENSE

"La crítica puede lastimar, aunque trates de ignorarla. Yo he llorado a causa de muchos artículos que se escriben sobre mí, pero sigo adelante y no me aferro a eso".

MARY KAY ASH
MUJER DE NEGOCIOS ESTADUNIDENSE, FUNDADORA DE MARY KAY COSMÉTICOS

"Coloca cada trozo de crítica entre dos capas de elogios".

EL MIEDO A LA MALA SALUD

Constantemente se nos bombardea con mensajes sobre la salud y los remedios más recientes. Es probable que tengas amigas o familiares muy queridos que están luchando contra problemas serios de salud. ¿Pero te has tomado tiempo para pensar en tu propia salud? ¿Estás cuidando los recursos más valiosos que tienes, tu mente y tu cuerpo?

Muchas mujeres tienden a poner a todas las personas y a todas las cosas antes que a su propia persona. Yo sé que he sacrificado mi propia salud muchas veces porque le doy prioridad a las cosas que tengo que hacer, en lugar de hacer el ejercicio que necesito y en lugar de descansar. ¿Has tenido la misma experiencia?

A la larga, vemos los resultados negativos de ignorar nuestra propia salud y empezamos a preocuparnos por nuestros problemas de salud. Nuestra mente es un receptor muy poderoso. A lo largo de los años recientes en que se ha vivido una incertidumbre financiera, todos los medios han estado hablando de temas de salud y de nuestra necesidad de garantizar nuestro sustento y nuestra salud en la vejez. Se nos bombardea con mensajes negativos que pueden provocar miedo o causar un impacto negativo en nuestra salud física en diversas formas. Todo pensamiento negativo puede causar mala salud.

SÍNTOMAS DEL MIEDO A LA MALA SALUD

AUTOSUGESTIÓN – Buscar con la esperanza de encontrar los síntomas de todo tipo de enfermedades. Usar remedios caseros.

HIPOCONDRÍA – El hábito de hablar de enfermedades, concentrarse en las enfermedades y pensar que van a presentarse. Pensamiento negativo.

FALTA DE EJERCICIO – Esto interfiere con el ejercicio físico adecuado y produce sobrepeso.

SUSCEPTIBILIDAD – Reduce la resistencia natural del cuerpo a las enfermedades y crea las condiciones para que se presente cualquier tipo de enfermedad.

MIMARSE – Buscar compasión, usar enfermedades imaginarias para recibir atención.

FALTA DE MODERACIÓN – Usar alcohol o drogas para "tratar" los dolores en lugar de eliminar su causa.

¡La batalla contra el miedo a la mala salud se gana cuidándonos! Una mujer que es activa, saludable y que está en armonía con su cuerpo, tendrá confianza en que está haciendo algo para crear una vida de bienestar a largo plazo. Conservar una actitud mental positiva es también muy importante para conservar la buena salud.

LA HERMANDAD DEL EQUIPO *MASTERMIND*

La sabiduría de mujeres de éxito y valía personal sobre EL MIEDO A LA MALA SALUD.

NAOMI JUDD
CANTAUTORA DE MÚSICA *COUNTRY* EN ESTADOS UNIDOS
"Tu cuerpo escucha todo lo que tu mente dice".

ELIZA GAYNOR MINDEN
DISEÑADORA DEL ZAPATO DE BALLET GAYNOR MINDEN POINTE
"Respeta tu cuerpo. Come bien. Baila siempre".

DOROTHY PARKER (1893-1967)
POETISA ESTADUNIDENSE, ESCRITORA DE RELATOS CORTOS Y CRÍTICA
"El dinero no puede comprar la salud, pero yo me conformaría con una silla de ruedas con incrustaciones de diamante".

KARYN CALABRESE
EMPRESARIA Y EXPERTA EN SALUD HOLÍSTICA
"Si no cuidas esta máquina, que es la más maravillosa que se te podría dar, ¿dónde vas a vivir?

EL MIEDO A PERDER EL AMOR

Este miedo puede ser el más doloroso. Hill advirtió: "Las mujeres son mucho más susceptibles al temor a la pérdida del amor que los hombres".

Yo creo que este temor va de la mano con el temor a la crítica. Cuando perdemos a alguien que amamos por decisión de ellos, no por decisión nuestra, a menudo nos juzgamos con mucha dureza. Nos atormentamos culpándonos con pensamientos negativos como: "¿Qué hice mal? Si solo hubiera yo hecho más por él... si solo fuera yo más delgada, más bonita...".

Es muy probable que el temor a perder el amor esté también muy relacionado con la confianza. Es muy probable que una mujer que de inmediato se culpa por una relación personal que ha fracasado, tenga una autoestima muy baja o muy poca confianza en sí misma, de una u otra forma. Las siguientes estadísticas, proporcionadas por la Coalición de Confianza de la Hermandad Kappa Delta, muestran claramente esta falta de confianza en las mujeres:

- 90% de las mujeres quiere cambiar al menos un aspecto de su apariencia física.
- Solo 2% de las mujeres creen que son hermosas.

SÍNTOMAS DEL MIEDO A PERDER EL AMOR

CELOS – Sospechar de amigos o amigas y de los seres queridos sin ninguna evidencia razonable.

CULPAR A OTROS – Encontrar faltas en las amistades, los miembros de la familia, los colegas en los negocios y los seres queridos.

HACER APUESTAS – Apostar, robar, hacer trampas o correr riesgos peligrosos para conseguir dinero para los seres queridos, creyendo que es posible comprar su cariño.

No es fácil sobreponerse a la pérdida del amor. Sin embargo, una mujer que es fuerte, que está convencida de sus valores y que tiene independencia económica, sufre menos al perder un amor que una mujer que recurre a otros para lograr la felicidad y sentir que tiene valía personal.

LA HERMANDAD DEL EQUIPO *MASTERMIND*

La sabiduría de mujeres de éxito y valía personal sobre EL MIEDO A PERDER EL AMOR.

MARIANNE WILLIAMSON
AUTORA ESTADUNIDENSE

"Nacemos con el amor. El miedo lo aprendemos aquí".

SONIA JOHNSON
FEMINISTA Y ESCRITORA ESTADUNIDENSE

"Lo que más debemos temer es que el corazón nos falle".

HELEN KELLER (1880-1968)
ESCRITORA, ACTIVISTA POLÍTICA Y CONFERENCISTA ESTA-
DUNIDENSE

"Lo que ya hemos disfrutado nunca podremos perderlo. Todo lo que amamos profundamente se vuelve parte de nosotras".

EL MIEDO A LA VEJEZ

Envuelto en el miedo a la pobreza y en el miedo a la mala salud, está el miedo a envejecer y el miedo a "ser" viejo. Este miedo se manifiesta como un temor a perder la libertad y la independencia, tanto física como económica. Además, esto se intensifica por el miedo a la crítica. Cuando nos comparamos con versiones mucho más jóvenes de nosotras mismas, añoramos nuestra juventud perdida.

SÍNTOMAS DEL MIEDO A LA VEJEZ

ACTUAR CON MÁS LENTITUD – Creer que uno decae debido a la edad.

HABLAR DE UNO MISMO COMO DISCULPÁNDOSE POR "SER VIEJO" – En lugar de sentir gratitud por haber alcanzado la sabiduría.

MATAR LA INICIATIVA, LA IMAGINACIÓN Y LA CONFIANZA EN UNO MISMO – Creyendo falsamente que uno es demasiado viejo para ejercer estas cualidades.

VESTIRSE – tratando de verse mucho más joven.

Podemos evitar este temor a la vejez permaneciendo activas y contribuyendo al mundo que nos rodea. Cuando apreciamos lo que tenemos y lo que hemos logrado, y además compartimos nuestros talentos con otros, podemos celebrar la vida todos los días en lugar de pensar en "cómo solían ser las cosas".

LA HERMANDAD DEL EQUIPO *MASTERMIND*

La sabiduría de mujeres de éxito y valía personal sobre el MIEDO A LA VEJEZ:

BETTY WHITE
ACTRIZ, AUTORA Y PERSONALIDAD DE LA TELEVISIÓN EN ESTADOS UNIDOS

"La vejez no es una sorpresa, sabemos que va a llegar; aprovéchala al máximo. Tal vez tus pies no sean tan rápidos, y quizás la imagen en el espejo te desanime un poco, pero todavía estás activa, no sufres dolores. El nombre del juego debería ser: gratitud".

EMILY DICKINSON (1830-1886)
POETISA ESTADUNIDENSE

"No nos volvemos más viejas con los años, nos volvemos más nuevas todos los días".

ANNE SEXTON (1928-1974)
POETISA ESTADUNIDENSE

"En un sueño nunca tienes ochenta años".

BETTE DAVIS (1908-1989)
ACTRIZ ESTADUNIDENSE GALARDONADA

"La vejez no es un lugar para los cobardes".

BRIGITTE BARDOT
ACTRIZ, CANTANTE Y MODELO FRANCESA
"Es triste envejecer, pero es bonito madurar".

EL MIEDO A LA MUERTE

Al envejecer, el miedo a la muerte supera el miedo a la mala salud. Este miedo se complica o se suaviza con las creencias religiosas de la persona. Pero en realidad, de vez en cuando todos nos preguntamos: "¿De dónde vine y hacia dónde voy?".

La muerte va a llegar, sin importar lo que pensemos de ella, o sin importar cuánto tratemos de evitarla. En lugar de temer a la muerte deberíamos concentrarnos en el presente y aprovechar cada día al máximo.

Hill nos recuerda que "Si la vida es algo, es energía. Si es imposible destruir la materia y la energía, resulta evidente que tampoco se puede destruir la vida. Esta, como cualquier otra forma de energía, puede pasar por distintos procesos de transición o de cambio, pero nunca se puede destruir. La muerte no es más que una transición".

SÍNTOMAS DEL MIEDO A LA MUERTE

PENSAR – Piensas en la muerte en lugar de aprovechar la vida al máximo.

CAUSAS – Mala salud, pobreza, falta de una ocupación adecuada, desilusiones en el amor, demencia y fanatismo religioso.

El mejor consejo para superar el temor a la muerte es vivir cada día con intensidad. Si tienes un DESEO ARDIENTE QUE QUIERES ALCANZAR, y lo respaldas con un servicio a otros, te concentras en darle significado a la vida y no hay lugar para temerle a la muerte.

LA HERMANDAD DEL EQUIPO *MASTERMIND*

La sabiduría de mujeres de éxito y valía personal sobre el MIEDO A LA MUERTE:

MAYA YING LIN
DISEÑADORA ARQUITECTÓNICA Y ARTISTA ESTADUNI-
DENSE

"Si no podemos enfrentar la muerte, nunca podremos superarla.
Debes verla directamente a los ojos.
Entonces podrás darte la vuelta y dirigirte hacia la luz".

HELEN KELLER (1880-1968)
ESCRITORA, ACTIVISTA POLÍTICA Y CONFERENCISTA ESTA-
DUNIDENSE

"La muerte no es otra cosa que pasar de un cuarto a otro. Pero para
mí hay una diferencia, ¿sabes? porque en ese cuarto voy a poder ver".

KATHARINE HEPBURN (1907-2003)
ACTRIZ CINEMATOGRÁFICA, DE TEATRO Y DE TELEVISIÓN
"La muerte será un gran alivio. Ya no habrá entrevistas".

J. K. ROWLING
AUTORA BRITÁNICA DE LA SERIE DE FANTASÍA SOBRE HA-
RRY POTTER

"Para una mente bien organizada, la muerte solo es la siguiente gran
aventura".

LA PREOCUPACIÓN Y EL TEMOR –
LOS ENEMIGOS DE LA FELICIDAD

"La preocupación es un estado mental que se basa en el temor.
Funciona con lentitud, pero es persistente, insidiosa y sutil. Paso a
paso, se abre camino hasta que paraliza la facultad de razonamiento
de la persona, destruye su confianza en sí misma y su iniciativa.
La preocupación es una forma de temor sostenido, causado por la
indecisión; en consecuencia, es un estado mental que es posible
controlar". Este es un consejo inolvidable y poderoso de Napoleón
Hill.

Antes compartí contigo la definición de preocupación que me ayudó a cambiar mi vida:

Preocuparse es orar pidiendo lo que NO quieres.

Siempre que veo que estoy en una espiral descendente a causa de mis preocupaciones, me detengo y repito esta definición una y otra vez hasta que me tranquilizo.

Y esta es otra cita de Hill, llena de sabiduría: "Usted es el dueño de su propio destino terrenal, de la misma forma que tiene poder para controlar sus propios pensamientos. Usted es capaz de influir, dirigir y finalmente controlar su propio entorno, haciendo que su vida sea lo que usted desea; o bien, puede descuidar el ejercicio de ese privilegio, que es exclusivamente suyo, para que su vida sea lo que usted ordene, lanzándose así al extenso "mar de las circunstancias" donde estará sujeto a esas circunstancias, que le arrojarán de un lado a otro, como si fuera un trozo de madera a merced de las olas del océano".

Cuando decides que la preocupación no produce nada positivo, y que de hecho su precio es más de lo que estás dispuesta a pagar, encontrarás la paz mental, y una calma que te dará felicidad.

LA HERMANDAD DEL EQUIPO *MASTERMIND*

La sabiduría de mujeres de éxito y valía personal sobre la PREOCU-PACIÓN y el MIEDO:

CAMERON DIAZ
ACTRIZ ESTADUNIDENSE

"Lo que necesitamos hacer nosotras, las mujeres, en lugar de preocuparnos por lo que no tenemos, es amar lo que sí tenemos".

EMMA GRAY
EDITORA PARA HUFFPOST-WOMEN

"A lo largo de los años, he aprendido pequeños trucos y mecanismos para superar la ansiedad: pon ambos pies en la tierra, respira por la nariz, camina, date cuenta de los patrones de pensamiento que son destructivos y trabaja activamente para cambiarlos. Para mí la ansiedad es como una amiga-enemiga cercana y cuanto más hablo de ella, más descubro que otras mujeres se sienten como yo. Cuando llegamos al punto en que el 23% de las mujeres estadunidenses están luchando con los mismos demonios, ha llegado el momento de empezar a hablar de ellos y enfrentarlos… colectivamente".

MARÍA SHARAPOVA
TENISTA RUSA DE RANGO MUNDIAL
"Yo no me preocupo por lo que está haciendo mi oponente".

MARTHA BECK
SOCIÓLOGA ESTADUNIDENSE, TERAPEUTA, ENTRENADORA PARA LA VIDA Y AUTORA DE *BEST SELLERS*
"En lugar de preocuparme por terminar todo mi trabajo, ¿por qué no simplemente acepto que estar viva significa tener cosas que hacer? Después debo dedicarme por completo a lo que estoy haciendo y dejar de preocuparme".

EL TALLER DEL DIABLO
EL SÉPTIMO MAL BÁSICO

Cuando Hill estaba terminando su discusión sobre los seis temores básicos, añadió el séptimo mal básico, que es la susceptibilidad a las influencias negativas. Nos advierte: "TIENE RAÍCES MÁS PROFUNDAS Y MUY A MENUDO RESULTA MÁS FUNESTO QUE LOS SEIS TEMORES BÁSICOS".

Aunque la habilidad para superar los seis temores básicos está en tu mente y en la capacidad de controlar tus pensamientos, la mejor forma de dominar al séptimo mal básico es mediante tus acciones y mediante tu fuerza de voluntad para no permitir que la negatividad de otras personas impregne tu espíritu y te haga descender.

Por un momento, visualízate en el funeral de un niño de seis años que murió trágicamente en un accidente. ¿Sientes tus propias emociones? ¿Sientes la pesadez que te rodea, solo por pensar en un suceso tan triste?

Ahora, en contraste, visualízate en una fiesta con todas tus amistades celebrando un gran TRIUNFO que has logrado en tu negocio. Estás bailando al ritmo de música Motown y riéndote con la gente que amas. ¿Sientes tus emociones ahora? ¿Sientes la liviandad que te rodea al pensar en un suceso tan feliz?

Aunque estos ejemplos son relativamente obvios, enfrentamos este tipo de altibajos emocionales todos los días. ¿Alguna vez has recibido una llamada de una amiga que está pasando por una crisis y has sentido que tus propias emociones de inmediato descienden al nivel de la tristeza de tu amiga? Así es la naturaleza humana. Pero si puedes entrenarte para protegerte de las influencias negativas, también podrás hacer que tu amiga llegue a un nivel más alto de felicidad.

Puedes llegar a ser un faro de luz y crear tu propio entorno de positividad.

LA HERMANDAD DEL
EQUIPO *MASTERMIND*

La sabiduría de mujeres de éxito y valía personal sobre las INFLUENCIAS NEGATIVAS:

HEIDI KLUM
MODELO, MUJER DE NEGOCIOS Y DISEÑADORA DE MODAS ESTADUNIDENSE DE ORIGEN ALEMÁN

"Creo que es importante hacer que tu entorno sea positivo, al igual que tu persona. Eso significa que debes rodearte de personas positivas, no de las que son negativas y sienten celos por todo lo que tú haces".

SOPHIA BUSH
ACTRIZ ESTADUNIDENSE

"Yo me he alejado de algunas amistades cuando me doy cuenta de que hay personas que sonríen cuando están frente a alguien, pero hablan mal de él en cuanto se va de la sala. En mi vida ya no hay lugar para esa clase de energía negativa".

PEACE PILGRIM (1908-1981)
MAESTRA ESPIRITUAL ESTADUNIDENSE Y ACTIVISTA EN PRO DE LA PAZ

"Si entendieras lo poderosos que son tus pensamientos, nunca tendrías pensamientos negativos".

JACQUELINE KENNEDY (1929-1994)
ESPOSA DEL TRIGÉSIMO QUINTO PRESIDENTE DE ESTADOS UNIDOS, JOHN F. KENNEDY.

"Todas debemos hacer algo para corregir los errores que vemos y no solo debemos quejarnos de ellos".

HODA KOTB
PRESENTADORA DE NOTICIAS EN TELEVISIÓN Y ANFITRIONA EN EL PROGRAMA "TODAY"

"Cuando llegué a NBC pensé que estaría nadando entre tiburones, pues estaría trabajando entre hombres, y tendría que ser muy cuidadosa. Debo decirte que aprendí que puedes ser bondadosa, puedes trabajar con ahínco y ascender. No tienes que jugar sucio ni hacer las cosas que crees que suceden en las grandes corporaciones".

MARSHA PETRIE SUE
AUTORA Y ORADORA

"Cada día es un nuevo principio. Trátalo como tal. Aléjate de lo que pudo ser, y mira lo que puede ser".

MARY MANIN MORRISSEY

MAESTRA ESPIRITUAL ESTADUNIDENSE

"Aunque tal vez quieres avanzar en la vida, es posible que tengas un pie en el freno. Para liberarte, tienes que aprender a desprenderte de las cosas que te han dañado. Despréndete del miedo. Niégate a conservar tus dolores del pasado. La energía que necesitas para aferrarte al pasado está impidiendo que tengas una vida nueva. ¿De qué te vas a desprender hoy?

PREGÚNTATE

¡Usa tu diario al trabajar en esta sección con el fin de identificar tus pasos de acción, activar los momentos en que descubres algo y crear tu plan para alcanzar el éxito!

Dedica un poco de tiempo para pensar en tus padres y en la forma en que enfrentaron los seis miedos. Escribe tus pensamientos en tu diario personal. Al recordar la forma en que tus padres enfrentaron cada uno de estos temores, podrías descubrir la fuente de algunos de tus propios miedos.

El miedo a la POBREZA
El miedo a la CRÍTICA que está en el fondo de la mayoría de
     nuestras preocupaciones
El miedo a la MALA SALUD
El miedo a PERDER EL AMOR DE UNA PERSONA
El miedo a la VEJEZ
El miedo a la MUERTE

Revisa lo que escribiste sobre tus padres y la forma en que enfrentaron el miedo. Luego concéntrate en tu esposo o en tu pareja y escribe cómo enfrenta cada uno de los seis temores.

Ahora, sabiendo la forma en que tus padres y tu pareja enfrentan el miedo, piensa en la forma en que sus temores te han impactado en cada una de estas seis áreas.

Finalmente, dedica algo de tiempo a escribir tus pensamientos acerca de cada uno de estos miedos, cómo y cuándo los has experimentado, y el compromiso que vas a hacer para minimizar cada uno de ellos en el futuro.

Después dedica algo de tiempo a recordar ocasiones en que el miedo te paralizó. Escríbelas y anota la forma en que te impactaron física y emocionalmente.

Ahora, ¿puedes recordar alguna ocasión en que el miedo te motivó a hacer algo?

El miedo puede paralizarnos o motivarnos. Esforcémonos para responder al miedo en el futuro con una motivación para alcanzar el éxito.

El taller del diablo – El séptimo mal básico

Anota una ocasión en que un entorno negativo causó un impacto sobre ti. (Recuerda el ejemplo del funeral del niño). Ahora escribe una ocasión en que sentiste la influencia de un entorno positivo. (Recuerda el ejemplo de la fiesta para celebrar un TRIUNFO).

Comprométete a estar más consciente de la forma en que el entorno influye en ti, y a usar tu actitud mental positiva para lograr que tu entorno también sea positivo.

15

Una gran vida

Lo más difícil de encontrar en la vida es el equilibrio,
en especial entre más éxito tengas, entre más veas al
otro lado de la puerta. ¿Qué necesito para permanecer
centrada, en contacto, enamorada, conectada,
emocionalmente equilibrada? Mira a tu interior.

—CELINE DION

ESTE LIBRO HA SEGUIDO, INTENCIONALMENTE, EL ESQUEMA DE los capítulos del libro original, *Piense y hágase rico*, y ha abordado cada uno de los "13 pasos comprobados hacia la riqueza" a través de los ojos de las mujeres, para las mujeres. Aunque creo que los pasos específicos hacia la riqueza y el éxito son los mismos para los hombres y las mujeres, creo que como mujeres fundamentalmente abordamos estos principios a partir de creencias diferentes, actitudes diferentes y fuerzas y debilidades diferentes.

Cuando terminé de escribir *Piense y hágase rico para mujeres,* me sentí obligada a añadir un capítulo que abordara de manera específica una inquietud constante para casi todas las mujeres que desean crear una vida de éxito y reconocimiento.

¿Alguna vez has luchado con prioridades que compiten en tu vida?

¿Alguna vez has estado trabajando y te has sentido culpable por no estar con tu esposo o con tus hijos?

¿Alguna vez has estado con tus hijos y te has sentido culpable por no estar haciendo tu trabajo?

Al final del día, ¿te sientes culpable por lo que no pudiste hacer en la casa o en el trabajo, en lugar de sentirte de maravilla por lo que sí lograste?

Este capítulo aborda la propaganda que rodea a las mujeres para convencerlas de que necesitan lograr y mantener un "equilibrio" en su vida y hace que se sientan culpables y se preocupen cuando no sienten que existe ese "equilibrio" entre su vida de trabajo y su vida familiar. El resultado es que muchas mujeres están en un constante estado de culpa y preocupación.

El solo hecho de escuchar a alguien quejarse porque no hay un equilibrio en su vida me vuelve loca. ¿Te preguntas por qué tengo esa reacción?

La definición de la palabra equilibrio en el *Diccionario Merriam-Webster's Collegiate,* identifica el problema diciendo: "es la habilidad de *permanecer en una posición sin perder el control* o caerse".

¿Cuándo permanecen las mujeres en una posición?

Vamos a demostrarlo haciendo un pequeño ejercicio. Párate separando los pies a la distancia de tus hombros. Deja que tus brazos cuelguen a tus lados manteniéndolos sin movimiento. Ahora cierra los ojos y quédate inmóvil, en equilibrio.

Ahora te pregunto: ¿Qué relación hay entre la posición que tienes ahora y tu vida diaria? ¡Estás en equilibrio y no te estás moviendo!

Como mujeres, nunca estamos quietas. Estamos en constante movimiento. Además, continuamente estamos eligiendo la forma en que vamos a ocupar el tiempo, con quien vamos a pasar el tiempo, y al mismo tiempo estamos pensando en otras diez cosas que anotamos en la lista de lo que tenemos que hacer. Algunas personas llaman a esto "multitareas", otras lo llaman "desequilibrio".

Entonces se nos bombardea con mensajes que dicen que debemos tener equilibrio o que cualquier persona que logra estar en equilibrio puede "tenerlo todo".

¿Y cuál es nuestra reacción? La respuesta sería culpabilidad inmediata o sentimientos de fracaso si no sentimos que tenemos un equilibrio perfecto (y eso también hace que yo sienta deseos de aventar cosas).

Pero echémosle una mirada a la pavorosa emoción de "culpa".

Se realizó un estudio en la Universidad del País Vasco en España, el cual confirma que las mujeres son más susceptibles a la culpa que los hombres. Es probable que esto no sea sorprendente para ti, y a mí me hizo cuestionar por qué se había gastado dinero en un estudio que comprobó algo tan obvio.

Al hablar de este estudio, Germaine Greer, académica y periodista australiana, entró en más detalles al compartir su opinión:

> La culpa es mala; envenena la vida, drena la capacidad de decisión... Las mujeres se pasan la vida pidiendo disculpas. Nacen y se les educa para culparse por el comportamiento de otros. Si se les trata sin respeto, sienten que ellas no han sido capaces de ganarse el respeto. Si sus esposos no las desean, es porque ellas no son atractivas. Sienten que son culpables por el desorden y la mugre que hay en su casa, aunque ellas no lo hayan creado.

En otras palabras, tendemos a culparnos incluso cuando no deberíamos hacerlo. Esta frase es muy real para mí, y me he preguntado si otras mujeres también se sienten como yo.

Una encuesta que llevó a cabo la Revista *Stylist* en el Reino Unido mostró que el 96% de las mujeres se sienten culpables al menos una vez al día.[36] (De las 1324 mujeres y los 55 hombres que participaron en la encuesta de la revista, 92% también dijeron que los hombres se sentían menos culpables que las mujeres, lo que confirma los resultados del estudio hecho en España.)

Como la culpa es una emoción negativa, piensa en la gran cantidad de negatividad que trae a nuestra vida. Solo imagina cuánto tiempo recuperaríamos si pudiéramos DEJAR de sentirnos culpables.

Así que esto nos trae de regreso a la fuente de gran parte de esa culpa: la cruzada interminable para lograr un equilibrio entre la vida y el trabajo.

Hay millones de mujeres en todas partes que luchan por mantener su vida personal separada de su vida profesional; no quieren que lo personal cause un impacto en lo profesional y que lo profesional cause un impacto en lo personal; no quieren que sus esposos, su pareja o sus hijos sientan los efectos de la carga de trabajo que ellas tienen. Pero en realidad, esto es imposible. Tú eres UNA persona total viviendo UNA gran vida. ¿Por qué insistes en que necesitas desarrollar dos vidas separadas? En lugar de sentirte culpable por la falta de equilibrio en tu vida, comprométete a empezar a sentirte de maravilla por lo que logras cada día en tu trabajo y a compartirlo después con tu familia.

Comprométete a estar "presente", ya sea que estés en tu casa con tu familia o en la oficina. En lugar de considerar que las elecciones que haces son "sacrificios", considéralos como "inversiones" en ti misma, en tu trabajo o negocio, o en tu familia. Deja de pensar en un día de trabajo de las ocho de la mañana a las cinco de la tarde, y empieza a pensar en las veinticuatro horas que tienes cada día para dormir, trabajar y estar con tu familia.

A lo largo de mi carrera he hecho elecciones de las que me sentí orgullosa, y elecciones de las que no me sentí satisfecha. Luché con una culpa enorme hasta que me di cuenta de que yo era una mejor esposa y madre cuando cumplía con mi trabajo. Hice mi lista de cosas que tenía que dejar de hacer y trabajé en ella. Conseguí a alguien que me ayudara con tareas domésticas como lavar ropa, cocinar y hacer la limpieza, para poder pasar más tiempo con mis hijos cuando estaba en casa. Me aseguré de estar presente en sus actividades escolares, y si tenía urgencia por terminar un trabajo, lo hacía antes de que mis hijos se levantaran en la mañana y cuando se acostaban en la noche. Era como hacer juegos malabares, pero los hacía con gusto para estar segura de estar "presente" con mi familia.

Reconozco que ahora pertenezco a la generación de adultos mayores, por eso quise incluir algo especial para las mujeres que están buscando el equilibrio entre una familia joven y una carrera en desarrollo. Son palabras escritas por alguien que enfrenta esos mismos problemas hoy en día. Ángela Totman trabaja conmigo y he tenido el placer de verla casada y con dos hijos maravillosos. Al mismo tiempo, ha estado impulsando mis esfuerzos en "Pay Your Family First" [Primero Págale a tu Familia]. Ella comparte sus pensamientos sobre su éxito como esposa, como madre y como una exitosa mujer de negocios.

Siendo muy joven, visualicé el rumbo de mi carrera y sabía exactamente cómo alcanzaría el éxito. Pero cuando me topé con el mundo real, no tardé mucho en decidir abandonar ese camino y optar por otro más emocionante; un camino que además se alinea más con mis valores y es mucho más satisfactorio tanto en lo personal como en lo profesional. Estaba recién casada y aunque estaba reescribiendo mi destino profesional, todavía me visualizaba teniendo hijos siendo relativamente joven. Desde que puedo recordar, he tenido la certeza de que se me envió a este mundo para ser mamá. Nunca me preocupó la forma en que resolvería las demandas de una carrera en sus etapas iniciales y las responsabilidades de ser madre. Desde mi punto de vista, no podía alcanzar el éxito sin que ambos aspectos fueran parte de mi vida.

Día tras día, me veo como una persona que se encarga de sus hijos, como tutora, defensora, confidente, y como la mayoría de las madres de familia, no podría condensar mis experiencias en el hogar en una serie de palabras en una página. Sin embargo, he encontrado muchos paralelos interesantes entre ser madre y tener una vida de éxito profesional y de prestigio. Ejercer el liderazgo mediante el ejemplo, comunicar y encargarse de las relaciones son habilidades esenciales para alcanzar el éxito como madre de familia y como mujer de negocios. Las destrezas relacionadas con la organización, con la solución de problemas y con la capacidad de aprovechar la fuerza de otras personas, también son importantes. Ser capaz de abrirse camino entre la incertidumbre y dar un giro para encontrar los recursos y los socios adecuados es parte de ambas actividades. La pasión y el amor inflexibles que tengo como madre se complementan con el compromiso y la dedicación que tengo en mi negocio. Esta concordancia hace que sea difícil dividir los aspectos profesionales y personales de la vida.

Como socia de "Pay Your Family First", la búsqueda diaria de oportunidades y requisitos educativos relacionados con la formación en el campo de las finanzas, me ha dado la oportunidad de desarrollar una carrera impulsando una causa que tendrá un impacto positivo en la vida de mis propios hijos. La pasión que siento por un aspecto de mi vida se transmite hacia el otro. A pesar de lo satisfactoria que es esta experiencia, también complica el hecho de tratar de alcanzar un equilibrio entre ambos aspectos. De hecho, busqué asesoría para alcanzar este equilibrio muy al principio de mi vida como madre de familia y cuando estaba en las primeras etapas de mi carrera profesional. Cuando le pregunté a Sharon Lechter cómo podría lograr ese equilibrio, lo que ella me dijo no podría haber sido más valioso.

Lo que Sharon me comentó durante la comida, hizo que me diera cuenta de que necesitaba liberarme de la carga de tratar de lograr un equilibrio entre el trabajo y la vida. Su consejo fue que en lugar de concentrarme en cuánto tiempo dedicaba a actividades profesionales y cuánto a mi vida personal, debería considerar que lograr un equilibrio podría ser la meta equivocada. Lo único que podemos hacer es tomar las mejores decisiones, guiadas por nuestros valores, nuestras prioridades y nuestras ambiciones. Estas decisiones no siempre son fáciles. Pero la clave es estar presente un momento después de tomarlas. Luego de pensar en el largo trayecto de culpabilidad que había vivido (y al que todavía siento el impulso de regresar en ocasiones) tratando de encontrar un equilibrio, pude adoptar un punto de vista revitalizador que me hizo sentir un gran alivio.

La cultura de "Pay Your Family First" es un testimonio de esa filosofía. Me concentro en ella cuando estoy con mis hijos ayudándoles con sus tareas, leyéndoles o jugando con ellos. Mi computadora está descansando y mi teléfono está en silencio. Cada mes colaboro como voluntaria en el salón de clases de mis hijos, presido eventos y programas escolares, y ayudo a recaudar fondos. Trabajo tiempo completo y a veces tiempo adicional, pero aun así tomo las decisiones necesarias para participar activamente en la vida de mis hijos... en la escuela y en el hogar.

Estas decisiones podrían llevar a soluciones intermedias para compensar la situación, como trabajar hasta altas horas de la noche, muy temprano en la mañana o en los fines de semana para ponerme al corriente en mi trabajo. Mi esposo, mis hijos y otros miembros de mi familia saben que necesito flexibilidad para darle prioridad a mi negocio en esos horarios extraños para estar totalmente presente como mamá durante las actividades escolares o deportivas de mis hijos. No toda la gente va a entender o compartir conmigo el hecho de estar dispuesta a recurrir a este tipo de soluciones. Incluso hoy en día, no siempre soy capaz de recurrir a ellas sin sentir dudas. Pero respondo a cualquier duda con la convicción de que lo que hago como mujer de negocios puede dar forma al futuro de mis propios hijos y también al futuro de muchas otras personas.

No me voy a alejar del camino que siempre he sabido que debo recorrer. Tengo demasiado amor en mi interior y no quiero mantenerlo encerrado. Al eliminar la necesidad de tener un equilibrio, ¡puedo intentar causar un impacto en todos los aspectos de mi vida!

La historia de Ángela no es única. Conozco a muchas parejas jóvenes hoy en día en las que el esposo comparte mucho más los deberes relacionados con ser padre y con el cuidado del hogar que los esposos de mi generación. Pero aunque vemos un cambio, es un hecho que cada pareja necesita tomar las decisiones adecuadas. No olvidemos a todas las madres solteras (o los padres solteros) que luchan para sostener a sus hijos y al mismo tiempo están presentes como padres de familia amorosos. Simplemente no hay respuestas fáciles.

Este tema del equilibrio provoca muchas discusiones acaloradas, ante todo entre mujeres. Un grupo cree que las mujeres necesitan ser firmes, volverse más rudas y exigir que los hombres compartan el cincuenta por ciento de los deberes relacionados con la atención a los hijos y el cuidado del hogar. Otro grupo cree que los hombres de negocios, la economía y la sociedad están contra las mujeres y que no hay esperanza de lograr un equilibrio. Y otro grupo de mujeres encuentran la manera de sentirse realizadas tanto en los negocios como en su vida personal y no pueden entender la razón de tanto alboroto. Además, existe un grupo de mujeres que prefieren dejar de trabajar definitivamente y dedicarse a ser madres de tiempo completo.

Me gustaría gritar mi llamado a la acción para las mujeres: ¡DEJEN DE DISCUTIR!

Todas estamos haciendo elecciones todos los días. Tal vez lo que yo elijo no sea adecuado para ti, pero eso no significa que sea erróneo.

Lo que elegimos nos hace avanzar, nos hace retroceder o nos hace movernos de lado a lado.

Lo que elegimos hace que seamos felices o desdichadas.

Lo que elegimos hace que nos sintamos realizadas o no.

Por lo tanto, si lo que elegimos ayer nos hizo retroceder, o nos hizo movernos de lado a lado, podemos elegir sentirnos culpables o podemos elegir algo diferente hoy y mañana.

Si lo que elegimos ayer nos entristeció, podemos elegir sentirnos culpables o podemos elegir algo diferente en relación con la felicidad hoy y mañana.

Si lo que elegimos ayer no nos hizo sentir realizadas, podemos elegir sentirnos culpables o podemos elegir algo diferente para realizarnos en la vida hoy y mañana.

¡Nunca elijas la culpa! Drena tu energía y crea un campo de negatividad a tu alrededor. No puedes conservar en tu mente el pensamiento negativo de la culpa y al mismo tiempo tener pensamientos positivos. ¡Pero puedes elegir liberar el miedo y deshacerte de su negatividad!

Día tras día, todos los días, tienes la oportunidad de cambiar tu destino.

¡Puedes elegir tener UNA GRAN VIDA!

LA HERMANDAD DEL EQUIPO *MASTERMIND*

La sabiduría de mujeres de éxito y valía personal sobre UNA GRAN VIDA:

Esta sección del equipo *mastermind* comparte opiniones de quince mujeres de diversas profesiones; algunas de ellas creen que han alcanzado el equilibrio, pero la mayoría describe la lucha que están viviendo. Sus historias confirman el hecho de que lo que elegimos para lograr un equilibrio en nuestra vida podría y tal vez debería ser diferente para cada una de nosotras. Sus historias también comprueban que el único equilibrio verdadero se logra en nuestra mente y en la forma en que nos juzgamos en relación con las elecciones que hacemos.

JEAN CHATZKY
PERIODISTA FINANCIERA ESTADUNIDENSE

"No se trata de tenerlo todo. Se trata de tener lo que más valoras".

"El optimismo lleva al éxito. Escribe tres cosas buenas que sucedieron hoy".

ERICA JONG
ESCRITORA Y FEMINISTA ESTADUNIDENSE

"Muéstrame a una mujer que no se sienta culpable y yo te mostraré a un hombre".

SUZE ORMAN
AUTORA ESTADUNIDENSE, ASESORA FINANCIERA Y ORADORA MOTIVACIONAL

"Una mujer sabia reconoce cuando su propia vida está fuera de equilibrio y hace acopio de su valor para actuar y corregirlo; ella conoce el significado de la verdadera generosidad. La felicidad es la recompensa por una vida que se vive en armonía, con valentía y con gracia".

BETTE MIDLER
CANTAUTORA, ACTRIZ Y COMEDIANTE ESTADUNIDENSE

"Siempre trato de equilibrar lo ligero con lo pesado; unas cuantas lágrimas del espíritu humano con las lentejuelas y los flecos".

PRINCESA MASAKO
PRINCESA HEREDERA DE JAPÓN

"A veces experimento dificultades al tratar de encontrar el punto de equilibrio adecuado entre lo tradicional y mi propia personalidad".

HEIDI KLUM
MODELO, MUJER DE NEGOCIOS Y DISEÑADORA DE MODAS ESTADUNIDENSE DE ORIGEN ALEMÁN

"Ni todo el dinero del mundo puede hacerte feliz, así que debe haber un equilibrio".

AMY CHUA
PROFESORA DE LEYES EN YALE Y ESCRITORA

"La felicidad no siempre se relaciona con el éxito. También es cierto que la búsqueda constante del éxito produce desdicha. Pero debemos encontrar un equilibrio. Yo pienso que la tarea de ser padres de familia es algo muy personal. Sentimos una gran inseguridad en lo relacionado con la maternidad. ¿Qué van a pensar nuestros hijos de nosotros dentro de veinte años?".

REINA RANIA
REINA DE JORDANIA Y ESPOSA DEL REY ABDULLAH II

"Estamos programadas para creer que el tiempo es nuestro enemigo, que nos quita cosas, que nos reduce. He descubierto que el tiempo ha hecho todo lo contrario por mí. La vida está en perfecto equilibrio. Pero nuestra percepción de la vida no lo está".

KELLY PRESTON
ACTRIZ Y MODELO ESTADUNIDENSE

"Todas estamos tratando de encontrar el equilibrio entre nuestra carrera y nuestros hijos, y de darles lo mismo de nosotros y de nuestro tiempo. Trabajas y tienes un esposo, tienes proyectos y tienes amigos. Es como hacer malabares".

SUSAN SONTAG (1923-2004)
ÍCONO LITERARIO Y ACTIVISTA POLÍTICA
ESTADUNIDENSE

"La verdad es equilibrio. Sin embargo, lo que se opone a la verdad, que es el desequilibrio, podría no ser una mentira".

SHERYL SANDBERG
CEO, FACEBOOK

"Así que no existe tal cosa como un equilibrio entre el trabajo y la vida. Hay trabajo y hay vida, pero no hay equilibrio".

VERA WANG
DISEÑADORA DE MODAS ESTADUNIDENSE Y PATINADORA
ARTÍSTICA

"Es muy difícil equilibrarlo todo. Siempre es un reto".

MONIQUE LHUILLIER
DISEÑADORA DE MODAS, FAMOSA POR SUS VESTIDOS DE NOVIA

"Soy perfeccionista pero sé cómo vivir la vida. Cuando estoy trabajando, lo hago al cien por ciento. Cuando estoy con mis amistades, hago todo a un lado y disfruto la vida. Cuando llego a casa para estar con mis hijos, estoy absolutamente feliz y todo vale la pena. Siempre me concentro por completo en una cosa. He aprendido a compaginar mi vida y siento que ahora tengo el equilibrio perfecto".

LOUISE L. HAY
AUTORA Y EDITORA MOTIVACIONAL ESTADUNIDENSE

"Ninguna persona, ningún lugar y ninguna otra cosa tienen poder sobre nosotros, ya que 'nosotros' somos quienes pensamos en nuestra mente. Cuando creamos paz, armonía y equilibrio en nuestra mente, la encontramos en nuestra vida".

Puse la Hermandad del equipo *mastermind* en medio de este capítulo porque muestra claramente cómo cada persona tiene sus propios filtros cuando se trata de definir el equilibrio. Tal vez algo de lo que dijeron estas mujeres maravillosas te llegue al corazón de una manera especial, y te ayude a clarificar la forma en que tú defines el equilibrio.

Ya sea que estés de acuerdo con mi definición o tengas la tuya, existen algunos pasos que todas podemos dar para reducir el estrés en nuestra vida, y al hacerlo liberaremos tiempo que puede usarse en actividades mucho más productivas.

Mencionemos algunos de los pasos que puedes llevar a cabo:

MANEJO DEL TIEMPO
Establecer periodos de descanso en el horario
Llevar un registro de la forma en que usas tu tiempo
Programar algo que esperas con ansias cada día
Celebrar los "pequeños triunfos"

ENFOQUE
Concentrarse en una cosa a la vez
Estar "presente" en lo que estás haciendo en ese momento
Determinar tus prioridades
Crear una lista de cosas que debes dejar de hacer y seguirla
Aprender a decir "no"

ENTORNO
Evita a la gente negativa
Evita sucesos deprimentes
Evita escuchar medios negativos
Añade buen humor y risa a tu vida y hazlo con regularidad

SALUD
Evalúa tus hábitos personales
Come una dieta saludable
Haz mucho ejercicio

COLABORACIÓN
Subcontrata lo que puedas
Pide ayuda; encuentra un mentor o instructor (o una mentora e
    instructora)
Forma equipos para llevar a cabo las tareas
Forma un equipo *mastermind*

Aunque es fácil hacer una lista de estos pasos, es mucho más difícil llevarlos a cabo. Comprométete con concentrarte en dos áreas cada mes. Si te dedicas en cambiar tus hábitos de esa manera, formarás hábitos nuevos y más sanos y serás capaz de conservarlos.

No te sorprendas si cuando empieces a concentrarte en ti misma se presenta esa antigua emoción de culpa. Detente y concéntrate, y celebra el hecho de que la reconociste, hazla a un lado y sigue adelante.

A lo largo del libro, se mencionaron muchas diferencias entre las mujeres y los hombres. Algunas de esas diferencias pueden verse como puntos fuertes y puntos débiles que las mujeres deben reconocer. De hecho, cuando trates de transformar tu vida, podrías ver que algunos de los puntos débiles te crean obstáculos. Tal vez no estés de acuerdo con todos ellos, pero por el momento considera que los que se mencionan a continuación son correctos:

PUNTOS DÉBILES
Las mujeres tienden a no ser agresivas.
Las mujeres tienden a ser menos confiadas.
Las mujeres tienden a sentirse más responsables a nivel personal.
Las mujeres tienden a ponerse en el último lugar.

PUNTOS FUERTES
Las mujeres son grandes colaboradoras.
Las mujeres tienen más empatía que los hombres.
Las mujeres tienden a tener una mejor visión a largo plazo.
Las mujeres tienden a apoyar a otras personas.

¿Qué pasaría si las mujeres decidiéramos usar nuestros puntos fuertes para resolver nuestros aparentes puntos débiles? ¿Qué tal si en lugar de tratar de volvernos más agresivas y concentrarnos en nuestro avance personal, eligiéramos una estrategia diferente que vaya de acuerdo con nuestros puntos fuertes? Si las mujeres son mucho más eficientes para luchar por otras personas que para luchar por sí mismas, entonces deben unirse y en lugar de luchar entre sí, luchen a favor de sus compañeras.

Sus puntos débiles desaparecerían y sus puntos fuertes se fortalecerían mediante el equipo *mastermind* colectivo de las mujeres:

Las mujeres usarían su empatía para llegar a ser agresivas al apoyar el éxito de OTRAS mujeres.

Las mujeres usarían sus destrezas como colaboradoras para impulsar la confianza de otras personas.

Las mujeres, como grupo, tomarían responsabilidad por la visión a largo plazo y la harían realidad trabajando juntas.

Si las mujeres dejaran de luchar entre sí y de señalarse unas a otras, y en lugar de eso se concentraran en celebrarse y animarse unas a otras, podrían empezar a ocurrir, y ocurrirían, cosas maravillosas.

Si nos concentramos en nuestro éxito y en ayudarnos mutuamente, la generosidad entre nosotras producirá beneficios alrededor del mundo.

Como dijo la filántropa Melinda Gates: "Si tienes éxito, es porque en algún lugar, en algún momento, alguien te dio una vida o una idea que te guio en la dirección correcta. Recuerda también que tienes una deuda con la vida y la saldarás cuando ayudes a una persona menos afortunada, en la misma forma en que otros te ayudaron a ti".

Cuando nos concentremos en ayudar a otros, nuestra generosidad de espíritu esparcirá energía positiva donde quiera que vayamos y producirá beneficios a largo plazo. Recordemos la frase: "Cuando la marea sube, eleva a todos los barcos". Tu buena voluntad creará un legado de bondad y una vida de éxito y reconocimiento. Te habrás convertido en una mentora, en alguien dispuesta a apoyar a otras personas y en una líder para otras mujeres. Serás un ejemplo brillante al ser alguien que tuvo éxito al crear Una Gran Vida.

¡Te deseo que seas bendecida con el éxito en todos los aspectos de tu GRAN VIDA!

Gracias.

Sharon Lechter

Epílogo

LOS HOMBRES QUE SON
VERDADEROS DEFENSORES DE LAS MUJERES

Al escribir *Piense y hágase rico para mujeres*, intencionalmente solo cité a Napoleón Hill, y a ningún otro hombre. Mi meta era presentar los principios del éxito de Hill a través de los ojos de las mujeres. Es necesario saber que las mujeres no pueden alcanzar un éxito verdadero sin comprender la importancia de trabajar con los hombres que pueden apoyarlas y ser sus mentores a lo largo del camino. Hay muchos hombres maravillosos que abogan por las mujeres; no solo reconocen el importantísimo papel que tienen en nuestra economía, sino que les aplauden y ayudan a abrir caminos para que las mujeres alcancen todo su potencial como líderes y vivan auténticas historias de éxito por derecho propio.

Les he pedido a algunos hombres muy especiales que no solo ejercieron una influencia muy positiva en mi carrera profesional, sino que han sido auténticos defensores y excelentes mentores para otras mujeres, que compartan sus pensamientos sobre la importancia de *Piense y hágase rico para mujeres*.

DE LA FUNDACIÓN NAPOLEÓN HILL

Uno se podría preguntar por qué un libro para mujeres que se realizó más de setenta y cinco años después de que Napoleón Hill escribiera *Piense y hágase rico*, podría ser el libro de autoayuda con mayor influencia que alguna vez se haya publicado.

A principios del siglo XX, eran pocas las mujeres que asistían a la universidad y hoy en día el número de mujeres que se inscriben excede por mucho al número de los hombres inscritos. El papel de las mujeres en la sociedad se ha incrementado y a menudo enfrentan retos que los hombres no han tenido que enfrentar.

Sharon Lechter, con su experiencia como escritora (coautora de catorce libros de la serie *Padre rico padre pobre*) y con sus antecedentes en el campo de las finanzas, presenta sus percepciones para ayudar hoy a las mujeres que desean tener un papel más importante en la economía. Como miembro del President's Financial Literacy Advisory Council [Consejo Consultivo del Presidente sobre la Educación en el Campo de las Finanzas], como Contadora Pública Certificada y como defensora de la educación en el campo de las finanzas, está en un entorno ideal para ofrecer consejos oportunos.

Sharon comparte su sabiduría y la sabiduría de mujeres que tienen diversas posiciones en la vida, desde ejecutivas de negocios hasta la presidenta de una universidad de gran renombre, ¡para ayudar a sus lectoras a aprender y a tener la inspiración necesaria para desarrollar el potencial que Dios les ha dado!

Sharon realiza su trabajo con pasión, y esa es una de las razones por las cuales sus libros anteriores se han vendido muy bien. *Piense y hágase rico para mujeres* es simplemente un libro que era necesario escribir para las mujeres de hoy con el fin de ayudarles a crecer y a prestar servicios a otros.

Don Green, CEO de la Fundación Napoleón Hill

DEL DR. CHARLES JOHNSON

Napoleón Hill fue un hombre con una gran visión y una percepción extraordinaria.

Tenía una habilidad asombrosa para tomar conceptos masivos, moldearlos y presentarlos como hechos que todos pudiéramos entender y utilizar para mejorar.

Lo que le faltaba a Napoleón Hill era la destreza que se requiere para poner atención a los detalles. Dos mujeres aportaron esas destrezas y sin ellas Hill tal vez nunca habría tenido el impacto que tuvo en nuestro mundo y en nuestras vidas.

Una de estas mujeres fue su madrastra, quien reconoció el potencial latente de su desorientado hijastro. Sin su guía, Napoleón tal vez habría seguido con su vida rebelde y caprichosa, y solo habría llegado a ser un vagabundo delincuente de un barrio lejano (y nunca habría desarrollado su potencial como el periodista que ahora conocemos y apreciamos). Ella fue quien lo convenció de renunciar a su pistola y cambiarla por una máquina de escribir.

La otra mujer fue mi tía, una "vieja" dulce pero fuerte que en realidad fue la CEO de una gran casa editora en una pequeña ciudad de Carolina del Sur.

Annie Lou, la esposa de Nap, poseía grandes destrezas para la organización y una extraordinaria capacidad para los negocios. Usó estas destrezas para guiar la capacidad y brillantez de Napoleón como escritor. (Además, Annie Lou fue la que animó a Napoleón para que apoyara mi pasión para asistir a la Facultad de Medicina).

Parece apropiado que Sharon Lechter pueda ahora ofrecer su bien definido conocimiento y comprensión de los principios del éxito de Napoleón Hill para ayudar a las mujeres a acabar con los vestigios de la discriminación.

Dr. Charles Johnson, sobrino de Napoleón Hill

DE LA FAMILIA HILL
En la década de 1940, Rosa Lee Beeland hizo el último intento de dar a *Piense y hágase rico* una perspectiva femenina. Su libro, *How to Attract Men and Money [Cómo atraer a los hombres y al dinero]*, tampoco lo logró. El libro tenía méritos, pero su título no resultó atractivo para las mujeres estadunidenses después de la Segunda Guerra Mundial, pues ellas habían empezado a tener otras aspiraciones, además de un buen matrimonio. Las ideas y la presentación del li-

bro eran clásicamente del tipo Napoleón Hill con una ligera perspectiva femenina en los capítulos "Dear Abby", al final del libro.

Por lo tanto, empecé a leer el manuscrito de *Piense y hágase rico para mujeres* de Sharon Lechter, con ciertas reservas. Yo sentía que era necesario escribir este libro, pero pensaba que nadie podría hacerle justicia. He admirado el trabajo de Sharon desde que leí la serie de *Padre rico padre pobre*; debería haber usado más sensatez.

Sharon hizo mucho más; no solo añadió una perspectiva femenina a la obra monumental de mi abuelo; ella la volvió a escribir. Su nueva edición es ahora contemporánea para el siglo XXI y refleja el punto de vista de las mujeres sobre el crecimiento personal, un punto de vista que se ha desarrollado a lo largo de los últimos setenta y cinco años. Este libro nuevo me encantó. Añade valor y amplitud a la obra que Napoleón Hill trabajó a lo largo de su vida.

Creo que *Piense y hágase rico para mujeres* es el libro adecuado y que se escribió en el momento preciso para hacer llegar la ciencia de los logros personales, desarrollada por Napoleón Hill, a millones de mujeres. Está destinado a convertirse en una obra clásica para todas las mujeres que deseen incrementar su potencial.

Dr. James Blair (JB) Hill, nieto de Napoleón Hill

DE LOS LÍDERES DEL PENSAMIENTO ACTUAL

Indudablemente, uno de los libros más inspiradores e importantes que tengo en mi biblioteca es *Piense y hágase rico* de Napoleón Hill. Lo leí siendo un empresario joven, buscando guía y seguridad. El libro tuvo un impacto tan grande en mi vida y en mi carrera que lo he recomendado a miles de los lectores de mis propios libros como una obra que deben leer.

Pero cuando yo conocí la obra maestra de Hill en la década de 1960, el mundo en realidad era "un mundo masculino". Afortunadamente para las mujeres, Sharon Lechter reconoció que los pasos hacia el éxito de Napoleón Hill se aplican a todas las circunstancias en general, y observó que las mujeres simplemente abordan estos pasos de manera diferente.

Sharon entiende que los roles de las mujeres en el liderazgo y en el área de trabajo han evolucionado, y ha compartido los conceptos de más de cien mujeres de éxito que muestran la forma en que estos trece principios les han ayudado a convertir los obstáculos en oportunidades.

Definitivamente recomendaré esta obra a mis hijas, a mis nietas y a las mujeres de cualquier edad que estén buscando inspiración al dejar una huella en el mundo.

Harvey Mackay, autor del libro Swim with the Sharks Without Being Eaten Alive [Nada con los tiburones sin ser devorado vivo], *un* best seller *del* New York Times.

Empecé a leer *Piense y hágase rico* en 1961. Me ha ayudado a ganar millones de dólares y a desarrollar un negocio que opera en todo el mundo. Creo que soy una de las pocas personas que han leído algo de este libro todos los días a lo largo de más de cincuenta años. Cuando consideras que Napoleón Hill escribía en el género masculino y que la gran mayoría de las personas que entrevistó fueron hombres, estarás de acuerdo en que es increíble que nadie haya presentado esta información para las mujeres antes... Sharon Lechter merece una medalla por haber escrito *Piense y hágase rico para mujeres*.

Piénsalo, y estarás de acuerdo en que es asombroso que haya pasado tanto tiempo antes de que alguien tomara la iniciativa de hacer lo que Sharon está haciendo. Tengo miles de libros en mi biblioteca y cuando la gente me pregunta cuáles son los cuatro o cinco mejores que he leído, *Piense y hágase rico* es el primero de la lista. Este libro causará un impacto en la vida de millones de mujeres en todo el mundo, y con toda razón, ya que los principios que tanto Napoleón Hill como Sharon describen, son universales y van a funcionar para toda la gente en todas partes. Cualquier mujer que haga que el contenido de este libro llegue a ser parte de su manera de pensar y de su forma de vivir, logrará todos los objetivos en que pueda pensar.

Cuando *Piense y hágase rico* llegó a mis manos, el caballero que me lo dio me dijo que el autor había dedicado toda su vida a investigar la vida de quinientos de los individuos más exitosos. Sería prudente de tu parte si te dedicaras a pasar el resto de tu vida tratando de entender y aplicar lo que Napoleón Hill ha escrito. Como conclusión, permíteme sugerirte que procures el resto de tu vida entender y aplicar lo que Sharon ha escrito, ya que ella dedicó la mayor parte de su vida a hacer lo que hizo Napoleón Hill.

Bob Proctor, presidente, Proctor Gallagher Institute, autor de You Were Born Rich [Naciste rico]. *Se le menciona en* El secreto.

*

Todas las mujeres intrínsecamente desean abundancia, logros, felicidad y buena salud, para sí mismas y para su familia. Desean un futuro digno de ellas que haga realidad el destino que Dios les ha dado. Desean crecer, expandirse, sentirse totalmente vivas y entregar servicios maravillosos con amor. Como Mary Kay Ash, fundadora y catalizadora de Mary Kay Cosmetics, me dijo en una ocasión: "Las mujeres quieren estar felices y activas haciendo cosas grandes, así que prefieren acabar exhaustas que acabar oxidadas". A lo largo de la historia, a las mujeres se les negaron los derechos humanos básicos.

Los tiempos han cambiado. La manera de pensar no es la misma.

Como escribe Dickens en *Historia de dos ciudades*: "Era el mejor de los tiempos era el peor de los tiempos…" Es el peor de los tiempos si permites que las noticias de la noche y la gente que pronostica tinieblas y pesimismo te derroten. Es el mejor de los tiempos si lees a profundidad, absorbes y entiendes las verdades eternas que contiene este libro. Cuando utilices esta obra maravillosa que combina los principios del éxito de Napoleón Hill con las hermosas ideas de Sharon Lechter y de otras mujeres extraordinarias que aparecen en este libro, llegarás a ser mejor de lo que has sido antes.

El Dr. Napoleón Hill nos ayudó a salir de la gran depresión con sus escritos y estimula este cambio para liberar a las mujeres con su obra clásica *Piense y hágase rico*. Abrió la mente de sus lectores, hombres y mujeres. Las personas que han leído sus obras y que son sus seguidores son cientos de millones. Yo he conocido personas alrededor del mundo que me dijeron personalmente que su fortuna se generó, se incrementó y se multiplicó por el hecho de que leyeron *Piense y hágase rico* una y otra vez. Este libro funciona para todos aquellos que trabajan con él. Tengo el orgullo de decir que este libro me ha ayudado a ganar millones en siete iniciativas empresariales, lo que incluye la venta de más de 500 000 000 (quinientos millones) de ejemplares de la serie de *Sopa de pollo para el alma,* que escribí en colaboración con Jack Canfield. Después de veinte años, nuestro libro sigue vendiéndose de maravilla y se ha expandido con más productos como *Sopa de pollo para el alma—Comida de perro,* y una película que Alcon está a punto de estrenar. Estoy muy agradecido por el libro original, y ahora estoy incluso más agradecido de que mi querida esposa, Crystal Dwyer Hansen, haya contribuido en este nuevo libro.

Ahora, gracias a la efervescente brillantez de Sharon Lechter, a su liderazgo y a la visión que la llevó a reescribir este libro clásico de manera específica para las mujeres, estoy seguro de que las mujeres del mundo están a punto lograr cambios positivos y a mejorar inmensamente su vida y su forma de vivir. Las mujeres que lean este libro realmente descubrirán y energizarán su potencial en los negocios y en la vida. En este libro, las mujeres tendrán una piedra de toque filosófica que les ayudará a manifestar sus sueños más ambiciosos, sus deseos más elevados y a trabajar juntas en equipos *mastermind* para lograr que el cien por ciento de la humanidad alcance el éxito en lo económico, en lo físico y en lo social.

El mundo puede funcionar si las mujeres asumen más de los roles de liderazgo a los que están destinadas. El conocer y aplicar estos principios, que son capaces de cambiar vidas, les ayudará a lograrlo.

Mi visión sobre la obra maestra de Sharon es que más de cien millones de mujeres leerán este libro en esta década para acabar con la pobreza. Entiendo que esta es una meta ambiciosa, básicamente representa la octava parte de la población mundial, pero yo pienso en grande y deseo lo mejor para las mujeres. Las mujeres que tengan la misión de compartir esto con otras mujeres serán imparables. Nuestro amigo, el Dr. Mohammed Yunus, ganador del Premio Nobel, dice: "La pobreza solo debería verse en un lugar: los museos". Así que acabemos con la pobreza y usando este libro generemos una abundancia ilimitada y hagamos que el alma de quienes lo lean logre su plenitud al manifestar sus deseos secretos y generar un bien inmenso.

Mark Victor Hansen, cocreador de Sopa de pollo para el alma *y de* One Minute Millionaire [Millonario en un minuto]

✳

En 1908, Napoleón Hill se dio la oportunidad de conocer a los líderes del pensamiento de la época para descubrir los pasos y los pensamientos prácticos que se necesitan para crear una vida de abundancia sustancial.

Ya han pasado más de cien años y vemos que Sharon Lechter está llevando la antorcha de un movimiento moderno hoy en día.

Estoy seguro de que estás de acuerdo en que este libro destila conceptos, ideas y direcciones asombrosas para crear una vida que la mayoría de las personas solo podrían soñar.

La pregunta es: ¿qué haremos con estos conocimientos?

Así como un piano que no se toca no produce sonidos, la sabiduría que no se aplica logra pocos resultados.

Tienes en las manos un auténtico mapa para alcanzar cualquier cosa que desees en la vida.

Permite que hoy se vuelva el catalizador que has estado esperando para descubrir tu búsqueda del éxito.

Pregunta: ¿dónde podría estar tu vida mañana si aplicaras lo que sabes hoy?

Usa este libro como tu guía, y antes de lo que esperas, simplemente podrías separarte del 99% de las personas que sueñan con el éxito y unirte al uno por ciento que realmente lo logran.

Felicidades anticipadas; ¡eres un campeón o una campeona!

Greg S. Reid, autor del best seller Stickability, *coautor de* Piense y hágase rico: a un metro del oro, *cineasta y orador motivacional*

✳

COLABORACIÓN TOTAL A FAVOR DE LAS MUJERES: Sharon Lechter y yo hemos pasado los últimos cuarenta años viajando por todo el mundo a lugares cuyos nombres nadie puede pronunciar en ningún idioma, y a capitales federales y estatales. Hemos dado conferencias y hemos capacitado a líderes de alto nivel en las naciones y a líderes de aldeas tribales. Hemos apoyado la participación de las mujeres, pues en muchas naciones todavía se cree que una mujer es una posesión de un hombre, como lo es un par de zapatos; o se cree que el hecho de que una mujer se enamore de un hombre que no es de su clase social o de su tribu representa un "daño colateral". Más de mil millones de mujeres no pueden tener propiedades, votar o disfrutar de algo parecido a "la igualdad" con los hombres, ya sea dentro o fuera de la vida del hogar. Dos mil millones de mujeres viven una vida de encarcelamiento involuntario, como esclavas de los hombres, no tienen voz ni tienen la posibilidad de hacer realidad sus sueños. Sharon y yo hemos trabajado incansablemente a favor de estas mujeres y de las niñas que aún no han nacido y que vendrán detrás de nosotros.

El Tío Nappy (le digo así pues crecí en el REGAZO de Napoleón Hill) recomendaría *Piense y hágase rico para mujeres* de Sharon Lechter a los millones de mujeres que podrían leerlo, y yo también. Todas las personas que leyeron *El secreto, Piense y hágase rico o Sopa de pollo para el alma* deben leer *Piense y hágase rico para mujeres* y deben regalar ejemplares de este libro a toda la gente. Libera a dos mil millones de mujeres de sus prisiones sin muros. Dales la información y las herramientas que les darán poder para cambiar sus paradigmas, para crear la libertad económica para sí mismas y para las mujeres que vendrán detrás de ellas.

Berny Dohrmann, fundador, CEO de Space International, y escritor de best sellers.

*

Durante siglos, las mujeres en el hogar han sido la piedra angular de la estabilidad. En los últimos cien años, las mujeres han llegado a ser innovadoras en empresas industriales alrededor del mundo. En el futuro, las mujeres llegarán a ser líderes mundiales, fomentarán la paz mundial y la prosperidad de la humanidad. El nuevo libro de Sharon Lechter, *Piense y hágase rico para mujeres,* debe leerse ¡pues es capaz de cambiar las reglas del juego!

Sharon Lechter es autora de *best sellers*, un ícono de la industria, una madre extraordinaria y una empresaria muy exitosa. Su cualidad más importante es su capacidad para hacer que se manifieste lo mejor de todas las personas que entren en su círculo. Con su nuevo libro *Piense y hágase rico para mujeres*, su hermoso espíritu tocará a millones de personas de todo el mundo. No podría yo pensar en una mejor combinación para este mensaje que Sharon Lechter y la Fundación Napoleón Hill. ¡El momento es divinamente oportuno!

Sharon Lechter está dando un paso osado para llevar al mundo el mensaje vital que se necesita en la economía global actual: inspirar a las mujeres a salir de su zona de confort y convertirse en brillantes líderes de negocios a nivel mundial. Las palabras de este libro cambiarán la manera de pensar de millones de mujeres que ahora sabrán que está bien llegar a ser lo mejor en su negocio.

A nivel personal, el mensaje de Napoleón Hill ha causado un impacto en mi vida para convertirme en todo lo que soy hoy. Fundé

Powerteam International para ser el líder mundial en el campo de la educación para el éxito, dirigido a personas emprendedoras. Mi propósito en relación con Sharon Lechter es ayudarle a llevar su mensaje a quinientas mil mujeres alrededor del mundo.

Sharon Lechter constantemente ha inspirado a otras personas con su presencia. Ahora, esa visión vivirá por siempre en las palabras de su obra maestra. Es muy emocionante saber que el legado del mensaje de Napoleón Hill llegará a un nivel superior gracias al movimiento de *Piense y hágase rico para mujeres*.

Te pido encarecidamente que compartas este libro con todas las personas que conoces. ¡Sus palabras inspirarán tu corazón y te motivarán para dar lo mejor de ti en todo lo que hagas!

Bill Walsh, experto en negocios pequeños en Estados Unidos y autor de The Obvious [Lo obvio]

Hace solo cien años, era muy normal que un joven consiguiera un empleo como aprendiz mientras su hermana se quedaba en casa y se encargaba de las tareas domésticas, como todas las niñas buenas. Era perfectamente normal, y casi todo el mundo aceptaba, que ese era el rol de la mujer en la sociedad y en el entorno familiar. Mientras los muchachos desarrollaban sus conocimientos, sus destrezas y su confianza en sí mismos, a muchas chicas se les impedía llegar a ser todo lo que podían ser, para que encajaran en las expectativas de la sociedad y en los dogmas de la época.

Bueno, los tiempos han cambiado y ahora hay muchas mujeres que han roto el molde y han hecho pedazos la idea de que su lugar es la cocina y que sus tareas se limitan a educar a sus hijos mientras espera que su esposo lleve el dinero para sostener a la familia.

Sharon Lechter es una de esas mujeres que han aprendido a desarrollar su poder y a utilizar todas las habilidades que Dios les dio para acabar con el "techo de cristal" financiero y finalmente encontrar un equilibrio entre la familia, las finanzas y el éxito.

Aunque hace cien años era normal que los jóvenes encontraran a sus mentores y sus maestros, Sharon pertenece a una raza nueva de mujeres que son mentoras y fortalecen a otras mujeres para que encuentren su poder interior y exterior con el fin de alcanzar el éxito en la vida y el equilibrio que son perfectamente capaces de lograr.

Piense y hágase rico para mujeres, le mostrará a cada mujer un ejemplo tras otro que señalan que lo que controla su destino no son sus circunstancias ni sus recursos, sino su actitud, su punto de vista y su iniciativa.

Toma este libro y revísalo. Leerlo te motivará, y estudiarlo te dará poder y te inspirará. Presta atención a la forma en que las mujeres que se presentan en estas páginas superaron sus propias limitaciones para llegar a tener una vida con propósito, significado y éxito.

Ahora es tu turno para desprenderte de las cosas que te han impedido vivir la mejor y más grandiosa versión de tu vida, para sentirte realizada, al control de tu vida y con el poder de lograr todas tus metas y sueños.

John Assaraf, CEO de PraxisNow; se le menciona en El secreto, *y es el autor de* The Answer [La respuesta] *y de* Having It All [Tenerlo todo] *que aparecen en la lista de* best sellers *del* New York Times.

*

Cada mujer y cada persona, tienen un deseo muy profundo de realizar su potencial en lo relacionado con la salud, la felicidad y la abundancia.

Sharon Lechter, una de las autoridades más respetadas y estimadas en el mundo, ha proporcionado ahora a las mujeres el sistema más poderoso y práctico para el éxito que alguna vez se haya descubierto.

Nunca ha habido un mejor momento para las mujeres que la época que vivimos. Sus dones especiales en cada área de la vida enriquecen y transforman a nuestra sociedad.

Con este libro extraordinario, cada mujer, cada persona que lo lea, recibe una fórmula comprobada que puede aplicar de inmediato para obtener más logros, y tenerlos más pronto de lo que jamás soñó.

El gran descubrimiento es que uno se convierte en aquello en lo que piensa... casi siempre. Con los 13 principios del éxito de Napoleón Hill, como los explica Sharon Lechter, aprendes a pensar de la mejor manera posible, liberando tu máximo potencial para tener una vida extraordinaria.

Brian Tracy, orador profesional, autor y experto en éxito. CEO de Brian Tracy International™

Es un honor y una bendición para mí contar con el apoyo de estos hombres maravillosos. Son mis verdaderos defensores y defensores de todas las mujeres que piden su consejo y asesoría. Pero sería un descuido de mi parte no mencionar a los dos hombres más importantes de mi vida. Sin su amor y su apoyo, yo no sería la mujer que soy hoy. En primer lugar, mi padre, que me dijo que yo podía hacer todo lo que yo quisiera, y destacar en ello. Su espíritu emprendedor y sus proyectos, me permitieron crecer en un entorno que no tenía límites, en un ambiente donde se recompensaba con el éxito a las actividades de negocios que respondían a una necesidad, o que resolvían un problema de la sociedad... independientemente del sexo del dueño.

Y luego está Michael, que ha sido mi esposo a lo largo de treinta años: él es el hombre que ha estado a mi lado y me ha apoyado a mí y a mi trabajo de manera incondicional y sin dudar. Él ha sido mi mentor, mi consejero (legal y en otros aspectos); ha sido la caja de resonancia para todas mis ideas, mi instructor y ante todo, la persona que más me aclama. Él es de hecho mi pareja en el amor y en la vida.

Espero que tengas personas que te apoyen en tu vida; personas que están ahí para sostenerte si te caes, que te abren las puertas para que sigas en tu camino y que te aclaman en cada éxito que logras.

Reconocimientos

Este libro no habría sido posible sin el esfuerzo de Napoleón Hill a lo largo de su vida, sin su brillantez al escribir *Piense y hágase rico,* el libro sobre el éxito por antonomasia. Su mensaje es tan válido hoy como lo fue cuando se publicó por primera vez en 1937. Quiero expresar mi agradecimiento a Don Green, el CEO de la Fundación Napoleón Hill, y a su mesa directiva, por el increíble privilegio que representa para mí la oportunidad de honrar la obra de Hill y compartir su impacto con las mujeres a través de los ojos de otras mujeres.

Doy las gracias a los nietos de Hill, Terry Hill Gocke y el Dr. James Blair Hill, cuyo apoyo para *Piense y hágase rico para mujeres* y su mensaje significa tanto para mí. Y al Dr. Charlie Johnson, que le decía "Tío Nap" a Napoleón Hill y lo consideraba la figura paterna que él nunca tuvo; por creer en mí y por su gran apoyo en mi trabajo para la fundación.

Quiero expresar mi agradecimiento a las mujeres alrededor del mundo que han sido pioneras al crear el éxito no solo para sí mismas, sino abriendo el camino para que otras mujeres pudieran seguirlas. En las páginas de *Piense y hágase rico para mujeres* encontrarás frases de sabiduría de más de trescientas mujeres. Quiero expresar mi agradecimiento especialmente a las mujeres que dedicaron tiempo a escribir su propia historia personal para que mis lectoras no solo encontraran esperanza y ánimo, sino que se dieran cuenta de que todas necesitamos ayudarnos a lo largo del camino. Ellas son: Margie Aliprandi, DC Córdova, Suzi Dafnis, Rita Davenport, Dina Dwyer, Yvonne Fedderson, Paula Fellingham, Marsha Firestone,

Crystal Dwyer Hansen, Mary Gale Hinrichson, Donna Johnson, Loral Langemeier, Sara O'Meara, Michele Patterson, la Dra. Pamela Peeke, Michelle Robson, Donna Root, Karen Russo, Beverly Sallee, Kimberly Schulte, Adriana Trigiani y Judith Williamson.

Aunque el único hombre que se cita en el libro es Napoleón Hill, quiero dar las gracias a los hombres que han causado un impacto en mi vida y en las vidas de millones de personas alrededor del mundo y han apoyado a *Piense y hágase rico para mujeres* en el epílogo del libro: John Assaraf, Berny Dohrmann, Don Green, Mark Victor Hansen, Dr. James Blair Hill, Dr. Charlie Johnson, Harvey Mackay, Bob Proctor, Greg S. Reid, Brian Tracy y Bill Walsh.

Te ofrezco un agradecimiento especial a ti, Margie Aliprandi, pues no solo compartiste tu propia historia, sino que ayudaste a recopilar frases de sabiduría de mujeres líderes en el campo de las ventas directas. Estas mujeres son una prueba positiva de que podemos crear el éxito teniendo un propósito definido correcto, la iniciativa correcta y el apoyo del equipo correcto.

En un nivel más personal, quiero dar las gracias a los miembros de nuestro equipo en "Pay Your Family First" y a la Fundación Napoleón Hill por su constante apoyo: Angela Totman, Kristin Thomas, Kyle Davidsen, Michael Lechter, Robert T. Johnson Jr., y Annedia Sturgill. Además agradezco la ayuda de Allyn y Greg S. Reid, Bill Gladstone, Catherine Spyres, Greg Tobin y Cevin Bryerman. Y a todas las mujeres que admiro y he tenido el placer de conocer, incluyendo a mis hermanas de la Organización de Mujeres Presidentas, que me ayudaron a darme cuenta de que este libro era necesario para impulsar a otras mujeres a alcanzar el éxito, y en especial a mi querida amiga Elaine Ralls, cuya filosofía de "una gran vida" fue la inspiración para mi mensaje final en el libro.

Gracias a todo el equipo de los impresores Tarcher del Grupo Penguin por su fe y su entusiasmo por el libro; a George Joel Fotinos por su ánimo y el apoyo que me dio, a Gabrielle Moss por su respuesta entusiasta al primer manuscrito, a Brianna Yamashita y a Kevin Howell por sus emocionantes ideas de *marketing*, y a los demás miembros de su equipo que me han ayudado a hacer que *Piense y hágase rico para mujeres* sea un gran éxito y esté disponible para mujeres de todo el mundo.

Y a mi querida familia que me ha "amado a lo largo del proceso" de todos los libros que he tenido el honor de escribir. En especial a Michael, mi pareja en el amor y en la vida... ¡gracias por ser como eres!

Sharon Lechter

Notas

1. http://thenextweb.com/socialmedia/2012/01/24/the-top-30-stats-you-need-to-know-when-marketing-to-women/
http://www.wlp.givingto.vt.edu/wealth/

2. http://she-conomy.com/facts-on-women
http://thenextweb.com/socialmedia/2012/01/24/the-top-30-stats-you-need-to-know-when-marketing-to-women/

3. http://she-conomy.com/facts-on-women

4. http://www.nielsen.com/us/en/insights/news/2013/u-s--women-control-the-purse-strings.html

5. http://thenextweb.com/socialmedia/2012/01/24/the-top-30-stats-you-need-to-know-when-marketing-to-women/

6. http://hbr.org/web/special-collections/insight/marketing-that-works/the-female-economy

7. Boston College Center on Wealth Philanthropy [Centro Universitario de Boston en la Riqueza de la Filantropía] 2011.

8. http://catalyst.org/knowledge/women-ceos-fortune-1000

9. http://catalyst.org/knowledge/statistical-overview-women-workplace

10. http://catalyst.org/media/companies-more-women-board-directors-experience-higher-financial-performance-according-latest

11. http://catalyst.org/knowledge/women-boards

12. http://catalyst.org/knowledge/womens-earnings-and-income

13. *Ibid*

14. *Ibid*

15. *Ibid*

16. http://www.deloitte.com/assets/Dcom-Greece/dttl_ps_genderdividend_130111.pdf

17. http://www.womenlegislators.org/
http://www.guide2womenleaders.com/

18. http://www.forbes.com/sites/moiraforbes/2013/03/06/women-and-the-new-definition-of-career-success/

19. http://www.huffingtonpost.com/2013/07/03/what-success-means-to-women_n_3536190.html

20. Como se cita en el artículo de Wangari Maathai: "You Strike the Woman..." ["Tú golpeas a la mujer..."] por Priscilla Sears; publicado en la revista *In Context* [*En Contexto*] #28 (Primavera de 1991).

21. http://news.harvard.edu/gazette/story/2013/05/winfreys-commencement-address/

22. *Ibid*

23. *Ibid*

24. *Ibid*

25. http://www.huffingtonpost.com/tory-burch/empowering-women-through-_b_2957017.html

26. http://samasource.org/company/our-founder/#sthash.ImgXulmz.dpuf.

27. *Women Matter* Report [Reporte *Las mujeres importan*], McKinsey & Company, 2013.

28. http://www.upi.com/Business_News/2013/06/18/Survey-Most-women-business-leaders-are-team-players/UPI-82881371588799/#ixzz2fv2khlSO

29. http://www.helenfisher.com/downloads/articles/07leadership.pdf

30. http://www.psychologicalscience.org/index.php/news/releases/depression-and-negative-thoughts.html

31. http://www.jenniferhawthorne.com/articles/change_your_thoughts.html

32. http://www.huffingtonpost.com/bj-gallagher/shakti-gawain-is-still-li_b_1840718.html

33. http://www.drjudithorloff.com/_blog/DR_Judith_Orloff's_Blog/post/Do_You_Trust_Your_Inner_Voice

34. http://www.wikihow.com/Tell-the-Difference-Between-Fear-and-Intuition

35. http://www.alibrown.com/blog/2013/09/26/"the-most-important-time-of-day-for-entrepreneurs"-by-ali-brown/

36. http://www.dailymail.co.uk/femail/article-1342075/The-guilty-time-generation-How-96-women-feel-ashamed-day.html

El propósito de la fundación Napoleón Hill es...

- Promover el concepto de la empresa privada que ofrece el Sistema Americano.
- Enseñar a las personas, mediante una fórmula, cómo pueden superarse desde una condición humilde a posiciones de liderazgo en la profesión que elijan.
- Ayudar a los hombres y mujeres jóvenes a establecer metas para su propia vida y para su carrera.
- Enfatizar la importancia de la honestidad, la honradez y la integridad como las piedras angulares del americanismo.
- Ayudar en el crecimiento de los individuos para impulsarlos a desarrollar su propio potencial.
- Superar las limitaciones autoimpuestas del miedo, la duda y el hábito de aplazar las cosas.
- Ayudar a las personas a salir de la pobreza, las limitaciones físicas y otras desventajas, y llegar a posiciones altas, a la abundancia y a la adquisición de las verdaderas riquezas de la vida.
- Motivar a las personas para tener grandes logros.

THE NAPOLEON HILL FOUNDATION
www.naphill.org
www.thinkandgrowrichforwomen.com
Una institución educativa sin fines de lucro dedicada
a hacer que el mundo sea un mejor lugar para vivir.

Los pasos siguientes

Piense y hágase rico para mujeres comparte los trece pasos hacia el éxito para las mujeres a través de los ojos y las experiencias de las mujeres que han creado vidas de éxito y reconocimiento. ¡Ahora es tu turno! Sharon Lechter y sus colegas han desarrollado un arsenal de recursos para que inicies tu trayecto hacia la realización personal y profesional. Ponte en acción hoy mismo visitando: www.sharonlechter.com/women para comenzar.

LIBRO DE TRABAJO (WORKBOOK) DE *PIENSE Y HÁGASE RICO PARA MUJERES*

Descarga este recurso interactivo que incluye todas las preguntas cruciales que se hacen en *Piense y hágase rico para mujeres* y te ayuda a documentar tu trayecto y a memorizar tu proceso al esforzarte por vivir "una gran vida", como lo mereces. Descarga el libro de trabajo hoy mismo usando el código GUIDEME en. www.sharonlechter/women.

EL SALÓN DE LA AUTORA PARA EL LIBRO

Únete al salón de Sharon Lechter; ella te guiará a través de *Piense y hágase rico para mujeres* capítulo por capítulo, abordando tus preguntas y asesorándote en tu avance por los principios del éxito. Esta serie de *webinars* y videos en línea presentan los pasos que puedes dar ahora y las cosas que deberías dejar de hacer hoy. Comprométete con tu futuro hoy y aprende de una consejera y empresaria magistral en sharonlechter.com/women.

ADIESTRA A TU CEREBRO PARA EL ÉXITO

AUTOSUGESTIÓN

Elimina el misterio de la autosugestión con recursos y herramientas de entrenamiento en línea. Este programa es tu guía personal para la mente y te ayuda a eliminar obstáculos mentales que podrían estar impidiendo que superes el miedo, alcances tus metas, desarrolles tu negocio y ganes más dinero. Con estos programas, tienes las herramientas y la dirección necesaria para utilizar la autosugestión con eficacia en tu vida, creando la plataforma del subconsciente desde la que puedes establecer los fundamentos para tu éxito.

CREA TU PROPIO EQUIPO MASTERMIND

¿Estás rodeada de las personas adecuadas para acelerar tu camino hacia el éxito? Crea o expande tu propio equipo *mastermind*, atrayendo mentes y espíritus que han alcanzado el éxito y que te van a inspirar y a animar cuando establezcas tus metas, crees planes para lograr algo y trabajes para vencer los obstáculos que encuentres en tu camino. Tu equipo *mastermind* te dará el poder de muchas personas y la experiencia de otras, y es uno de los recursos más valiosos en tu camino hacia el éxito. ¡Aprende en qué forma puedes crear tu propio equipo *mastermind*!

PROGRAMAS DE ADIESTRAMIENTO

Siguiendo el principio de los equipos *mastermind* que presenta Hill, el programa de adiestramiento para una gran vida te posiciona para que aproveches la experiencia, la pericia y la comprensión de mujeres que han definido el propósito de su vida y lo llevan a cabo con éxito utilizando los 13 Principios de Hill.

ASESORÍA INDIVIDUAL

¿Estás buscando un catalizador que te impulse por tu sendero hacia el éxito y el reconocimiento? Puedes aprovechar la sabiduría y las estrategias que Sharon Lechter ha usado en dos de las marcas más importantes del planeta, permaneciendo fiel a su misión personal y prestando servicio a comunidades alrededor del mundo.

A través del programa de asesoría individual, aprenderás directamente de una empresaria, una persona que fomenta el dominio del dinero, una mujer de negocios, filántropa y madre. Sharon se dedica a identificar y apoyar tu verdadero propósito mientras acelera tu progreso en el trayecto hacia el éxito.

TU REGALO GRATUITO

Al buscar respuestas, ¿estás segura de estar haciendo la pregunta correcta?

Nuestro regalo para ti… *La verdadera pregunta; la historia de ¿por qué no?*

Sharon Lechter revela la pregunta que podría ser más importante que cualquier otra… para abrir puertas, para descubrir posibilidades y para establecer el marco de referencia para llegar a ser "tu mejor tú". Esta pregunta ha sido un factor clave en el éxito de Sharon. Ofrece una nueva perspectiva cuando enfrentas retos, y te da la visión para convertir los obstáculos en oportunidades.

Visita www.sharonlechter.com/women y ten acceso a ella con el código ANSWERTHIS para descargar gratuitamente la pregunta más importante que podrías hacerte.

¡QUEREMOS ESCUCHAR TU HISTORIA!

Visita www.sharonlechter.com/women para compartir tu inspiración, retos, triunfos y cómo persigues tu propósito definido cada día. Si apenas estás comenzando o estás en tu trayecto a una gran vida, hay una comunidad de mujeres que esperan para apoyarte, que se levantan por ti y que te guían por el camino del éxito y reconocimiento.

¡Tu historia puede ser solo el mensaje que inspire a otra mujer para tomar acción hoy!

¡EL FUTURO ES TU ELECCIÓN!

Visita www.sharonlechter.com/women para crear tu plan personalizado.

Referencia de mujeres por capítulo

Sobre la autora

Sharon Lechter, Contadora Pública Certificada, y Contadora Pública especializada en Gestión, es experta en dinero. También es una escritora respetada, filántropa, educadora, oradora internacional, madre y abuela. Es la fundadora y CEO de "Pay Your Family First" [Primero Págale a tu Familia], una organización que fomenta la educación financiera. El presidente George W. Bush reconoció su pasión de toda la vida como partidaria de la educación cuando la nombró miembro del Consejo Asesor del Presidente sobre Educación Financiera [President's Advisory Council on Financial Literacy]. Ella prestó servicios en este consejo durante los periodos de los presidentes Bush y Obama, asesorándolos sobre la necesidad de la educación financiera. En 2009, Sharon fue nombrada miembro de la Comisión de Educación Financiera en el Instituto Americano de Contadores Públicos Certificados a nivel nacional, como portavoz nacional en el tema de la educación financiera. Y en 2014, el Instituto Americano de Contadores Públicos Certificados la nombró Defensora de la Educación Financiera. En 2013, ella dirigió con éxito una iniciativa para cambiar las leyes relacionadas con los requisitos para la educación financiera que debían cubrir los estudiantes que terminan la preparatoria [High School] en Arizona.

Sharon es coautora del *best seller* internacional *Padre rico padre pobre,* y de otros catorce libros de la serie de *Padre rico.* Durante los diez años que estuvo como cofundadora y CEO de la Compañía Padre Rico, dirigió a la organización y a su marca hacia el éxito internacional. Sus libros recientes, *Think and Grow Rich: Three Feet from Gold [Piense y hágase rico: a un metro del oro]* y *Outwitting the Devil [Ser más listo que el Diablo]* se escribieron en colaboración con la Fundación Napoleón Hill. En 2013, Sharon publicó *Save Wisely, Spend Happily [Ahorra con sensatez, gasta con felicidad]*, para el Instituto Americano de Contadores Públicos Certificados.

Sharon tiene un compromiso con las actividades filantrópicas y colabora con comunidades de todo el mundo como benefactora y trabajando como voluntaria. Ella es miembro del Consejo Consultivo de Negocios para EmpowHer, una compañía que se dedica a los problemas de salud de las mujeres. Sharon también presta servicios en la junta nacional de la Organización de Mujeres Presidentas [Women Presidents Organization], y en la junta nacional de Childhelp [Ayuda a Niños]. Trabaja como instructora voluntaria en la Thunderbird School of Global Management, tanto en su Programa Artemis como en su sociedad con el Departamento de Estado, y en el programa Goldman Sachs 10 000 Women.

Sharon ha recibido muchos reconocimientos por su trabajo incansable a favor de las mujeres. En 2012, se le honró con el premio Positively Powerful Women [Mujeres Positivamente Poderosas], por su liderazgo filantrópico. En 2013, la revista *Phoenix Busines Journal* la seleccionó como una de la 25 mujeres más dinámicas en el mundo de los negocios. El Banco Nacional de Arizona la eligió como la Mujer del Año 2013, y la revista *Arizona Business Magazine* la nombró como una de las 50 mujeres de mayor influencia en los negocios de Arizona.

Sharon vive en Paradise Valley, Arizona, con Michael, que ha sido su esposo durante treinta y tres años, y les gusta pasar tiempo en el Cherry Creek Lodge, en su rancho en Pleasant Valley, Arizona. Para mayor información sobre Sharon, visita www.sharonlechter.com.

TÍTULOS DE ESTA COLECCIÓN

52 lecciones para la vida. *Napoleón Hill*

Cómo ser muy, muy, muy rico rápidamente. *Sandy Forster*

Herramientas de oro. *Napoleón Hill*

La escalera mágica hacia el éxito. *Napoleón Hill*

Más allá del pensamiento positivo. *Napoleón Hill*

Pensamientos + acción = a éxito. *Napoleón Hill*

Piense y hágase rico. *Napoleón Hill*

Piense y hágase rico para mujeres. *Sharon Lechter*

Primeras ediciones. *Napoleón Hill*

Semillas mágicas para el éxito. *Napoleón Hill*

Tan bueno como el oro. *Napoleón Hill*

Vitaminas de éxito para una mente positiva. *Napoleón Hill*

Impreso en los talleres de
Trabajos Manuales Escolares,
Oriente 142 No. 216
Col. Moctezuma 2a. Secc.
Tels. 5 784.18.11 y 5 784.11.44
México, D.F.